丝路百城传

U0552177

丝路百城传

特立，不独行

“丝路百城传”丛书

刘传铭　主编

THE BIOGRAPHY Of ZHUHAI

近代中西文化走廊

陈钰　千红亮——著

珠海传

Zhu hai

CIPG 中国国际出版集团　新星出版社 NEW STAR PRESS

总 序

刘传铭

如果说丝绸之路研究让我们洞见了一部全新的世界史，一定会有人表示惊讶与质疑；

如果说城市的创造是迄今为止人类文明进程中最伟大的事情，则一定会得到人们普遍的支持与认同。

“丝路百城传”丛书的策划正是发轫于这样一个历史观的文化叙述：

丝绸之路是一条无路之路；

丝绸之路是一条既古老又年轻，“不知其始为始，不知其终为终”的漫漫长路；

丝绸之路是一条历史时空里时隐时现，变动不居，连点成线，连线成网的超级公路；

丝绸之路是点实线虚、点变线变、点之兴衰即线之存亡的交通形态，那些关山阻隔、望洋兴叹的城市，便如一颗颗璀璨的明珠镶嵌在路；

丝绸之路是一个文化概念，叠加其上的影像曾被不同国家不同民族的人们呼作：铜铁之路、纸张之路、皮毛之路、奴隶之路、铁蹄之路、黄金之路、朝贡之路、宗教之路；

丝绸之路是中西文明交流与传播、邦国拓展、民族融合之路，也是西方探秘中国、解码东方之路，更是我们反躬自问“我是谁？我从哪里来？我向何处去？”的寻根之路、回家之路；

丝绸之路是今日中国走向世界的新起点、新思路，是“一带一路”中国倡议走向人类命运共同体的未来之路……

无可否认，一个世纪以来，丝路研究之话语为李希霍芬、斯文·赫定、斯坦因、伯希和、大谷光瑞、于格、橘瑞超、芮乐伟·韩森、彼得·弗兰科潘等东西方人所主导。然而半个世纪以来的大国崛起，正在使“夫唯不争”之中国快速走向文化振兴。我们要将《大唐西域记》《真腊风土记》的传统正经补史、继绝往圣、启迪民智、传播正信，同时也将丝绸之路城市传文学以实为说、以城为据、芳菲想象、拒绝平庸的创作视为新使命、新挑战。让“城市传”这样一个文学体裁开出新时代的鲜花。

凭谁问：昆仑巍峨、河源滔滔、玉山储秀、戍堡寂寞；

凭谁问：旌节刻恨、驼铃悠远、琵琶起舞、古调胡旋；

凭谁问：秦汉何在、唐宋可甄、东西接引、前路正新；

凭谁问：八剌沙衮今何在？罗马的钟声谁敲响；

凭谁问：撒马尔罕的金桃今何在？帕米尔上的通天塔何时建成、何时倾倒？

凭谁问：伊斯兰世界的科学造诣何时传到了巴黎和伦敦；

凭谁问：鉴真大师眼中奈良和京都的樱花几谢几开；

凭谁问：乌拉尔河上何时传来了伏尔加河的纤夫号子；

凭谁问：杭州湾的帆樯何时穿越马六甲风云……

诗人说：这条路是唐诗和宋词的吟唱，是太阳和月亮的战争；

军人说：这条路是旌旗卷翻的沙漠，是铁骑踏破的血原；

商人说：这条路是关涉洞开的集市，是金盏银樽的盛宴；

僧侣说：这条路是信仰鲜花盛开的祭坛，是生命涅槃的乡路……

一个个城市的前世今生，一个个城市的天际线风景，一个个城市的盛衰之变，一个个城市的躁动与激情，一个个城市的风物淳美与人文精彩，一个个城市的悲欢离合，一个个城市的内动力发掘与外开拓展望，一个个城市的往事与沉思，一个个城市的魅惑和绝世风华……

从长安到罗马和从杭州湾到地中海是卷帙浩繁的“丝路百城传”丛书的框架结构。也是所有参与写作的中外作家和编辑们共同绘制的新丝路蓝图。《尚书·舜典》有“濬咨文明”之句，孔疏曰：“经纬天地曰文，照临四方曰明。”《论语·雍也》曰：“质胜文则野，文胜质则史，文质彬彬，然后君子。”又《易经·贲卦·彖辞》曰：“刚柔交错，天文也；文明以止，人文也。观乎天文，以察时变；观乎人文，以化成天下。”故文化乃“人文化成”而以文教化“圣人之教也”。“周虽旧邦，其命维新”，丛书编纂与出版岂非正当其事，正当其时也！

读者朋友们，没有踏上丝路，你的家就是世界；踏上丝路，世界才是你的世界、你的家园……唯祈丛书阅读能助君踏上这样一个个奇妙无比的旅程。

丝绸之路从远古走向未来，我们的努力也将永无休止。

戊戌谷雨前五日于松江放思楼

第三章　丝路芳华·开一代风气之先

第四章　丝路风云·珠江口的滚滚洪流

重新发现珠海（代序）

这里蓝天白云，日月相伴，

这里红土翠植，促生多巴胺，

这里碧海醉人，游人闲庭信步，

这里归帆暮集，向海而歌，

这里海浪拍打海岸，犹如交响乐，

这里雨燕跃上窗台，唤醒清晨的梦想，

这里明黄橙红的塔吊正在努力工作，

这里有重奖科技故事，人才精英战略，

这里有港珠澳大桥、AG600大飞机、中国航展、云洲科技、豪华游艇等一批中国制造；

这里正在建设的经济特区，生机盎然，

这里诗意无限……

南海之畔，珠生于贝，贝生于海。

夜色阑珊，情侣路如丝绸般逶迤，灯光摇曳，散撒在蜿蜒的海岸线上，泛起点点星光。对岸，港珠澳大桥也亮起了盏盏彩灯，点缀着海，也照亮了夜。情侣路上，风裹挟着海的味道扑面而来。远处，月光下的海面，微波粼粼，光影憧憧。

1992年，我踏上了这块土地，走进了这座城市，我爱上了这里。这就是珠海，山海相依，陆岛相望，水石相亲。

在我的朋友圈里，只要转发珠海的信息，立刻点赞满满。这也让我想起一个老生常谈，但常谈常新的话题：一个城市，为何会让我们心驰神往？

我觉得，这取决于城市的故事性。城市的故事性，带来了生活在城市里每一个人人生的丰富性，也为每一个人用自己的视角和方式去发现和解读城市提供了内容。一个有故事的城市，足以让城里的人自豪，让奔来的人向往，让离开的人怀念。

我就是为了这座充满故事性的城市而来的其中之一。从踏上这块土地开始，我就一直努力穿行在这座城市的故事脉络里。

珠海很新，建市不足40年，建县也不过65年，但在源远流长的历史长河里，珠海这块土地却从未缺席。

沙丘遗址上，陶片、石斧、石凿随处可见，将珠海的年龄同中华五千年历史画上了等号；出土的夹沙陶片、彩陶圈足盘……是童年的珠海斑斓的记忆和无言的诉说；宝镜湾岩画，粗糙的线条勾勒出史前人类走向海洋的激情，一块37斤重的史前石锚，更奏响了中国海洋文明的先声。

依山面海，防风避浪，珠海海域曾是南海“丝绸之路”的重要驿站，往来船舶在这里靠岸入港。海岛沙滩上不时冒出的瓷器残片，见证了两千年“海上丝绸之路”的昔日辉煌。也是在这里，香山设县，延续数百年的香山文化正式启幕；崖门海面，南宋赵王朝末日悲歌，血染碧海；伶仃洋上，文天祥千古绝唱，椎心泣血；“南粤锁钥”，前山寨戍守南疆三百年；淇澳岛上，白石街谱写了一曲民族精神的壮歌……

当一段段尘封的故事被鲜明地摆在世人的面前，我发现，这才是珠海这座城市真实的过往。

斗转星移，时光荏苒。

当历史的步伐匆匆迈进19世纪，中国依旧在古老的栈道上缓慢前行，珠海已经成为中国最早开眼看世界的窗口，既得西方近代文明风气之先，又开近代中国社会新风气之先，涌现出一大批引领时代风潮的杰出人物。他们扎根创业于珠海，开办工厂大兴实业，建立学校振兴教育……踏实走好中国近代化进程的每一个脚步。隐藏于市井里的祠堂、华表、牌坊和故居，记录了一段历史，也点缀了一座城市。

清末民初，既是中国备受凌辱的时代，也是一个英雄辈出的时代。曾经，爱国华侨和开明士绅怀着“实业救国”的梦想，集资兴建香洲无税商埠，这是珠海，也是中国历史上第一次办“特区”。

当革命形势风起云涌，珠海人又义无反顾地站在了时代的前沿，烈士陵园里狮山浩气长存，“红色三杰”点燃了华南马克思主义的火种，三灶青年，打响了华南抗日的第一枪……他们的故事，飞扬在珠海的街头巷尾，成为这座城市记忆不可分割的部分。

见惯了中国近代社会的跌宕起伏与惊心动魄，珠海积累了惊人的忍耐力、弥合力和新生力。

登上桂山岛，宁静的港湾、细软的沙滩、翻腾的海浪、高耸的椰树……68年前人民海军登陆首战的战场，以从容、优雅的姿态呈现在眼前；走过白藤湖，夕阳下绝美的湖光山色，脑海里浮现出舒婷的《日落白藤湖》：“我所无法企及的远方——是你”；昔日的红旗华侨农场，已变身花田水乡，还有那些渐渐被忘怀的旧时光……

一转眼到了1984年，一位慈祥的老人用他超人的才智、宽广的视野，揭开了珠海发展的新篇章。“珠海经济特区好”，历时近35年，读起来依然掷地有声。当年布衣斗笠、结网驾船的渔村，如今已是扬帆世界、怀抱全球的国际大都市：珠海港联通“一带一路”，横琴新区横空出世，伶仃洋上港珠澳大桥飞架，中国航展吸引世界的目光……珠海，是一本最好的改革开放的教科书。阅读这座城市，就是重温那春天的故事。

一座城市，应当有一部属于自己的传记。

如今，历经20多年的穿行，我已定居珠海，试图用文字去占领这座城市，这座起源于石器时代的城市，这座抗争于筚路蓝缕的城市，这座执着于上下求索的城市。因此，我选择了再一次出发，登山穿巷，爬山远眺，泛舟海岛……用目光去重新发现这座城市的日新月异，用心灵去再次梳理这座城市的历久弥新。

我的世界里，珠海已不仅仅是一个地域名词，还是一个城市叙事的空间，更是一个极目远眺世界的窗口。于是，便有了这本《珠海传》。

以斯为序！

陈　钰

珠海，2018年6月

第一章

丝路先声·海洋文明的曙光

人类是一只脚踏大地，一只脚踩海洋。

自古以来，海洋开放而包容，孕育了光辉灿烂的古代文明。纵观历史，世界上著名的古城和文明中心，大多是临海而建，人类临水筑居，繁衍生息。

珠海亦是如此。

6000多年前，这块土地上就留下了先民活动的印记。与黄河及长江流域先民所创造的农耕文明不同，珠海的先民以海湾沙丘作为自己的栖身之所，创造了传承千年的海洋文明。

他们掌握了水上停船技术，能够熟练地使用渔船在近海活动；他们在附近的岩壁上凿刻出内容丰富的巨型岩画，记录下自己的生活；他们在专门的作坊里制作出了精美的玉石、玛瑙、布匹……

也是从那时起，“丝绸之路”海洋文明的曙光开始闪现。

沉默的沙丘

沙丘遗址，多指分布在沿海的沙滩、沙堤和沙洲的古代文化遗存，以海洋文化为典型特征。在珠海，凡是有淡水流过的沙滩几乎都有史前文化遗址。据不完全统计，珠海现有沙丘遗址 80 余处。

淇澳岛后沙湾遗址、东澳湾遗址、三灶岛草堂湾遗址、高栏岛宝镜湾遗址……它们一般都深埋于地下，表面上看起来只是一片荒野和杂草，可是，稍稍留心脚下，就可以捡到陶片、石斧、玉玦等文物。如一句印第安俚语所言：你不小心踢到的石头可能是几千年前的遗物。

穿越几千年的时空，这一片片沉默无语的荒芜沙地，埋藏的不仅是远古先民认识海洋、依靠海洋、利用海洋的信息，也是珠海文化的根脉。

历史的原点

一座城市，有一座城市的历史。

珠海的历史可以追溯到何时？或许我们穷尽历史文献，都不会找到确切的答案。

1984年，珠海的考古工作者在珠海淇澳岛后沙湾发现了彩陶碎片、石斧等文物。经过鉴定，陶片属于沙陶，石斧属于磨光石器。陶器和磨制石器的出现，常常被作为史学上划分新旧石器时代的一个重要标志。

“新石器时代！”这个发现让考古工作者们，也让每一个珠海人兴奋不已。

5年后，一场针对后沙湾遗址的联合考古发掘拉开了帷幕，参与者有广东省文物考古研究所、暨南大学历史系与珠海市博物馆，发掘面积达108平方米。

据后续披露，后沙湾遗址的文化堆积是相互叠加的地层，犹如书架上排列的一册册古书，随着我们一页页地翻阅研读，一扇了解珠海历史的大门也正在徐徐打开。

几年前，我曾去淇澳岛探访过后沙湾遗址。

站在淇澳岛上最高峰眺望，背后的喧嚣声渐渐淡薄，视线所及处，海水一片幽蓝，一抹细腻的沙滩，千百年来静静地与海水共处。对岸，香港机场、深圳蛇口港隐隐可见。

遗址就位于淇澳岛以东的后沙湾沙丘坡地上，地形呈弯弧月状，西靠望赤岭，东临海边顶轮坡小山，北背牛婆湾，西南倚山坡梯田，东南面向伶仃洋。

遗址现存面积近500平方米，高出海平面约4.5米左右。令人感到遗憾的是，由于人们长期在沙丘遗址挖取建筑用沙，后沙湾沙丘遗址已遭到一定程度的破坏。

站在灌木葱茏、四周环海的遗址前，一个个久远的场景，从历史的时空中飞舞而来，在我眼前定格。

距今6000—7000年前，海平面进入了相对稳定期，海水向内陆推进，

1989 年，后沙湾遗址发掘现场。（来源：珠海市博物馆）

珠江三角洲的珠海、澳门已经成为我们今天所见的岛屿。海水上升、流动裹挟的泥沙，在岛屿上形成了众多的沙丘、沙堤。

沙丘具备了良好的自然避风的条件，附近浅海积聚了丰富的鱼类资源、植物资源和充足的淡水。于是，珠海的先民就选择了海湾沙丘作为他们的聚落地点，在沙丘、沙堤及其附近的坡地上日出而作，日落而息，开启了珠海史前的海洋文明。

千年一瞬。淇澳岛后沙湾遗址不仅是珠海，也是整个环珠江口地区沙丘遗址的典型代表，它将珠海的历史从 1200 年左右，推到了 6000 多年前，让我们将新石器时代中期的人类生活与环珠江口地区史前文明的源头连接在了一起。

鉴于环珠江口附近史前文明的典型性，有学者建议将其命名为“后沙湾文化”。目前，与后沙湾遗址处于同一历史时期的，还有平沙堂下环遗址、三灶草堂湾遗址等。

宝镜湾，何时再相遇

以后沙湾遗址为起点，不难发现，整个环珠江口地区的沙丘遗址，构成了一条既有清晰的时代更替，又极具地域禀赋的海洋文明长廊。

于是，沿着这条长廊，我继续走了下去，从新石器时代中期走到了晚期。珠海，雨天，前往宝镜湾遗址。

珠海高栏岛之南有南迳湾，湾口朝西南，呈长方形，宝镜湾是南迳湾中的一个小海湾。因海湾之中有一块岩石上凿有一圆形图案，因此将海湾称之为“宝镜湾”。面积 10000 余平方米，是一处沙丘连山岗遗址。

来此游玩的人并不是很多，石砌的台阶布满青苔，两边是茂密的灌木丛。沿着台阶一路登上山顶，就可以俯瞰遗址的全貌。

1989 年，珠海市博物馆的工作人员在这里发现了惊动整个考古界的岩画。1997 年至 2000 年，南京大学历史系、广东省文物考古研究所与珠海市博物馆组成的联合考古队，先后对宝镜湾遗址进行了 1 次考古试掘和 3 次正式发掘。

在遗址中，发现了大量当时建房时凿挖的柱子洞、祭祀坑、当时制作玉石器的作坊，玉玦、水晶玦、石圭、石钺等精美礼器及石网坠、沉石、石锚等海上作业工具。

这非常令人惊异。5000 多年前，在这些星罗棋布的沙丘上，珠海的先民已经开始了有目的的群体生活，双脚已经开始跨进文明的门槛。

登上山顶，穿过一个狭窄的通道，再进入一个小山洞，就是震惊世界的宝镜湾摩崖石刻。

草堂湾遗址，距今约4800年。在原始社会后期，三灶岛就有先民从事渔猎活动。（来源：珠海市博物馆）

石刻密度之大，内容之丰富，出乎我的意料。有人说，这里是藏宝图，隐藏着清末海盗张保仔藏宝的秘密；有人说，读懂了这几幅天书，就能挖到金银财宝，几辈子都花不完……

据资料记载，宝镜湾摩崖石刻诞生于新石器时代晚期至青铜时代，图形有船、波浪、龙蛇、舞蹈人、鸟兽鱼水云等，描绘的是南越古先民的生活写照或图腾崇拜。洞内漆黑，几乎看不出石刻的形状。即使看清，于我也不过犹如天书一般。

石洞外，石壁上原本还有几处摩崖石刻，由于酸雨的腐蚀，几乎已经看不到石刻的痕迹了。很幸运，当地文保部门已经意识到危害的严重性，修旧如旧，给保存尚好的摩崖石刻加上了一个保护顶盖。

走出山洞，我恍如隔世。再一次俯瞰，眼睛扫过这里每一块石头，每一棵树木，觉得它们也在注视着我，给我讲述着曾经活跃在这片土地上的人和部落的前世今生。

与宝镜湾遗址处于同一时期的，还有香洲蛇洲岛遗址、横琴赤沙湾遗址、南屏白沙坑遗址……海风一季又一季，吹拂了几千年，所有的历史都消失在时间的灰烬里，只留下时间积淀的文明，融入人们的精神深处，也融在生活的点滴里。

走进青铜时代

小沙澳湾位于珠海市淇澳岛东南部，三面环山。美丽的“漏斗”形海湾与海岸线上形状各异的礁石构成了一幅美丽的画卷。“碧海蓝天沙如雪”，洁净的海水，在阳光的照耀下犹如一块晶莹的蓝宝石。光脚踩在沙滩上，可以清晰地感受到沙子的细腻绵软。

小沙澳湾遗址就位于近湾口东南部的沙丘上，与山岗相连。平时，漫步在这片看似宁静的沙滩上，人们会不经意间捡到一些有着粗糙纹路的陶片。谁也不曾想到，就是这些看似平常的小碎片，给考古界带来了无限的惊奇和喜悦。

随后一年多的时间里，广东省文物考古研究所和珠海市博物馆先后对小沙澳湾遗址进行了 3 次发掘，出土了一大批珍贵的史前文物，再一次为研究珠海史前文化序列提供了新的佐证。

我越过荒草和溪流，找寻到了这片遗址。沙滩上裸露的乱石貌似城墙的断壁残垣，在光影的挪移下随意地组成一幅幅抽象的油画。我已经想象不出四五千年前的先民在这里的家园是什么样子，在任何典籍里也寻找不到它们的蛛丝马迹。只能通过出土的文物，知道他们曾在这里生活过。

现在，小沙澳湾遗址出土的代表性文物都展陈在珠海市博物馆。即使对图文资料早已了然于胸，但当我走进博物馆，亲眼看到这些精美的文物时，我还是被深深地震撼了。

陶器纹饰有绳纹、交错绳纹、方格纹、“之”字纹、重菱形纹……器皿有釜、罐、豆、箅形器……小件生产工具有网坠、穿孔石坠、纺轮、陶拍……装饰品有石璜、水晶碎片、环砥石等，每一件都是生动直观又极具神秘意蕴的文化符号，传达出丰富的珠海史前海洋文明信息，但也给后人带来了诸多的争议和无尽的想象。

迄今为止，已有八处遗址在淇澳岛东南部海湾一带被发现，其中只有两处被正式发掘，即后沙湾和东澳湾遗址，小沙澳湾遗址恰好位于两处遗址之间。

据《香山县志》明嘉靖本记载，夏商周时期，香山岛属于百越海屿之地。而据资料披露，小沙澳湾遗址，恰恰是属于商周时期的海湾沙丘遗址，尽管规模较小。东澳湾遗址、南芒湾遗址等，也都与小沙澳湾遗址属于同一时期。

突然，我想到考古学上的一个术语：堆积。珠江口绵延千里的海岸线，大大小小数百个岛屿，逾 80 个沙丘遗址，层层叠叠堆积了太多先民的历史与文化，也堆积了迷茫的尘烟与解不开的谜团：珠海到底有多少未被发现的沙丘遗址？先民们从哪里来，又都去了哪里？那些谜一样的岩画到底诉说了怎样的故事？

从后沙湾遗址到宝镜湾遗址，再到小沙澳湾遗址，我们走过了新石器时代中期，走过了新石器时代晚期，走过了青铜时代。一路走来，我们清晰地触摸到了绵延于珠海海洋文明的脉络。

远古时期，珠海的先民已经熟练掌握了驾舟航海和水上停船等技术，以渔猎为生，创造了中国文明史上与北方游牧民族文化、中原农耕文化并存的海洋文化，这也成为珠海地域文化开放包容精神的发轫和源头。

岩画的诉说

夕阳的余晖下，波光粼粼的海面泛起金色的光芒。一条大型木船缓缓靠岸。船头，龙头般的装饰显得格外威严而英武。岸边，几十双眼睛都在期盼着这条大船的满载而归。

船渐渐靠稳了岸，震天的欢呼声开始在人群中此起彼伏。熙熙攘攘的人群围着船头跳起了欢快的舞蹈，感谢上苍对他们的恩赐，庆祝大船的平安归来……

这是我根据高栏港宝镜湾大坪石岩画臆想出来的画面。消失的大船，亦如消失的历史，逝者如斯。但，总有一些印记，向我们倾诉被掩盖在历史硝烟深处的记忆，一如那沉默的岩画，是珠海几千年文明进程的见证。

高栏岛，别称“皋兰”，素有“五峰桀竖如指，谷多兰卉”之谓，是古代海上丝绸之路的天然海上航标。自古以来，“飞沙奇景”，一条宽阔的沙带，飞沙逆坡而上，为南中国罕见的奇特景观。

岛上山脉连绵起伏，植被茂密。观赏植物种类繁多、天然石景奇异纷呈、悬崖山脉陡峭险峻、海岸线曲折迂回……更兼大飞沙滩由两侧石山挟

宝镜湾东壁岩画：描绘了先民们踏浪蹈海的雄姿，也证明这里很早便有人类活动。（来源：珠海市博物馆）

抱，引人入胜，目不暇接。

宝镜湾就在高栏岛西南部，呈弧形。距离宝镜湾不远，有一座风猛鹰山。山海拔只有 157 米，外形跟别的山头相比并无特别之处。但当我从这座山里走出来时，我发现，它所承载的内容，远远比我们表面了解的要多得多。

满壁天书

我对宝镜湾的岩画充满好奇，是因为读了清代嘉庆年间海洋大盗张保仔的故事。

据史料记载，张保仔 15 岁随父出海，被海盗红旗帮掳去，从此成为海盗并成长为红旗帮的首领，全盛时期部属 7 万余众，大小船 1000 多艘。劫掠对象多以过往的官船、洋船为主，积累了大量的金银珠宝，张保仔将

宝镜湾岩画细节。（来源：珠海市博物馆）

财宝分为三份，其中“地一份”挖地掩埋以应急需，就藏在宝镜湾的藏宝洞中。

1989 年，10 月的珠海，秋高气爽。珠海市博物馆的工作人员，根据当地群众提供的线索，在宝镜湾发现了 4 处 6 幅岩画。此前，在珠海境内从未发现过古代岩画。1998 年，在风猛鹰山顶又发现一处，共 5 处 7 幅，定名为“宝镜湾岩画”。根据当地流传的习惯名称，分别称之为天才石、宝镜石、大坪石、藏宝洞岩画等。

在风猛鹰山，我亲眼看过那些简单线条勾勒出来的一幅幅历史的符号，并伸出手，和那些穿越时空的线条一起游走。

宝镜湾沙滩的南端，是天才石，石色顶部灰黑，下部呈褐色。斜面上，一个船形、两个人形略可辨认，其余三个图形因为风雨侵蚀，已不可考。因两个人形酷像汉字“天才”，故称“天才石”。

后经专家仔细辨认，人形并非“天才”二字，而是两个向前奔走的人，上面的人头较长，形似向天仰视；下面的人头稍小，状似注视前方，两人手臂平直，两腿呈向前大步奔走状。

两个人形的左上部，有一船形图样。船头呈尖细翘起状，两条细线组成船身，船尾为方形，一条竖线状似竹竿，杆顶装饰有旗或幡类部件。船下有波浪纹，如水波荡漾。两个人，一艘船，一幅远古先民依海而生的画面栩栩如生，跃然石上。

山下海边沙滩松林间，有一岩石露出地面一角，岩石中部刻有一圆形，酷似古镜，故名之“宝镜石”。圆形外为一圆圈，圈内右边刻有半月形，左边刻有上下两个圆点。圆形西侧，有水和圆形纹饰，下半为水，上半为云。

“宝镜石”对面是芒卵岛，当地有“东日映西日，宝镜照芒卵”的传说。据此推测，岩画应为日落时云蒸霞蔚的景象，水表示海，云表示傍晚，圆形为太阳。在文字记录还不是很成熟的时候，远古先民用岩画这种直观形象的方式，记录了他们对自然的观察。

相比之下，大坪石岩画的主题更加明朗，人物更加丰富。爬上风猛鹰山半腰，岩画便出现在眼前。岁月和风雨的侵蚀，岩画只能依稀可见，用心观察，岩画里的人物仿佛全都活动了起来：

一条有龙头装饰的大船停靠在岸边，船头和沙滩用踏板相连，两个人沿踏板向船上攀爬。船下，人们姿态各异——有的载歌载舞，欢庆人船的满载而归；有的虔诚跪拜，感谢上天的恩赐……隔着数千年时空，依然能够感受到人群雀跃，欢声鼎沸。

简单、古朴的线条，巧妙的艺术构思和刺眼的红色彩绘，观之让人产生一种似虚似实的梦幻之感，仿佛置身于远古先民的人群中，与之同欢乐。

沿着石阶行至半山腰，有一巨大花岗岩崩裂，裂隙之上覆盖三块大石，形成岩厦。沿洞口进入，中间通天，稍一侧脸，东面石壁上的岩画赫然出现在眼前。这就是藏宝洞岩画，也是宝镜湾岩画中规模最大、保存最好的岩画。

在约 15 平方米的石壁上，密密麻麻地刻画着各种图案，形状有船、波浪、龙蛇、舞蹈人、鹿、蛇、巫师、先民居住的干栏式房屋等。其中人物和船的形状最为突出，水的表现也很丰富。从右上角到左下角，依次刻画有 3 艘海船，船下和船侧刻有螺形纹，让人感受到海水的波涛汹涌。

这是一幅围绕海船而组成的远古先民的生活图景。这几条轮廓粗糙的海船，据说是目前中国所知最早的船舟形象。当远古先民扬帆起航，踏上与海洋为伍、征服海洋的征程时，人类的文明就向前迈进了一大步。

惟石能言

石头是地球的骨骼，人类的半部文明史是刻在石头上的。岩画即是留在石头上的历史形态之一。

据《汉书 · 地理志》颜注引臣瓒曰：“自交趾至会稽七八千里，百越杂处，各有种姓。” 宝镜湾地处南海之滨的珠江口西部，生活在这一带的是越人，属于“百越”族群的一支，称为南越，“居于海上”“便于舟”。

除宝镜湾岩画外，在与其稍远的平沙镇莲湾山北坡的葫芦坑，也发现了大体同时代的岩画，记录的是远古先民出海前祭祀大海的景象，也是先民征服海洋的历史见证。

宝境湾遗址，考古人员发现了可以用于凿刻岩画的尖状石器。南越人以石器为工具，用粗犷、古朴、自然的手法，在坚硬的花岗岩上留下了自己的印记。

历经4000年风雨洗礼，逝去的人们已经沉默，但岩画中的人姿势却亘古未变，一如讲着一个永远没有结局的故事。也许，远古的先民们，就是用这些粗略的线条在岩石上记录着自己的生活。尽管简单，在我看来，其实就是一种更加强烈真实。

第一眼看到岩画，我的心就给这种原始、古朴、神秘的艺术掠夺和攫取了。虽说没有北齐曹仲达的“曹衣出水”，也缺少唐代吴道子的“吴带当风”，但风格潦草、粗糙的线条，神似中穿透着简单与深刻，深邃中表情达意。

风猛鹰山地偏人稀，少有人来。找个地方坐下，安静地欣赏每一幅岩画，揣摩其中传达的信息，仿佛在与远古先民对话，他们的声音，穿越洞天，从历史的深处而来。

人们一直在解读宝镜湾神秘的线条与符号，迄今为止，我们仍无法完美破译这些先民们给我们留下的“天书”，只能从学者们的著述中窥探到一鳞半爪。

1999年，由珠海市文物管理委员会主办的“珠海宝镜湾岩画与遗址学术研讨会”在珠海召开。与会专家提出，藏宝洞岩画与宗教、祭祀、信仰有关，岩画表现的是大船出海时，人们在海边举行祭祀，祈求大船能够平安抵达的图腾祖先崇拜。

李世源所著《珠海宝镜湾岩画判读》中提到，载王之舟、图腾族徽、祭祀人牲、群船云集是东壁岩画的四大组合。祭祀的隆重肃杀和图腾与载王之舟呈对抗之势，透露出这场大聚会绝对不是一次和风细雨、歌舞升平的庆典。

其实，无论是“载王之舟”，还是“觋傩之舞”，无论“人牲”，还是“凤鸟”，都不可否认，这些线条莽莽苍苍的岩画展示了4000年前远古先民祭祀与生活的场景，是先民们一笔一画地凿刻出来的海洋文明的传奇。

4000多年前，在北方的游牧文明、中原的农耕文明方兴未艾的时候，在这片蛮荒的土地上，湛蓝色的海洋文明已经同步绵延。南越的先民掌握了熟练的航海技术，勇敢地向波涛汹涌的大海进发，孕育了珠海开放包容的滨海城市的气质，也向世界证明，中华民族同地中海国家一样，都是人类海洋文明的重要发祥地。

随着宝镜湾岩画内容的深入辨识和判读，发现的未解之谜也越来越多：远古先民为何会冒着生命的危险，又是带着怎样的心情，在岩石上凿刻这些岩画？他们又到哪里去了，藏宝洞岩画留下的真的是悲壮的告别场景吗？

未知的历史总容易令人遐想，我仿佛看见每一幅岩画背后先民面朝大海的身影，他们早已同岩画融为一体，并成为其中最清晰的部分。阅读岩画，其实也是在阅读他们。

法国伟大诗人、作家雨果在《巴黎圣母院》一书中形容巴黎圣母院时所说："最伟大的建筑物大半是社会的产物而不是个人的产物……它们是民族的宝藏，世纪的积累，人类社会才会不断升华留下的痕迹。总之，它们是一种岩层。"

其实，不只是建筑物，这些岩画也"不是个人的产物"，它们属于一群古老的氏族，属于一个被智慧和精神加持的民族。当雨果将巴黎圣母院比喻为"石头写成的史书"时，伫立在眼前的岩画，本身就是"石头写成的史书"。

2014年8月，"2014贺兰山国际岩画峰会"在宁夏银川举行，银川世界岩画馆编著的最新世界岩画精品图录《惟石能言》被隆重推出。该图录中，珠海的高栏（宝镜湾）岩画占一席之位。

文化互通是推动“一带一路”最好的纽带。三年后，“2017 中国贺兰山国际岩画峰会”上，与会学者达成共识：以“一带一路”为纽带，对世界各地彼此孤立的岩画遗存与全球岩画进行全面系统的联动研究。

宝镜湾岩画，将承载着“一带一路”沿线以文化互通带来增进共识的使命，将珠海的故事传播向全世界。

陶器的“身世”

在珠海市博物馆，我第一次见到了它——彩陶圈足盘：敛口、钵形圜底、圈足镂孔，器表彩绘赭红色波浪纹，线条流畅，器形完美。地下沉睡4000多年，也并未完全让其洗尽铅华，细腻光洁的外表，随着光影的变幻而隐隐泛着温润的光。

当年的它，应该跟随自己的主人架舟船而猎渔虾，穿山径而逐落日，筑巢于海岛，丛生于山阿，满身的印文如行云流水般顺畅，赭红色的器身历经几千年的尘烟依然夺目。

它来自哪里？又是哪位能工巧匠创造了它？于是，我踏上了陶器的“身世”之旅。

陶器的起源

世界各大文明的早期阶段，几乎都经历过一个陶器的时代。作为海洋文明的发源地之一，珠海自然也不例外。

但是，它被世人给忽略了。

中国，有着长达近两万年的制陶史。中国之外，分布有欧州希腊陶器、非州及拉美地区陶器、中东地区两河流域陶器。四者共同构成了世界陶器发展史。其中，尤以中国起步时间最早、历时时间最长、影响范围最广。

谈到中国的陶器，我们习惯于以黄河流域、长江流域为中心。几千年的大河奔腾，顺流而下，分别孕育了以河南仰韶文化、甘肃马家窑文化、山东大汶口文化等为代表的陶器艺术。

基于此，也许可以推测，陶器是在远古时代，由不同地区的族群在长期的生活实践中，独立发明出来的，而并非归某个地区、或者某个部落所独有。

珠海的陶器多发现于淡水流过的沙丘遗址。史前先民们大多依山傍海而居，伴随着族群定居、食用熟食及贮水、汲水、贮存的需要，加之对土壤加水具有可塑性的感知，土与火的结合便成为陶器产生的契机。

于是，在群居的海岛上，先民们先用泥土制作成形，再使用火的威力，烧制出了陶器。当第一个陶罐被小心翼翼地从窑炉里捧出来，人类文明的进程再一次人为加快——人们可以利用自然规律，创造出一种全新的物品来改善自己的生活。

这也是远古先民创造力的觉醒。自陶器出现始，人类烹饪、盛放和储藏食物的需求得以满足，赖以生存的物质条件得以极大改善。直至今日，陶器还会出现在一些家庭的厨房里、炉灶上。

淇澳岛后沙湾，只是珠海众多普通海湾中的一个，少有人烟。除了专业的考古人员，几乎无人涉足此地。就是这个低调的海湾，在珠海的制陶史上划下了一条长达 5000 余年的鸿沟。

1989 年，广东省博物馆文物队与珠海市博物馆联合对淇澳岛后沙湾

彩陶圈足盘，新石器时代，淇澳岛后沙湾下层出土。（来源：珠海市博物馆）

遗址展开发掘。

作为一个文化堆积层相互叠压的遗址，第一期就发现了大量新石器时代中期先民的生活用陶：炊煮的陶釜、用于储藏的陶罐、用于盛食的陶钵、陶豆等，典型器物有彩陶矮圈足盘、白陶高圈足盘、窄沿鼓腹釜、敞口寰底钵等。

这些陶器大多为带圈足或圜底，与黄河流域、长江流域流行的陶鼎、陶鬶、陶鬲等三足形陶器不同。换而言之，珠海，乃至珠江口西岸的陶器文化，已经形成了自己独特的地域风格和文化内涵。

陶器制作之初，并没有刻意装饰的纹饰。远古先民制造陶器的手法很原始，以泥片贴筑，全手工制作。在制作过程中，无论是手捏、片状物刮削，还是拍打器壁等，都难免会留下一些不规则的印痕，这就是出现在陶器表面最初的装饰。我们今天所看到的人类社会早期的陶器，多是单一的条纹陶，而且只是素面陶。

后来，随着先民对美的执着追求，他们希望自己制造的生活器物既实用又美观。于是，在用黏土制成陶器之后，他们试着将这种不规则的印痕转变为有意的、规则的纹饰，比如把编好的绳子压在陶器上，形成了不同样式的绳纹，陶器也就进入了“绳文时代”。

后沙湾出土的新石器时代晚期的陶器上，器表纹饰就以绳文为主，部分为细绳纹，兼有少量编织纹。位于草堂村的草堂湾遗址，年代要稍晚于后沙湾，出土的陶器纹饰更加丰富，在绳文、细绳纹之外，还出现了麻点纹、条纹、压印圈点纹等。

生活在距今 4000 年左右的宝镜湾先民，使用的器类已经多达十几种，有釜、罐、钵、盘、豆、杯等，纹饰也出现了刻画纹和印文之分，前者以水波、菱形、弧线等组成多种图案，后者则有网格文、云雷纹、梯格纹等。

彩陶的诞生

一代又一代地传承，一代又一代地摸索，陶器的质地越来越坚硬，器型也越来越多样，简单的线条也慢慢组成了图案。

被想象的自由和智慧的热情所弥漫的远古先民，逐渐掌握了在成坯后的陶器表面绘以矿物颜料色彩的技术，开始为陶器的表面涂上了色彩，丰富纹饰的构图与内涵。

于是，彩陶诞生了。

这不仅是制陶史上的一次飞跃，也是人类文明达到的一个新高度，人类世界和自然界实现了前所未有的和谐。

中国的彩陶分布幅员辽阔，北至黑龙江与黄河，南及长江以至东南沿海。在黄河、长江一线，先后有距今七八千年前的彩陶出土，这证明，我国也是世界上最早出现彩陶的地域之一。

位于南海之滨的珠海，新石器时代中晚期的先民已经学会使用渔网出海捕鱼，采集和狩猎也成为他们主要的经济来源，附近肥沃的土地也开始耕种。生活稳定，食物富足，先民们开始有余力去创造丰富的精神文化。

那时的陶器，已经分为夹沙和细泥两种。夹沙陶以灰褐色为主，红褐色所占比例较少，一般附加堆纹或绳纹，还有少量编织纹；细泥陶胎体较薄，质地比较细腻，陶色以米黄色为主，红陶和白陶所占比例较少，绝大部分表面都有彩绘花纹，施赭红彩。

无论是哪一种，彩陶都占绝大多数。

早在20世纪30年代初，环珠江口地区就已经发现了彩陶的痕迹。直到20世纪80年代，后沙湾等遗址先后出土了比较丰富且完整的彩陶器物群，人们才感觉到这个地域的彩陶，和大汶口、仰韶文化一样，闪耀着夺目的光彩。

时光倒转4000年，珠江口西岸大大小小、星罗棋布的海岛上已经形成了远古先民聚集的村落，阡陌交通，鸡犬相闻。在近水源的村边，竖立着一个个窑厂，先民们光着膀子盘泥修陶，窑上的火光映红了天际，也映红了先民那一张张沧桑的脸。

成排以泥条盘筑法做成的彩陶半成品堆满了窑场，也许，那只我心仪已久的彩陶圈足盘就出自其中某一位先民之手。他仔细地将泥条变成了盘形，然后置于慢轮上小心翼翼地修整，施以赭红色的彩绘，拍上水波纹，然后在千余度的高温中凝结成形。

时隔千年，我依然能够清楚地看到泥条盘筑的纹路和底部修整的清晰面貌，这是手工技艺与天然艺术的完美结合。

后沙湾遗址、宝镜湾遗址先后出土了大量完整器型的彩陶。这些彩陶纹饰丰富多姿，并巧妙搭配刻画纹及镂孔纹，主题围绕“水”的各种形态，如流水、浪花、波纹等，反映了珠海的先民对自己熟知的事物及形状的自觉认知和把握，在造型和纹饰上追求一种贴合现实的审美效果。这与黄河流域的先民如出一辙，他们对鱼形情有独钟，不仅在彩陶上绘制完整的鱼，还会选择鱼的局部，如鱼眼、鱼尾等，设计出具有律动的重复性图案。

如同树的年轮可以推断精确的年代一样，陶器也是一种可以反映文化承续的标志性器物。经过当时最先进的陶片断代测试法——彩陶片的年代距离测试当年（公元 1989 年）为 4818 年，正负误差为 10%，将珠海的历史追溯到了约 5000 年前。

伴随着距今 5000 年左右的第一次史前全球化运动，独立起源的陶器开始了传播与交流。也就在那时，大溪文化将先进的制陶技术远播到了珠江口。

1994 年，“南中国及邻近地区古文化学术会议”在香港中文大学召开，揭开了珠海彩陶的“身世”。来自湖南、香港两地的考古学家一致认为：珠海沙湾遗址及深圳、中山、香港等地所出土的彩陶、白陶，皆系长江中游的大溪文化所派生。

从陶到瓷

从彩陶始，陶慢慢地向瓷过渡了。

人类凭借上千年的智慧，完成了它的演化。在演化历程中，有一个种类至为关键——介于陶器向瓷器演变的中间，上承夏商周三代，下启五千年文明——它就是印纹硬陶。

商周时期，中原的先进文化对岭南地区的影响也不断扩大。作为百越先民的一支，极具古越文化特色的印纹陶在珠海地区流行开来。

作为陶器中的一种，远古先民在泥条盘筑法制作过程中，为了修坯、整形，开始采用轮制或快轮修整技术，出现了器型规整、烧制温度相当高的陶器，早期低温的印纹陶逐渐发展成为高温烧制而成的印纹硬陶，少量陶器表面还着上了釉彩。

夔纹是青铜时代印纹陶的典型纹饰，其夸张、变形、简化，重复组成的几何纹图案，广见于珠江地区出土的这一时期的陶器。战国后期，器表压印米字纹的陶器开始大量出现，与青铜器一起在历史的长河中绚丽夺目。

到了封建社会的第一次文明的高峰汉朝，士、农、工、商分野，手工业成行成市，工匠们的创作材料也不再以玉器、金属为主，陶器受到了前所未有的重视，烧制分工更加明确，烧造技艺更加发达，拜窑内高温熔化所赐，更为坚硬的釉陶普遍流行，汉字中也开始出现“瓷”字。

自此，“陶瓷”并称，正式走进人们的生活，中华文明史又多了一种有形的载体。随着工艺的进步、材料的考究、审美的提升，实用器的陶瓷慢慢地向艺术品升华。

当然，这是后话了。

从土到陶，从陶到瓷，历史的河流大浪淘沙，在消失与崛起中不断涌现出陶瓷艺术的精美之作，一如那只陈列在博物馆、供世人观摩的彩陶圈足盘一样，成为陶瓷史上一枚光彩夺目的印记。

伴随着南海“丝绸之路”的万里扬波，它们已经成为中国文化走向世界的标志性符号，成为沟通世界的艺术语言。当“一带一路”沿着古丝路的故事与印痕再度扬帆，我们期待用新“瓷”语向世界继续讲好中国故事。

船、石锚与网坠

人类自诞生以来，就渴望着探索远方。

珠海，地处东南沿海，珠三角城市群中海洋面积和海岛面积最大、岛屿最多、海岸线最长。为了拓展生存空间，自有人类活动起，船就成为这里不可或缺的生产和交通工具。

也许，早在轮子发明以前，船就已经在这里诞生了。

直至今日，船仍然是人类最引以为豪的发明之一。

船是怎样诞生的

船的诞生，一开始就充满了浪漫的神话色彩。

三皇五帝时期，黄河泛滥，先民们流离失所，禹受命于舜帝，负责治水。穿行在滔滔洪水中，船无疑是最急需，也是最合适的工具。多方寻找之下，大禹在四川发现了一棵大樟树，直径三米有余，削平即可作为一只既宽大又轻巧的独木舟。大禹就用这棵树造了第一只船，辗转各地，历时

13 年，终于完成了治水大业。

然而，传说毕竟是传说，它不过是人们的某种寄托和向往。船是怎样诞生的，已经遥不可查。我们只能从历史遗留下来的点滴痕迹中去推测船的诞生时间和过程。

远古时期，海湾是珠海先民们聚集生活的主要场所。他们与海的依存与生俱来，同海的抗争也从那时真正开始，船的发明便是他们征服大海的第一步。

长期与大海的抗争，不断丰富着先民们的智慧。如《世本》“古者观落叶因以为舟”，《淮南子 · 说山训》“古人见窾木浮而知为舟”，漂浮的树叶或树干，成为先民创造舟船的原始诱因。

他们尝试着用藤萝或绳索将几根树干编扎起来，一只完整的木筏便诞生了。筏子，古时也称为“桴”。《拾遗记 · 黄帝》中曾有记载：“变乘桴以造舟楫”，“桴”即是小的木筏。

由此，人类开启了木筏渡水、打渔、航行的时代。

渐渐地，先民们又发现，同几根细小的木头捆扎在一起制成的木筏相比，整根大圆木在水中浮力更大，只是圆木不适合站立。于是，他们尝试用石斧将树干削平、挖空。《周易 · 系辞》便有“刳木为舟”的记载，“刳”即割开、挖空的意思。

古代船舶的直系祖先——舟诞生了。

舟，《尔雅》解释为“船也”。其实，在“舟”出现的时候，人类的生活里还没有船，“舟”特指独木舟。

有了独木舟，就需要有推动它行进的工具。于是，《周易 · 系辞》中曰：“剡木为楫。”先民削木头制成桨，推动舟在水中行进。“剡”的意思是削，“楫”即桨，《释名 · 释船》曰：“楫，捷也，拨水使舟捷疾也。”

独木舟具体出现的年代，目前尚不能定论。岭南，在中原文化的视野

草堂湾古沉船遗址，时代不详。（来源：珠海市博物馆）

里，属于“百越”之地，以“善于用舟”而著称。珠海淇澳岛、三灶岛、横琴岛、高栏岛等，都留下了沿海先民一叶扁舟来往海上的痕迹。

筏子与独木舟的相继出现，是人类开拓生存空间迈出的第一步。从此，他们的活动范围从陆地扩大到了近海，开启了近海航行，海洋阻隔的威力开始丧失。

真正让远古先民走向大海，成为大海的主人，是船的发明。

独木舟由独木制成，受制于树干的粗细，空间不大，稳定性较差，不利于远距离航行和运输。先民们尝试在独木舟四周加装木板，一列一列加上去，空间越来越大，舷板成了独木舟的主要部分，“舟”的作用越来越弱，独木舟的独木转化成了尖底船的龙骨，以独木舟为基础的“船”诞生了。

伴随着船的发明，作为船的动力，风帆出现了。出土于安阳殷墟的商代甲骨文中出现“凡”字，形状犹如船帆，证明殷人已经在船上装帆，凭借风力航行。西周的金文中不仅出现了“舟”字，而且也开始出现“船”字。

汉字的流变，也印证了从“舟”到“船”的演变过程。

中国可考的最早的古帆船遗迹在哪里？不在别处，就在珠海！

我曾在高栏岛宝镜湾岩画中见到过这艘帆船。岩画中，这条船长约110厘米、高约70厘米，两头呈尖细上翘状，分为前中后三舱，船中部和尾部各挂一帆状物。据专家考证，岩画产生于距今4000多年前的新石器时代晚期。

时光倒推4000年，生活在珠江口的远古先民，已经开始用木料加工组合，制造庞大的海船，使用原始的桅和帆，利用风力推动船只航行，开启了泛海航行。环太平洋文化中许许多多的谜团，也因宝镜湾岩画中“风帆”的出现，找到了解锁“密码”。

从独木舟到木板船，是人类科技史上的一次重大飞跃。从此以后，各种弘舸巨舰、楼船方舟陆续问世，奠定了后来两千余年内陆漕运、外海贸易的辉煌局面。

网坠与石锚

其实，人类早期的发明创造都是为了生存。

“船作犁耙海是田，穿风钻浪捞鱼鲜。”对于生活在海岛沙丘的珠海先民来说，船是获得生活必需品不可或缺的生产工具。与船相伴而生的，是渔网。

在渔网出现之前，先民的捕鱼方式极为原始，就是“一击、二突、三搔、四挟。”击，用树枝、石块将水族砸伤；突，用石矛等锐器刺杀水族；搔和挟，则是用来捕捞栖息于海底的海鲜贝类。

这些原始的捕鱼方式，伴随着先民走过了漫长的岁月。

后来，用植物纤维编织的原始的渔网出现，开始了人类最早的捕捞。《易·系辞下》曰：“古者庖牺氏之王天下也，做结绳而为网罟，亦佃亦渔。”

渔网的出现，推动了社会生产力的重大飞跃。尤其是带网坠的渔网出现，直接带来了渔获的剩余，加速了私有制的进程。某种程度上说，渔网的发明及使用，不仅是一场技术革命，更是一场推动阶层分化的社会革命。

《三才图会》，明代文献学家王圻父子编纂的百科式图录类书，共计一百零六卷，遍历考证历代宫室、器用、服饰、珍宝等，无事无物不可入图。其《器用五》载：“包牺氏结绳为网罟，此制之所始，制各不同，随所宜而用之。”渔网的制式，随着地域的不同而变化，名目日趋多样。

珠海等南海沿岸渔网的大量使用，在距今4500年左右，稍晚于中原地区。历经数千年，植物编织成的渔网已经实物难寻，但作为渔网的部件之一，网坠却在这里被大量发现。

网坠的作用，是使渔网迅速沉入水底并固定。石网坠取自天然的石材，石材的腰部被打砸出两个对称的缺口用于系网。人类在发明了制陶技术之后，更加精致、小巧的陶网坠被制作出来。

与石网坠一起发现的，还有先民们使用过的生产工具：石斧、石锤、石圆饼和加工石器用的砺石、用于敲开贝壳、海螺类外壳打制砾石的石器等。

作为这座城市的历史记忆，这些形制各有不同的石网坠作为“镇馆之宝”被陈列在博物馆的橱窗里，与那些生产工具一起，勾勒出了一幅

宝镜湾遗址出土，重达 18.5 千克，是南中国海北岸地区迄今位置最大的史前石锚。（来源：珠海市博物馆）

四五千年以前珠江西岸先民劳动生息的风情画。

生活的富足，让先民的视野不再局限于近海，他们渴望跨越大海的阻隔，到更深、更远的水域，捕捉更大的鱼，探索更多未知的世界。

浩瀚的大海，不可能永远风平浪静。无论是出海捕鱼，还是濒海渔归，都需要把船固定。于是，聪明的先民们计上心头，把石头中间凿一个孔，用绳索把石头系住，每当需要停船时，就把石头沉入水底或扔到岸上，利用石头的重量和惯性让船减速停泊。

这种粗糙的“石坠”，就是锚的雏形，叫作“碇”。每每出海，人们将“碇”搁置在船头，心里便踏实了许多。

1989 年，一块 37 斤重的史前石锚在高栏港宝镜湾遗址被发现，宣告了一项史前纪录的诞生：早在 4000 多年前，珠海的先民已经熟练掌握使用“碇”来海上停船。

这只史前石锚，是迄今为止南海地区所发现的先秦时期最大的一件石锚，由花岗岩岩质的椭圆形砾石加工而成，长径 33 厘米，短径 27 厘米，厚 13 厘米，沿着短轴外部，有一周深深的凹槽，用于系绳。

它的一生，出入于广阔的大海和翻滚的浪涛。站在它的面前，我仿佛看到，当出发的号角吹响，它稳坐船头，引领遥远航程；当遭遇风浪，它就奋不顾身，扑向深邃的海底，伴随着绳索窸窣的响声。

无独有偶，珠海平沙棠下环遗址也出土了一件石锚，与这只史前石锚相比，形体略小，年代稍晚。

走向深海

就在 3000 年前，宝镜湾先民的生活戛然而止，先民们不知所踪。据专家推测，作为百越的一支，宝镜湾先民向南到达东南亚，再逐岛航行至南美。

仅仅依靠舟楫，他们能渡过茫茫烟水吗？

答案是肯定的。

与西方海洋文明不同，中华民族是一个滨海民族，叠加了农耕文明和海洋文明，绵长的海岸线和广阔的海疆，引发了人们无穷的遐想。

翻开世界地图，从南海一路出发，经东沙群岛到中沙群岛，再到南沙群岛的太平岛；补给淡水和食物之后，横过苏禄海、苏拉威西海到达巽他群岛落脚，一路向东到达西里安岛，经珊瑚海可抵斐济群岛、萨摩亚群岛停留，后经库克群岛、土布艾群岛继续往东，沿皮特克岛、渔西岛、复活节岛、圣安布罗修岛等即可到达南美。

这条航线，沿途岛屿密布，岛上草木繁茂，周围水族密集，给渡海者提供了取之不尽的淡水和食物。此外，航线与赤道接近平行，距离赤道又远近适中，气候温暖潮湿，终年可以航行。

也许，3000 多年前，宝镜湾先民就是这样耐心地沿着一个又一个岛屿，往东寻找生存的新大陆，最终到达南美。宝镜湾岩画上翻滚的波浪、航海的船、舞蹈的人、祭祀的场景、生育的画面、龙的纹饰、牛头的面具、高举的双臂……刻画的也许就是他们悲壮的历史性告别的场景。

当然，这些只是猜测。

直到今天，仍有一些无法解开的历史谜团困扰着研究者们：离开宝镜湾后，先民们的目的地是哪里？他们的后裔，是否在南太平洋岛国、夏威夷、环太平洋和印度洋诸民族中有分布……

但是，有一点不可否认，先民们向海洋进军，向深海探索，给我们留下了进取、开放、勇敢、包容的海洋精神。这些，已经成为中华民族新一轮崛起的力量之源。

《大国崛起》解说词中说："当海洋注定要成为孕育大国的摇篮时，历史首先记住了葡萄牙的恩里克王子和西班牙的伊莎贝尔女王……是恩里克王子以国家名义来支持航海家们对未知世界的探索……为了资助哥伦布的远航，（西班牙的伊莎贝尔）女王甚至卖掉了自己王冠上的珠宝……近代世界历史的大幕，就这样从海洋上拉开了。"

21 世纪是海洋的世纪，海洋兴衰关乎国运。当"一带一路"倡议正在逐渐成为未来全球经济腾飞的主旋律，世界的发展，已经打上深刻而鲜明的中国烙印。

衣服的起源

一部服饰史，就是一部民族文明史。

第一次见到树皮布，是在香港中文大学举办的“衣服的起源：树皮衣”展览上，这是一项追寻人类衣服起源的科普展览。

柔和的灯光里，一匹匹树皮布安静地躺在玻璃橱窗里，它们呈深褐色，部分还画有精美的图案。我小心翼翼地伸出手去抚摸，质地坚硬，手感粗糙。

如果不是亲眼目睹，我很难将它们和布匹、衣服联系在一起。可它们，确确实实被远古先民穿在身上，遮风挡雨。

走近它们，就仿佛走进时光隧道，坐在新石器时代的风中，让风吹开历史的尘埃。

树叶与兽皮

衣服是一个民族穿在身上的文明。正如西方的一句谚语，从人类的始祖亚当、夏娃穿上第一件衣服的那一刻起，人类文明就开始了。

衣服的发展，是以原始的自我保护本能，从低级的对现有自然物的利用发展起来的。

遥远的史前社会，人类刚刚学会独立行走，居住在遥远的深山洞穴，过着原始的生活。那时，人们只会简单地使用自然物，冬天用兽皮遮盖身体，夏天则裸露或捡取树叶遮掩，保护身体不受阳光暴晒、虫蛇啃咬、风雨袭击。诚如易中天说，华夏民族先前也是茹毛饮血、光着屁股的，能拿兽皮鸟羽遮遮身子，就很不错。

树皮布，最古老的人类衣服原料。（来源：珠海市博物馆）

翻开典籍，这样的记载不绝于缕。

以树叶和兽皮为衣，是远古的史实。这种实用的目的，也正是人类衣服产生的主要动因。

随着生产力的不断进步，工具改进了，人类的创造力越来越强，可以依靠改变天然物质来满足自己的需求。

于是，他们慢慢摸索，逐渐懂得了对兽皮进行加工： 用口咀嚼来软化、鞣制兽皮，使其更贴合人体；磨制出锋利的石片，用以裁割兽皮，或成块、或分条；利用动物的肠衣或者韧带纤维来缝辍兽皮，披于身，或掩之于下体……

再后来，他们能够磨制骨针，并用来缝制衣服，人类的服饰开始脱离萌芽状态。距今一万多年以前的山顶洞人遗址，曾出土一枚磨制较好的骨针。

在中国历史博物馆，我曾经见过这枚骨针，它比现在用的缝被子针略长，最粗处和缝绒线针相似，针身圆滑，微微泛光，针尖也比较锐利，针孔细小。

这么一根不起眼的小针，虽不如今日的钢针般锋利，却将人类穿衣的历史向前推了近两万年。

从树皮开始

约在4000年前，环珠江口的先民进入了新石器时代，原始的农业和手工业开始形成，人们开始以树皮布做衣服。顾名思义，树皮布就是用树皮做成的布，在麻和木棉纤维使用之前，先民以植物的树皮为原料，经过拍打技术加工制成布料。

由于树皮布本身容易腐烂，特别是在炎热潮湿的南方地区，更难以作为历史证据久远留存，我们已经很少能够见到树皮布的真实形态。但考古学家们找到了间接的证明：制造树皮布的石拍，向世人证明，人类的世界，树皮布曾经来过。

2015年，“岭南印记——粤港澳考古成果展”在广东省博物馆举行，一组外形普通的石拍，被摆放在了显眼的位置。这组石拍以砂质岩为主，拍面形状有圆角长方形、圆角正方形、长条形等，表面压有沟槽。

尽管没有陶瓷器的雍容华贵，也没有青铜器的庄严厚重，毫不起眼的它们还是吸引了参观的人群。人们纷纷驻足，赞叹这组4000多年前的杰作。石块虽小，确是实用的工具，折射出远古先民对生活的追求和文明的进步。

树皮布是一套与中原纺织文化完全不同的另外一种布艺系统。那个时期，中原大河之滨的先民们，已经学会从采集到的野麻中提取纤维，再用石轮或陶轮搓捻成麻线，最后织成麻布。

这已经从目前的南北方的考古发掘物里得到证明。东南沿海的福建、广东、广西、云南、海南五省，先后出土了70多件世界上最古老的树皮布石拍，显示了树皮布文化的繁荣；北方长江流域、黄河流域出土石轮或陶轮，年代不断提前，却从未出土过石拍，显示了纺织布衣服的流行。

换而言之，在新石器时代，中国的南北曾经存在过两大布艺系统：树皮布与纺织布。中原地区的纺织布与环珠江口的无纺布两大服饰体系呈现出分庭抗礼的局面。

衣服的起源

树皮衣出现的年代，具体已经不可考证。但自汉代以降，史籍辞赋中对树皮布都有相关的文字记载。

西汉韩婴撰《韩诗外传》曾记载，贫穷的原宪头戴“楮冠”出见富商子贡，“楮冠”即为楮树皮做的帽子，多为贫士、隐士所用，这也是关于树皮布制品最早记载。其余如宋朝乐史撰《太平寰宇记》，元朝马端临撰《文献通考》，清朝张长庆撰《黎歧纪闻》等，均有“绩木皮为布”的描述。

以树皮布制成衣服，分成两种：一种是直接以树皮为材质，将其从树上剥下来，经敲打、浸泡、晒干等程序，缝制成可避体遮羞的衣服，即纯粹的树皮衣；另一种是经过一整套制作树皮布的工序后，只保留树皮里层的纤维，纺线织成树皮布。

几千年过去了，这门见证无纺布到有纺布的技艺已名存实亡，我们只能凭借想象，从文献和学术著作里来猜测树皮究竟是怎样制成衣服的。

做树皮衣，第一步是剥树皮。树皮潮湿松软的时候最好剥，环珠江口

早期人类社会制作树皮布的工具——石拍。（来源：珠海市博物馆）

地区一年四季温暖潮湿，树木本身拥有充足的水分。先民们先将树木砍倒，截成合适长短，然后用石拍持续敲打，让树皮软化，和树干逐渐分离，直至完全外翻脱落。

剥下来的树皮，呈圆筒状。先民们将它们用石刀或石斧裁开，圆筒状就变成了长方形。然后拿到河边去清洗，浸泡发酵，沤去杂质，使树胶溶于水中，只留下脱过胶的树皮纤维。

洗好后，树皮被拿去晾干晒透，进入更漫长的敲打阶段。在敲打中，粗糙的树皮表层逐渐出现质地柔软的絮状物，触感变得更加舒适。部分凸起或凹陷，去厚补薄，并继续将其拍打成片状。

由此，树皮逐渐朝着布的方向演变，一块洁白的树皮布就诞生了

接着，进入缝补环节。心灵手巧的女人们，量体、裁剪、缝纫……树

皮布就变成了一家人的被褥、上衣、短裙等。多出来的边角料，则用来做成帽子等配饰。

原本粗糙不堪的树皮，就这样变成了适应人体需求的衣服，人类服饰发展史上崭新的篇章开启了。

树皮布之路

树皮布是人类服饰从无纺布到有纺布发展过程的有力证据。

那么问题来了。环珠江口的树皮布源自哪里，是本地发源的，还是由外部传入？

其实，树皮布并非环珠江口地区独有，云南西双版纳的哈尼族、基诺族人，东亚的日本，南亚的印度、爪哇等，都有很丰富的关于树皮布的记载。甚至遥远的南美洲大陆，也曾发现过树皮布。

环珠江口地区位于中国东南沿海，是通往东南亚和拉美各国的必经之路，珠海宝镜湾先民也曾有穿越南海诸岛的猜测，是不是环珠江口地区的先民将树皮布制作技艺带到了那里？

在世界地图上，这些区域都处于热带，树皮布原料的来源桑科植物分布最为普遍。百度百科“桑科植物”条目记载，桑科约 53 属、1400 种，主要分布于全世界的热带、亚热带地区，少数属种分布于北温带。巧合的是，世界上桑科植物分布的范围，与树皮布流行的范围大致相同。

作为目前研究树皮布的权威，香港中文大学邓聪教授在分析了世界各地树皮布石拍的分布后得出结论：“按现今所知在东亚大陆范围，珠江口文化的树皮布石拍，流行于距今 5000—6000 年前之间，是迄今东亚已知最古老的树皮布文化系统。”

“由环珠江口南向中南半岛，越南北部冯原文化有丰富的树皮布资料，年代可能在距今 3500—4000 年之间。泰国及马来半岛的树皮布文化稍晚，在距今 3500 年。太平洋岛屿均为树皮布文化繁盛区域，其年代更应在距今 3500 年之后。至于美洲中部树皮布、纸文化，如阿兹台克及玛雅文化，均盛极一时。中美洲树皮布文化上限不超过距今 2500 年。”

他进一步指出：“事实上，树皮布衣服是亚热带地域人类衣服的基层文化。这样看来，发源于中国的纺织丝布和无纺织树皮布，同样是具有世界性影响的重大发明。丝织品由丝绸之路，自中国西向在陆路上流通远达西欧，最后进入英伦三岛。另一方面，代表着树皮布技术扩散的树皮布之路，自南中国南向经中南半岛，从海路上席卷东南亚岛屿后，再跨过太平洋岛屿进入中美洲。”

如果邓聪的研究结论符合史实，那么，或许可以推测，在丝绸之路方兴未艾之前，已经有一条树皮布之路，从中国沿海的环珠江口出发，席卷了整个东南亚诸岛，然后穿越太平洋分道传播至非洲、大洋洲、中美洲等岛屿。

这条路，承载了人类文明之初的一段历史。珠海，乃至环珠江口地区，恰恰就是这条路的源头。

树叶、兽皮、骨针、树皮布……一件件不同年代的衣服文物，支离破碎地拼接起现代人对古人服饰的想象。岁月沧桑，时光流转，我们似乎看到了先民们的身影，风雨中他们踟蹰徘徊，在难以计数的岁月里沉淀了无尽的智慧，将自然的馈赠化作遮体保暖的衣服，终于跨进了文明时代的门槛。

也许有人会问，当今世界，科技突飞猛进，设计工艺精巧，用以制作服装的材料也是日新月异，树皮布的时代早已成为遥远的过去，为何如此回溯往昔？我想到一个词，叫“传承”。

树皮布和石拍，不过是静态的遗物，我们需要发掘的，是在这个过程里蕴含的文化印记，这才是它们的真正价值。因为有了传承，我们才能拾起先民智慧的闪光点，唤起人类对生命与自然的敬畏和珍惜，人类才会更好向前。

第二章 丝路寻踪·零丁洋里叹零丁

珠江口海岛星罗棋布，史有“零丁洋”之称，后又称“伶仃洋”。清朝康熙年间《新安县志》记载：“零丁山，其下即零丁洋也。”说的就是此处。

千百年来，这是一片见证了珠海波澜壮阔历史的水域：南宋在这里沉入了茫茫大海；文天祥在这里留下了“惶恐滩头说惶恐，零丁洋里叹零丁”的千古名句；英美侵略者的鸦片趸船和快艇曾在这里游弋……

它是珠三角地区进出古代“丝绸之路”的必经之地，也是中国南大门的一道重要防线。张承志却说，内伶仃，外伶仃，伶仃洋，伶仃岛，这不吉的海上地名！

千年以后，再度踏上这片水域，不可以只叹伶仃。

从香山场到香山县

暮春四月，阳光和煦，微风习习，我来到了山场路。

诗中云，人间四月芳菲尽，山场路的木棉花已经几近凋谢，留着残花的树枝，也都爆出了嫩绿的新芽。和珠海这座城市里数不清的道路一样，来来往往的人群，日复一日的生活。

我要寻找的，是山场路上那一块别致的景观石，上面阴刻着四个大字："情聚山场"。山场，又称香山场，被誉为中山、珠海、澳门三地文化及经济之始祖地，是珠海的根！

民谚有云："先有山场，后有香山，再有珠海。"珠海的历史，就是从这里开始的。

化外之地，海岛世界

远古时代的珠海地区，只是珠江出海口伶仃洋上的岛屿。珠江三角洲的泥沙不断积附，岸滨不断向外延展，慢慢地，浅湾变成了海滩，海滩变

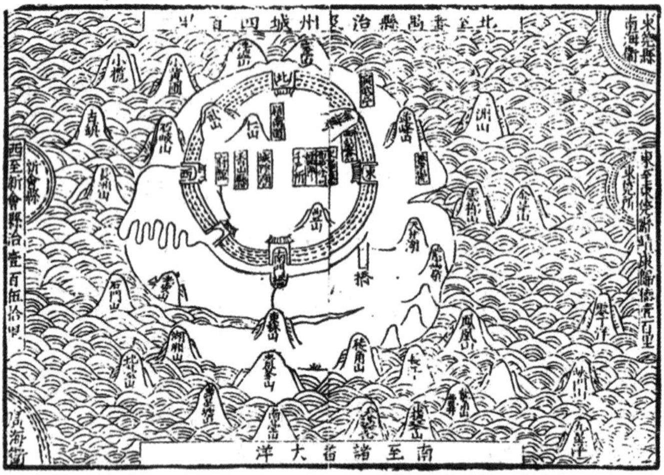

明嘉靖《香山县志》载《香山县图》。明嘉靖二十七年以前，由香山县城前往四境及县外都是靠渡海舟行。

成了陆地。

珠海地区古属百越之地。公元前 221 年，秦统一六国，在全国实行郡县制，岭南被纳入中原王朝的版图，设“桂林、南海、象郡”三个郡，南海郡下辖“番禺、龙州、博罗、揭阳、四会”五个县，珠海地区隶属于南海郡番禺县。之后一直到汉朝，珠海地区都归南海郡管辖。

秦汉以后，朝代几经更迭。到了东晋年间，“南海郡”被分为东西两部分，东部地区称为“东官郡”，西部地区称为“新会郡”，珠海地区就位于两个郡之间。

随着珠海地区渔业、盐业的进一步发展和北方人口的迁入，珠海地区的行政区划也随之发生变化。到了隋开皇九年（公元 589 年），“东官郡”改称“宝安县”，“新会郡”改称“新会县”，珠海地区划归“宝安县”管辖。

换而言之，珠海地区一直处于中央政府的版图之中，但在山川形制上，珠海地区仍然是珠江口一个独立的海岛世界。清光绪年间的《香山县志》记载，唐代以前，这里就有人聚居，围海煮盐，取名“金斗湾盐场”。

此时，山场村有着另外一个名字：濠潭，又或濠潭澳，取濒临海边之意。20 世纪 80 年代，邓丽君的一首《南海姑娘》红遍了中国的大街小巷，歌曲中的“南海”，唱的就是这里。

盐场肇始，军事重镇

山场村西三里，曾经有一块田地，约 20 余亩，被称为“咸田”。据村里人讲，这块土地上种水稻不长穗，种红薯有咸味。这就是当年盐场的旧址，现为新香洲城区。

唐初，围绕五桂山周边，冲积平原不断扩大，北方人口也大量迁入，当地官府在这片区域设立文顺乡，这可以说是珠海地区最早的行政机构，管辖范围包括今中山石岐、南朗、三乡及珠海前山、南屏、唐家等沿海陆地。

此时的珠海地区，已经从毫不起眼的偏远海岛，逐渐成为当时地理、经济的要地。

地理上，它不仅是海上交通要塞，也是海防前线。从波斯、印度、暹罗、安南等国出发前往广州，必途经此地，而伶仃洋上又时常有海盗出没，商船遭难的风险与日俱增；经济上，这里盛产海盐。在古代，盐是日常生活最普通的调味品，盐业也是历朝历代朝廷重要的财政来源之一。

唐至德二年（公元 757 年），“宝安县”改称“东莞县”，属广州府管辖。东莞县官府在文顺乡境内设置了军事营镇——“香山镇”。此时的“镇”，与现在的乡镇机构不同，是军事机构的一级，用于驻扎军队。直至北宋，整个文顺乡改为地方行政机构香山镇。

这也是珠海地区第一次被称为“香山”。缘何取名“香山”？

北宋地理学家乐史所著《太平寰宇记》记载：“香山在县南，隔海三百里，地多神仙花卉，故曰香山。”香山即现在的五桂山及其支脉凤凰山。在古代，凤凰山与五桂山被同称为“五桂山”。“神仙花卉”指当地盛产的“异花神仙茶”，此茶是一种野生茶叶，“异花”即指兰花，香闻十里，称之为“隔山香”，故五桂山又称“香山”。

今天看来，香山镇管辖五桂山区各个村落，涵盖今中山、珠海绝大部分地区。从此，濠潭村更名为“香山场”，盐场也改名“香山场盐场”。“场”，多指矿场或盐场所在地，一般较繁盛，“山场”的名字即由此而来，并开始出现在历史典籍里。

由镇升县，政经中心

自宋代以来，香山岛上的居民便开始了争取立县的努力。

制盐业是宋代社会生产的重要部门，海盐专利是朝廷一笔巨大的财政收入。据史载，广东路漕司每年拨出盐课收入的四成即足够各州县的开支。

岭南初有盐场 15 个，到南宋增至 26 个。珠海地区的盐场主要分布在金斗湾内，即今山场—坦洲—六乡一带，泛称“金斗盐场”。其中香山场始终是珠海地区盐业生产的主力，一直延续到明清。

繁盛的制盐业不仅繁荣了当地的经济，也吸引了大量北方移民，他们带来先进的农耕技术，沙田开垦与围海制盐齐头并进。他们聚集在香山场建房置业，繁衍后代，使得香山场成为珠海地区经济繁荣、人口兴旺的大聚落。当时，凤凰山以北的民众大多在山场歇脚，再前往澳门，或在山场做买卖，转运货物。

山场路上，“情聚山场”景观石傲然矗立。

北宋元丰五年（公元1082年），祖籍文顺乡的鄂州通判梁杞辞官归里，与广南通判徐九思联名上奏朝廷，称香山“逾风涛则数月不通，乞建一县，因香山为名”。

尽管未获批准，但朝廷将香山镇升格为“香山寨”，允许“设寨官，招收土军，阅习武艺，以防盗贼”。由“镇”改“寨”，香山离设县的距离又近了一步。香山寨设寨官一名，依旧归东莞县管辖，下文将要出场的陈天觉即是当时的寨官。

香山寨，一等又是七十年。

七十年斗转星移，北宋换了南宋。山场的粗盐，要装船跨越珠江口运至东莞，再由东莞转运广州分发各地；香山寨的生员赴考，也要跨海至东莞，再辗转至广州；东莞对香山寨的管辖也鞭长莫及，“凡有斗讼，各归所属县办理，逾风涛则数月不通”。

时任香山寨官的陈天觉，说服当时行政上管辖香山岛的东莞县令姚孝资，再次上奏朝廷，痛陈“役属东莞，以船输役，江上经常被盗，输役往来不便”，请求朝廷将香山岛由役属东莞改为役属广州，“以便输役”。

当时，南宋抗金形势严峻，军粮战备处于首位，“以便输役”可能击

1992 年新香洲，山场村一带原貌。（拍摄：何华景）

中了朝廷的软肋。朝廷终于“诏准”，划出东莞、番禺、南海、新会四县部分岛屿归香山，县名沿用“香山”，隶属广州府。

香山寨终于升格为“香山县”，成为岭南最早的海岛县。这一年已是南宋绍兴二十二年，公元 1152 年。从此，香山县成为中山、珠海、澳门三地的古称，绵延千年的香山文化，从此拉开序幕。

奇怪的是，《宋史》竟然对此事无只字记载。

作为宋朝地理区划变化的佐证，《宋史》“地理志”也只能找到“东莞”，根本就没有“香山”二字。那么编撰于明嘉靖年间的《香山县志》中“香山设县”的记录又来源于哪里呢？这恐怕又将是一桩历史公案。

也许，对于远在化外之地的海岛县，朝廷根本就没放在眼里。所关心的，无非是钱粮徭役而已。香山设县后，朝廷并没有给新设立的香山县选

派县令，只是指定陈天觉暂以寨官身份“署理”县务，一署就是 17 年。

连带担任寨官的时间，陈天觉在香山任职长达 27 年，是香山有史以来任职最长的行政首长。他的墓碑两侧，刻着一副楹联：“英魂留库岭，伟绩镇香城”，概括了陈天觉对香山劳苦功高的一生。

迁址石岐，山场萧条

山场这一带，从设立文顺乡到香山设县，一直都是当时珠海地区的政治、经济和文化中心，不断吸引着珠三角地区的民众前来定居或从事商贸活动，人口密集，生产发达，你煮盐来我打渔，一派繁荣与和谐。

此时，一个改变山场命运的关键人物出现了，他就是上文提到的陈天觉。陈天觉祖籍南雄珠玑巷，后迁居香山县虎涌，南宋绍兴八年（公元1138年）特赐进士出身。

新县既立，最首要之事莫过于确定治所，修筑城池。经多次实地勘察，综合比较，两块地方进入候选名单。

一是平岚平原。位于五桂山南面，包括丰乐乡的桥头、平岚、乌石等，北靠五桂山，南临金斗湾，平原面积广阔，村落人口集中。丰乐乡乡绅以郑廷举、郑廷辅兄弟为首，主张此地为筑城的理想地段。

一是石岐平原。前临石岐海，后依五桂山，地势一马平川，聚落分布密集，仁厚乡乡绅以陈天觉及其兄陈天伦、弟陈天叙为首，力主于此建立县城。加之陈天觉身居石岐，愿望尤其强烈。

在双方争执不下时，陈天觉语出惊人，提出："建城必须贵地，地贵者土重，须兑称两地之土，重者方可建城。" 怎么才能让土更重？据《陈氏族谱》和《香山县志》记载，在仁厚乡的泥土中，陈天觉暗中派人掺入铁沙。就这样，不明就里的丰乐乡在泥土称重中败下阵来，新县城定位于石岐平原。

历经两年建设，南宋绍兴二十四年（公元1154年），香山县城在石岐平原平地而起。由于"炼铁和土"和"称土"的故事，人们称县城为"铁城"。

建县后，尽管县治设在石岐，但香山场却一度是当时区域内经济最发达的地区，以盐业和银矿业为经济支柱。史载，"宋绍兴年间设香山场……盐课司廨编户二里，草荡池不一"。有资料显示，山场当时人口已经达到1300人以上，占全县人口百分之十几。

清朝乾隆年间以后，随着珠江水带来的大量泥沙不断沉降，充填了之前的海湾，海水逐渐退去，久而久之，形成了广阔的冲积平原，盐田变沙田，繁盛了数百年的香山场制盐业开始走向衰落。

到了清朝道光年间，香山盐场完全脱海成陆，成为一大片沙田。历经沧海桑田，香山盐场从此成为历史的记忆，逐渐淡出人们的视野，成为珠海一个普普通通的村子。

这就是山场村的故事，也是珠海的故事。

山场村，肇始于一个繁盛的盐场，历经文顺乡、香山镇、香山县区划更迭，始终站在前沿，引领当时、当地政治、经济、文化的繁荣与昌盛。

珠海的城市建设，最早也是从山场一带开始。如今的山场村，虽然已经没有古村落的历史气息，取而代之的是商业办公区、写字楼和高层住宅区……但不变的，是珠海这座城市前进的有力步伐和独特的发展韵律。

新的“山场”，又将开启。

穿越“海上丝绸之路”

海洋，充满神秘的魅力与无限的诱惑。

中华之外，便是海洋。《史记》曰：“天下有九州岛，中国名曰赤县神州，中国外如赤县神州者九，有大瀛海环其外，天地之际焉。”所谓“大瀛海”，即是古人对大海的主观形象的表述。

在辽阔的海洋上，有一条“史诗”般的路：来往东西的商船，穿行在碧海蓝天，颠簸于惊涛骇浪。它们满载丝绸、瓷器、茶叶而去，满载黄金、珠宝而回。点点渔火帆影，点缀了一望无垠的海面。

19 世纪末，德国地质学家费迪南 · 冯 · 李希霍芬在《中国亲程旅行记》一书中，将这条海上航路命名为“海上丝绸之路”。珠海，毗邻广州，扼守珠江出海口，“海浩无际，岛屿洲潭，不可胜记”。

逾千年来，珠海与这条“海上丝绸之路”交相叠印。

蚊洲岛元代陶瓷遗址，与元代的陶瓷外销有关。（来源：珠海市博物馆）

觉醒的海洋梦

海洋，一望无际，波涛汹涌，隐藏了诸多的未知，被视为不可逾越的天然屏障，危险远远超过崇山峻岭与草原荒漠。

但是，早期中华文明的传播，并没有被海洋所阻隔。

百越先民傍水而居，依水而生，“陆事寡，水事重”。《艺文类聚》引《周书》有“周成王时，于越献舟”的记载。西周定都镐京，百越人献舟须经海上航行，取道东海、渡黄海、泛渤海、入济水、沿黄河、进渭水，然后到达都城。

西周时，华夏文明已经通过海上与日本及东南半岛展开了文化交流。

东汉王充《论衡》中载："周时天下太平，越裳献白雉，倭人贡鬯草。"越裳位于今越南、老挝一带，倭人是古代对日本人的称呼，"雉"为长尾美羽的飞禽，"鬯草"即郁金香草。

到了春秋时代，王室式微，诸侯国力扩张。临海诸侯国航海活动日趋频繁。西汉刘向编纂《说苑 · 正谏》言："齐景公游于海上而乐之，六月不归。"孔夫子也曾感叹："道不行，乘桴浮于海"，可惜无论是他，还是他的弟子，都没有"乘桴"出发，只留下了无穷的遗憾。

《尚书 · 禹贡》成书于战国末，记录了远古时代最早的沿海航线：从北方的黄河入海口向南，绕过山东半岛东端，沿黄海、东海南下，到达淮河与长江入海口。这是一条通达的海上交通线，北上可以直达东北今辽东半岛，南下可通向浙江、福建等东南沿海。

岁月流转，朝代更迭。公元前 221 年，秦统一六国。秦始皇钟情于海洋，曾先后五次出巡，其中四次来到海滨，开启了"东抚东土""乃临于海"的实践。

浩瀚海洋的神秘与未知，滋生了始皇帝出海寻访缥缈仙山，圆长生不老的美梦。《史记 · 淮南衡山列传》中载："秦皇帝大说，遣振男女三千人，资之五谷种种百工而行。徐福得平原广泽，止王不来。"

对于始皇帝东巡的奢华靡费与寻求仙药的虚虚实实，后世史学家颇多诟病。但不妨换一种视角审视，也正是这些看似荒诞不经的事实，客观上唤醒了古人的海洋意识，打开了古人的航海梦想，激发了古人探索海洋的热情。

此时，"海上丝绸之路"重要港口的轮廓已经初步形成：包括塘江口的句章（宁波）、东瓯（温州）、长江口的吴（苏州）和珠江口的番禺（广州），珠海地区便隶属于番禺地区。

丝路开启

与陆路常因战乱、灾害而阻断不同，海路则是一条更为便捷、更为顺畅的通道。

《汉书 · 地理志》“粤地”条载，汉武帝遣使臣率满载珍珠、丝绸、瓷器、黄金的浩大远洋船队，从原岭南的徐闻、合浦起锚，穿越南海的万顷碧波，横穿孟加拉湾，到达印度半岛，换回琉璃、琥珀等奇珍异宝。

西汉以后，“海上丝绸之路”商业航线逐渐向西开辟，各国的商人、使节频繁地穿梭于“海上丝绸之路”。珠海境内、环珠江口一带星罗棋布的岛屿，是远涉重洋的商船天然的避风港和补充淡水、食物的“补给站”。这片区域开始成为“海上丝绸之路”的重要锚地，满载丝绸和瓷器的商船，在这里驻留补给淡水或粮食，甚至是等风避雨。

1986 年，在珠海外伶仃岛石涌湾，有人采集到一件西汉时期的陶罐残片，其罐身纵刻隶书“朱师所治”4 个字，是陶工的落款。这也是环珠江口地区迄今为止发现最早的汉字之一。

中国的汉字，谱系完整。从甲骨文开始，历经金、篆、隶、楷，一脉相承，源远流长。判断字体的年代，成为推断出残片“寿命”的关键。对照字谱，4 个字的字体要晚于先秦，早于东汉，和西汉几近相似。于是，专家们断定，残片是西汉时期的产物。

陶片无语，却用残缺的身躯向世人证明，早在 2000 多年前的西汉，处于岭南边荒地带的珠海，就已经参与到“海上丝绸之路”的开辟探索中来。这条路，经过珠海外伶仃海域。

东汉、三国、两晋南北朝，战乱不休，“海上丝绸之路”却依然绵延不绝。随着《山海经》式的玄幻地理观被逐渐打破，“海上丝绸之路”的触角开始越过印度半岛，延伸到阿拉伯海与波斯湾，东、西亚之间的海上

陶器残片肩部刻隶书“朱师所治”，可追溯到西汉。（来源：珠海市博物馆）

往来也被打通。

除了朝贡的使节、淘金的商人，路上又增加了一批全新的参与者：僧侣。通常，人们认为佛教传播主要是由西部陆上的“丝绸之路”而来，其实，从海上传播佛教的可能性也是极大的。

高僧法显曾撰写《佛国记》，翔实地记录了他从印度归国一路朝圣传道的线路：在印度起航，途经斯里兰卡，在爪哇岛换船北上至山东半岛的崂山登岸，最终抵达南京。

丝路繁华

唐宋以降，国力强盛，“海上丝绸之路”则又是另一种格局和形态。中国的远洋船队可以远航至波斯湾、红海，甚至到达非洲东海岸和欧洲。瓷器作为最重要的出口商品，开始沿广州至波斯湾航线输出。北印度洋上，中国的大型远洋航船往来穿梭，络绎不绝。

这就是唐德宗时贾耽所记闻名遐迩的“广州通海夷道”，后附于《新唐书·地理志》：从番禺起航，横穿越南海、印度洋、波斯湾、东非，抵达欧洲，途经百余个国家和地区，全长约 14000 公里，是当时世界上最长、航区最广、规模最大的国际海航线。

此时，番禺已经取代徐闻、合浦，成为“海上丝绸之路”的出海港，历经唐宋元明清，长盛不衰，“宝货所出，山海珍怪，莫与为此”。晚唐诗人刘禹锡曾有诗云：“连天浪静长鲸息，映日帆多宝舶来”，盛赞为当时“万舶争先”的贸易景象。

珠海，毗邻番禺，也从偏处南海一隅的补给站，成为番禺至阿拉伯航路上的必经之地。来往广州至波斯湾航路上的商旅们，手里的海图都会标注这片区域。唐至德二年（公元 757 年），朝廷在珠海地区设置军事组织香山镇，驻扎军队，其主要任务就是防止伶仃洋海域海盗的滋扰，保障“海上丝绸之路”航线的畅通。

当年繁盛一时的香山镇，也已难觅当初的模样，但历史总会留下雪泥鸿爪。20 世纪 80 年代，香山故镇遗址发掘出一批唐代风格的黑陶罐、越窑青瓷碗、釉盏等残片，后经专家考证，这是唐代中国的外销瓷器。

蚊洲岛位于高栏港南水镇东南，野草丛生、无人居住。1969 年，这里挖掘出 212 件青瓷碗碟，碗和碟包装整齐，分类叠埋在沙滩里。部分碗碟残片边上，还残留着腐朽的草木灰痕。专家们从造型、釉色、胎质、花纹判断，这是元代的遗物。

光阴千年，沧海桑田。在“海上丝绸之路”珠海地区海域的海底下，埋藏着不同文化相互交流的见证。1972 年，一条古沉船在三灶岛草堂湾被发现，当地村民曾多次潜入水中探索古船，船舱内有香果和槟榔，香果药味很浓，时代不详。后有学者提出，这是唐代阿拉伯国家的商船。

站在沉船遗址的位置远眺，北可直达广州，南可经过川山群岛，抵达阳江、雷州半岛、琼州海峡以至海南，然后穿过南海到达印度或远赴欧洲。这条海上通道，恰好位于古老的“海上丝绸之路”南海航道线上。

丝路衰落

公元 15—18 世纪，是人类历史发生重大变革的时代。随着地理大发现，欧洲人开启了大航海时代，海洋贸易全球化已经初见端倪。此时的中国，正处于明清时期。

审视绵延 2000 余年的“海上丝绸之路”，自然无法回避明朝时张时弛的海禁与清朝日趋严厉的闭关锁国政策。

明朝的海禁，最早起于明初洪武三年（公元 1370 年），因倭寇侵扰山东、浙江、福建等地，朝廷严诏 “片板不许下海”。明成祖命郑和七下西洋，一度形成了中国历史上少有的开放盛景。至嘉靖和隆庆两朝，又曾诏令解禁。

时移世易。清朝的闭关锁国，较明朝的海禁更加变本加厉，并一直延续到鸦片战争前夕。清康熙五十六年（公元 1717 年），出于经济考虑，政府下达禁海令。为严申海禁，严厉禁绝各种海上贸易，《大清律例》增订法条 30 余例。

奇怪的是，无论是明朝的海禁，还是清朝的闭关锁国，却都对广州实行特殊政策。广州成为全国唯一合法进出口贸易的第一大港和贸易全球化的中心市场。

珠海与“海上丝绸之路”的故事也一直在延续。来自马来半岛、印度半岛、太平洋诸岛及欧美的商舶来广州贸易，必先在浪白、十字门等海澳屯集，再取道珠江驶抵广州，这些海澳都位于今天的珠海。

明嘉靖三十二年（公元1553年），葡萄牙占据澳门，浪白澳贸易衰落，十字门依然是当时最繁忙的海澳。清乾隆二十二年（公元1757年），实行广州“一口通商”，粤海关成为当时全国唯一的口岸海关，“通洋往来之舟，皆聚于此（十字门），彼此交易”。直到19世纪中叶，蒸汽轮船时代开启，十字门航道才因淤浅被放弃。

从公元前2世纪到鸦片战争前夕，虽几经世事变迁，“海上丝绸之路”的对外贸易和文化交流却从未中断。水天一色，帆影重重，始终是广袤无垠的海洋一幅最美的画卷。

作为“海上丝绸之路”的重要节点，珠海一路大海扬波，参与并见证了“海上丝绸之路”文化传播与商业贸易的使命，推动了珠海城市发展的大潮奔涌浩荡，也铸就了珠海“敢为天下先”的城市品格。

“一带一路”，将古代“海上丝绸之路”承载的使命升华。现代化的高铁、飞机、轮船……车来船往，不断丰富着“一带一路”的内涵。珠海，新时代，将继续在这条路上书写属于自己的丝路风华。

风起伶仃洋

辉煌的历史文化，是一座城市独特的印记，一如伶仃洋之于珠海。

一年四季，湛蓝的天空、清澈的海水、细腻的沙滩和懒洋洋的阳光……这就是外伶仃岛。岛距离香港很近，快船也就几十分钟。天晴时，沿桂山岛等岸线一路远眺，香港的繁荣市景隐约可见。

外伶仃岛所在的这片海域，古称“伶仃洋”，又通假作“零丁洋”。船过零丁洋海面，最躲不过去的，就是一个人与一首诗——文天祥和他的《过零丁洋》。

宋朝的悖论

《孟子》云，知人论世。走近文天祥，就撇不开他所处的时代——宋朝。

宋朝，被历代研究者认为是中国文化、科技的巅峰，有“中国历史上的文艺复兴与经济革命”的美誉。近代史学大师陈寅恪先生曾不止一次盛赞："华夏民族之文化，历数千载之演进，造极于天水一朝。"所谓"天水一朝"，指的就是宋朝。

确实，有宋一代，各行各业，可谓群星璀璨。

自魏晋以来，儒家一统天下的哲学观被打破，三教合流渐成趋势并在宋朝终成正果，演化出影响中国千余年的程朱理学，理学家如周敦颐、程颢、程颐、朱熹等，纷纷著书立说。

宋词成为继唐诗之后的又一个文学高峰，"唐宋八大家"宋占其六。辛弃疾、"三苏"、柳永、陆游、李清照……一个个激动人心的名字在文学史上闪闪发光。

书法史上论及宋代，必提"苏、黄、米、蔡"四大书家，开创了一代书法新风；民间绘画、宫廷绘画、士大夫绘画……构成宋代绘画丰富多彩的面貌，北宋徽宗皇帝本人绘画造诣就非常深厚，无人能出其右。

科技，也在宋代达到前所未有的高度，一如英国学者李约瑟在《中国科学技术史》中所言："每当人们在中国的文献中查找一种具体的科技史料时，往往会发现它的焦点在宋代，不管在应用科学方面或纯粹科学方面都是如此。"

中国古代"四大发明"，沿着"海上丝绸之路"一路西去，成为世界文明进程和人类社会演进强大的推动力，其中宋朝独占三项：指南针、火药和活字印刷术。诚如马克思所言："火药、罗盘针、印刷术——这是预兆资产阶级社会到来的三项伟大发明。"

故明朝文学家宋濂说："自秦以下，文莫盛于宋。"英国史学家汤恩比说："如果让我选择，我愿意活在中国的宋朝。"

除却"郁郁乎文"，两宋也是名臣名将辈出。寇准、范仲淹、富弼、欧阳修、狄青、宗泽、韩世忠、岳飞……包括即将谈到的文天祥，这些人中，绝大部分既是文臣，也是武将，还是文学家、书法家或画家。

尽管如此，但一部《宋史》几十万言读下来，字里行间却只透出两个字："孱弱"，后世或称之"孱宋""弱宋"。两宋国祚三百二十年，似乎陷入了被少数民族政权欺凌的怪圈。

宋朝先后与西夏、辽国、金国、蒙古等国签订了多个不平等条约。更有甚者，女真族建立的金国直捣汴京，掳走了徽宗、钦宗及整个宋廷，史称"靖康之耻"，生生将"宋"掰成了北宋与南宋。

这就是宋朝的悖论：一边是经济繁荣，文化昌盛；一边又是内忧外患，屡遭外辱。这种看似荒诞不经的对照，很大程度上源自两宋"以文制武"的国策，最终自食文荒武嬉、积贫积弱的恶果。

即便如此，宋政"宽柔"，"百年未尝诛杀大臣"。即使罪大恶极的奸臣佞臣，也不过是贬谪、流放。宋代，南方多为流放贬谪之地。就在贬谪、起复、再贬谪、再起复的恶性循环的政治生态里，宋朝在南宋这一段走向了风雨飘摇。

一个人，一首诗

南宋，诗人林升曾有诗云：

> 山外青山楼外楼，西湖歌舞几时休？
> 暖风熏得游人醉，直把杭州作汴州。

文天祥，就出生在"直把杭州作汴州"的南宋。此时，距北宋靖康之耻已过去十年。《宋史》描述他："体貌丰伟，美皙如玉，秀眉长目，顾盼烨然。"殊不知，史书形容美男子，多用"美姿仪"3个字。16个字的描述，翻遍史书也几乎是凤毛麟角。

这不是重点！重点是，他文章锦绣，万里无一。南宋宝祐四年（公元1256年），文天祥集贤殿对策，以“法天不息”为题，洋洋洒洒近万言，犹如黑暗里的一道闪电，震惊了万马齐喑的皇帝与百官，以状元及第被选入朝廷。

时年他20岁，正值意气风发的年纪。按照传统的“学而优则仕”的路子，文天祥已经走在人生赢家的金光大道上。如果历史如此安排，他也不过只是一个普通的状元。

据后世统计，从科举制度在唐朝诞生，至清朝最后一场科考落幕，史上有据可查的状元共638位，其中两宋占118位。可惜，几乎所有的状元都无声无息地消失在历史的烟尘里。

文天祥，注定跟其他状元不一样。

南宋德祐元年（公元1275年），经过40余年与南宋的战战和和，元世祖忽必烈的蒙古大军终于沿汉水挥师南下，兵锋直指临安。太后急发《哀痛诏》，号令天下勤王。

是年，文天祥39岁，已历经19年的宦海沉浮，任赣州知府。他手捧诏书，痛哭流涕，毅然决然变卖家产，招兵买马3万余人，从江西星夜赶赴临安勤王，以文臣领武事，奏响了他一生中最高亢悲壮的乐章。

可惜，江河日下，以身赴难也终不能力挽狂澜于既倒。恭宗被俘，大臣鸟散，朝廷倾覆，文天祥自己也被困元营。后来，他闻听益王在岭南称帝，趁看守松懈之际成功逃脱，领兵南下护驾抗元。

此时，文天祥与岭南的故事才真正展开。

南下途中，他写下《渡扬子江》一首：

几日随风北海游，回从扬子大江头。
臣心一片磁针石，不指南方不肯休。

每逢王朝没落之际，有人自甘堕落，和光同尘；有人宁为玉碎，浴火涅槃，文天祥属于后者。

南宋祥兴元年（公元1278年）十二月二十日，文天祥与元军激战广东海丰五坡岭，因盗匪引路，被元兵击败。仓促中他吞服冰片自杀，昏迷中被元军所俘虏。此时，宋军正与元军鏖战于崖山。

为瓦解宋军士气，招降宋将，元军押解文天祥前往崖山观战。这是文天祥第一次进入伶仃洋。时值岭南的冬季，伶仃洋面朔风鼓荡，波涛如怒，愁云惨淡。泛舟汪洋，文天祥的内心，难免会隐隐泛起一丝惶恐。

船渐近崖山，坚守崖山的是宋军统帅张世杰，元军统帅张弘范逼迫文天祥写信招降。他应该是想起了赣州，这是文天祥散尽家财，奉诏勤王的地方，也是他悲壮高亢人生的起点。赣州境内有江曰赣江，沿江上下游分布有十八滩，其中一滩名曰“惶恐滩”，滩险水急，每每乘船路过，人们莫不惶恐。

想到自己国难当头、有心无力的处境，想到南宋王朝日薄西山、复国无望的命运，他要来纸笔，含泪写下了那首千古绝唱《过零丁洋》：

辛苦遭逢起一经，干戈寥落四周星。
山河破碎风飘絮，身世浮沉雨打萍。
惶恐滩头说惶恐，零丁洋里叹零丁。
人生自古谁无死？留取丹心照汗青。

二十天后，元军对崖山发起总攻，宋军惨败，二十万军卒葬身鱼腹。陆秀夫身背小皇帝纵身投海，南宋王朝也随之同沉大海。闻此噩耗，文天祥“坐北舟中向南恸哭”：“惟有孤臣雨泪重，冥冥不敢向人啼。”椎心泣

外伶仃岛，浪打暗礁，水美石奇。（拍摄：何华景）

血，读之恻然。

崖山战事结束，文天祥被押解从崖山水路至广州，再取道北上。伶仃洋是必经之路，这也是文天祥第二次过伶仃洋，其时为南宋祥兴二年（公元 1279 年）三月十三日，只是胜负已分，物是人非。

站在船头，眼前就是二十万宋军浮尸海上的战场，联想到山河破碎，自己亦身如飘萍，身历赣浙闽粤，诗情伴着泪水，抑制不住汹涌而出：

揭来南海上，人死乱如麻。
腥浪拍心碎，飙风吹鬓华。
一山还一水，无国又无家。
男子千年志，吾生未有涯。

清代赵翼《题遗山诗》中云："国家不幸诗家幸，赋到沧桑句便工。"从古到今，每当国破家亡，无力纾解之际，最痛苦的莫过于最具民族气节的诗人，文天祥亦如是。

亲眼目睹了南宋王朝的覆灭，文天祥万念俱灰，只求速死。押解路上，他整整绝食 8 日，欲效仿商末伯夷、叔齐兄弟不食周粟，以守臣节，未果。

同年十月，就在求死不得、欲逃不能的状态下，文天祥抵达元大都。漫长的囚禁生涯开始了。最考验他的，不是暗黑的牢房和严峻的酷刑，而是一轮又一轮的诱降。封官、亲情、同僚……都被他严辞拒绝，他只"但愿一死！"

忽必烈彻底死了心，只得赐死文天祥。临刑前，他面无惧色，向南跪拜，从容就义，死后面色如生，终年 47 岁。其妻为他收尸时，发现了藏在衣服夹层里的绝笔诗《衣带铭》：

毛泽东手书文天祥《过零丁洋》摩崖石刻，伶仃洋因这首诗而为国人所知。

孔曰成仁，孟曰取义。
唯其义尽，所以仁至。
读圣贤书，所学何事？
而今而后，庶几无愧。

这不是用笔，而是用生命的孤注一掷写就的诗文，简单翻译为：孔子教导成仁，孟子教导取义，……我们能真正理解仁义的真谛，就无愧于心了。

身世浮沉，痛不过山河破碎。文天祥以“热血腔中只有宋，孤忠岭外更何人”的崇高气节，扶大厦之将倾，化作了伶仃洋面上的一座丰碑。

约七百年后，一代伟人毛泽东登上外伶仃岛。同为诗人、政治家的他，见外伶仃岛石奇水美，伶仃洋上浪遏飞舟，感慨文天祥之忠烈节义，怀古思今，遂泼墨挥毫，手书《过零丁洋》，并将“零丁”写作“伶仃”。从此以后，文天祥与伶仃洋，俱为一体。

如今，这幅手书被镌刻在珠海外伶仃岛的礁石上，在猎猎海风中依然刚烈如昔。与之遥相呼应的，是一望无际，震撼人心的蓝色洋面。也许，只有大海的辽阔与深邃，才能盛装这份历史的悲壮。

伶仃洋，见证了属于这个民族行进车轮中一段沉重的往事，也见证了一个人用生命去对抗异族铁蹄的悲壮。登上外伶仃峰，海风、谷风迎面扑来。隔着八百年潮起潮落，渔歌唱晚，我耳边仿佛又想起了那一首千古绝唱……

渔舟不经御舟到

在岭南，珠江入海口习惯被称为“门”，取“进出”之意。

珠江水系河道纵横，有八大入海口。自珠海以西，依次为：磨刀门、鸡啼门、虎跳门、崖门。崖门就位于珠海与新会交界，开车沿珠海大道一路向西，穿过土地广袤的斗门即可到达。

七百多年前，一场震古烁今的海战在崖门海域爆发，南宋王朝的大幕在钱塘江畔升起，却在这里沉入海底。历史的沉重和民族的大义，伴随着王朝的沉没，也沉寂在这片狭长的水域里。

登崖山远眺，崖门水道波澜不兴，金色的阳光撒在平静的水面上。目光洞穿海面上空的光怪陆离，思绪穿越到血雨腥风的公元 1279 年。

南宋的滑铁卢

历史似乎和宋朝开了个玩笑。作为中国历史上最富足的朝代，却处处受制于野蛮而强大的北方外族。其中，以宋元战争最为旷日持久，从公元

十字门古战场：曾经是举世闻名的宋元大海战的主战场。

1235 年至 1276 年，南宋苦苦抵御了 40 余年。

终于，南宋德祐二年（公元 1276 年）初，趁钱塘江的大潮该来而未来之际，蒙古铁骑越江而过，一路南下，如摧枯拉朽，临安沦陷，南宋瓦解。

时年正月，在杨淑妃的率领下，年幼的益王赵昰、卫王赵昺及大臣张世杰、陆秀夫等，率军民 50 余万，舰船两千余艘，从临安沿水路出发，经温州到达福州。五月，赵昰在福州即位，是为端宗，改元景炎，继续抗元。

元军铁蹄继续南下，南宋朝廷一路流亡经过泉州、厦门、浅澳、惠州，到达香山（今珠海）境内，暂时停泊在横琴岛十字门，此时，已为景炎二年（公元 1277 年）十月。

不久，宋军便遭遇自福建追来的元军，这是泛海南迁以来首次与元军在海上正面冲突。据《澳门总览 · 史地篇》记载，宋军以炮手和火箭手扼守大小横琴、九澳、凼仔及妈阁山等高地，将战船列阵于十字门东南面，与元军会战于九澳和凼仔一带海面，史称“十字门海战”。

如今，行走在横琴岛海边，已难窥十字门古战场的全貌。唯有一块两米多高的石头，上刻“十字门古战场”六个血色大字，静静地竖立在道旁，勾起路人对七百三十多年前那场海战的无限嗟叹。海风拂面，南宋将士与元军交战的金戈相击、厮杀连天的余音隐隐入耳。

鏖战既久，双方均伤亡惨重。宋军暂时得胜，趁元军退后休整，于景炎三年（公元 1278 年）二月撤离十字门北上。颠沛逃亡中，端宗惊吓成病，不治而亡，众臣又拥立 7 岁的卫王赵昺为帝，改元祥兴，退至崖山。

古之崖山海面，较之现在要宽数十倍。考究古地图，今崖山西侧的古兜山（古称汤瓶山）以东数里均为水域。经过数百年泥沙沉积，崖山水面才逐渐变窄。崖山西岸有田水乡，村民在挖地基、打井时，常会挖到古桅杆等沉船部件。

据史料记载，驻扎崖山期间，南宋朝廷“建临时行宫三十余间，军屋三千余”，操练士卒，打造兵器，制作船舰，开辟“草市”方便交易。各地义军闻讯纷纷前往，逾 20 万官民将士集结于此，分兵屯守崖山周围，“为死守计”。

宋室在崖山集结的同时，元军已经在酝酿大举进攻。南宋祥兴元年（公元 1278 年）八月，元世祖忽必烈以张弘范为都元帅，率水陆两军南下追击宋军。同年十二月，文天祥在广东海丰五坡岭不幸被俘。

南宋祥兴二年二月初六，风雨交加，大雾弥漫，关系到南宋存亡的宋元决战打响了。元军分兵四路，从东、南、北三面进攻崖山，宋军腹背受敌，自黎明血战到黄昏，伤亡过半。元军乘势追击，并火烧宋船，宋军大溃，崖山终被攻破。

宋室丞相陆秀夫见大势已去，仗剑把妻子和孩子赶入海中，然后换上朝服，腰系国玺，背起 9 岁的宋少帝奋身跃入大海，以身殉国。

日本历史学家田中芳树，在他的历史小说《海啸》一书中，用史诗般的语句还原了当时的悲壮：

> 宋军败局已定，陆秀夫知道已无逃脱的可能，便把自己的妻子儿子赶下大海。这时的赵昺身穿龙袍，胸挂玉玺，做好了投海前的一切准备。
>
> 陆秀夫看着鲜血染红的海面，又看看年幼的少帝，强忍住眼泪，再次发出了深情的呼唤："陛下……"
>
> 陆秀夫背起少帝，用带子紧紧地把两人捆绑在一起，仰天长啸："蒙鞑子，将来有一天，我们后代，一定会回来征讨你们！"随后一跃入海。

余下超过十万众的南宋军民，包括后宫、官员、将士、百姓……纷纷紧随其后，蹈海自尽，"死溺者数万人"。蒙元所编的《宋史》，客观地记下了这段史实："七日之后，海上浮尸以十万计……"

至此，南宋军民长达45年之久的抗元斗争，以50万人海战的惨烈、10余万人投江的悲壮……在崖山画上了凄美的句号，有着320年历史的赵宋一朝就此终结。这也是有史以来，以汉族为主体的中华，第一次被北方游牧民族所征服。

英雄和义士的诞生

七百多年的泥沙冲积，崖山也由孤悬的小岛，变得与陆地紧密相连。当年海面上的厮杀呐喊、鼓角齐鸣，如今只留下茫茫伶仃洋的"惊涛拍岸，卷起千堆雪"。

其实，当我们“把栏杆拍遍”，不难发现，两宋是一个盛产英雄和义士的时代。

远的不说，单就南宋倾覆前后，殉国者数量就为历朝之最。长沙破城，岳麓书院数百名儒生子弟、理学门生力战元军，全部战死殉国；崖山噩耗传来，不少百姓“多举家自尽，缆林木者，累累相比”。浙江十万、福建四万士子自杀殉国。

浩然之气，以两宋最盛。诚如中国台湾版《中国历史图说宋代》所言：“宋史《忠义传》有二百三十一传，其中往往有一传兼收数人。这个记录超过以前任何一个朝代，可证宋朝节义风气之盛。因此宋末有文天祥、陆秀夫等精忠浩气的人物，决非偶然。”这是一个颇为值得深思的现象。

1958 年，周恩来总理到访崖山古战场，当读到《崖门览古诗》时，以战略家的眼光指出，陆秀夫不应该跳海，他应该带兵到海南岛、到台湾去，继续坚持抗元斗争。

确实，周总理说得有理。今观崖门地势，东有崖山，西有古兜山（古称汤瓶山），两山夹一海，地势险要，易守难攻，进可出海攻击、逃亡，退可据守内陆御敌。

至于宋室众臣是否有如此战略眼光，已不可考。但他们心里清楚，眼前是一片汪洋，身后是蒙古的滚滚铁骑，以崖山弹丸之地对抗已拥有大半个中国的强元，是一场注定失败的战斗。程朱理学的忠君思维，坚定了他们败则一举殉国成仁的决心。

这就是两宋士人的气节，明知不可为而为之。孟子说，吾养吾浩然之气，在宋朝得到了完美的诠释。王朝虽然覆灭，但精神气节不死。

我常想，一个国家、一个民族的崛起，一定有它的历史必然。当我来到这片水域，才逐渐清晰中华民族不断崛起的力量之源，原来在这里。

因此，在南宋一跃入海的那一刻起，崖山的意义已经升腾。它不再仅仅是一个地理名词，还是一个民族的悲怆之地，一个民族心理的痛点，一个民族气节的精神符号。

崖山之后，焉无中国

信步登上崖山，遥岑远目，水天一色。虽经七百余年岁月磨洗，依然能感受到昔日那场惨绝人寰的大海战的惊心动魄。海战落幕后，衍生出一个著名的论调：“崖山之后无中华（国）。”

这句话出自哪里？我找了很久，最终在明末清初诗坛盟主钱谦益的《后秋兴之十三八首 · 其二》里找到了答案。诗中“海角崖山一线斜，从今也不属中华”，算是开了这种论调的滥觞。

细细想来，这种论调蕴含两层意思：一是指民族气节、民族精神，宋亡以后逐渐缺失了；二是指华夏文化，确切来说是汉族文化，被有元一朝屠戮殆尽。

饶是如此，我并不完全认同。

在元朝统治的 80 余年里，香山一带民众的反抗一直都没有停息。

崖门海战之后，一些赵氏皇族后人幸免于难，附近的忠义之士冒着被杀头的危险，将他们隐姓埋名收留在战场左近的香山南门、大赤坎等村落，使昔日皇族的荣光如今依然清晰可见。

菉猗堂主赵梅南，在元朝问鼎中原后隐居不仕，“誓不与元贼共戴天”，颇有名士之风；香山失陷后第三年，就爆发了元朝统治下的第一次农民起义；南宋灭亡六年，香山人马南宝在横琴起兵反元，因叛徒出卖战败被俘，壮烈殉国。

黄杨山位于珠海斗门，巨石峥嵘，竹翠草茂。宋亡后，部分遗臣隐入

菉猗堂，全名为“南门赵氏祖祠菉猗堂”，探寻南宋赵氏宗族文化，感受数百年风雨。

山麓，筑“金台精舍”，仿效春秋时燕昭王于易水筑“黄金台”的故事，以召天下贤才，密谋抗元大计。

这种强烈的民族气节，历经元明清而不断绝。崖山海战600余年之后，推动中国近代化进程的两大历史人物在这里诞生——梁启超和孙中山，前者以知识分子的见识和担当，积极推动变法图强；后者首举彻底反帝反封建的旗帜，“起共和而终两千年封建帝制”。

至于华夏文化的断崖，宋后至元亡的百年间，文化委实陷入凋零。但文化的发展，如同旋转的陀螺，一圈又一圈，周而复始。在历史的周期性运动中，有一种恒定的东西，始终保持不变——那就是在反复中上升。

短时间内，文明可能被野蛮战胜，但“野蛮的征服者总是被那些他们所征服的民族的较高文明所征服”。纵观一部二十四史，每过一个周期，华夏文明都会陷入低谷，注入新鲜血液后，再进入一个新的巅峰，犹如五胡之于唐宋繁华，蒙元之于明朝鼎盛。

华夏五千年，有前进，有倒退，有破坏，有建立，但总的趋势是共存和融合，是发展与延续。无论崖山前后，都是中华。

“折戟沉沙铁未销，自将磨洗认前朝。”昔日鲜血染红的伶仃洋面上，如今风平浪静，船来船往，人进人出，丝毫看不到沙场厮杀的遗迹。

如今，每当崖门春意乍起，都会有来自世界各地的人群聚集在这里，表达对一个逝去的王朝的追思与凭吊。巍巍古战场上，一段悲壮的历史与民族气节，犹如苍劲的木棉树红棉似火，高擎在蓝天碧海间。

这就是民族之魂，这就是历史的真实！这就是我们古老的民族得以生生不息的精神！

岸边岁月，临水筑居

中国拥有漫长的海岸线，也创造了丰富的海洋文化，却常常处于被遗忘的角落，诚如黑格尔所言：“中国没有分享海洋所赋予的文明，海洋没有影响他们的文化。”

珠海濒临广阔的南海，作为一座向海而生的城市，有这么一群人，千百年来驰骋纵横南海的波浪和群岛中，一艘渔船就是家，一网撒下去就是生活，形成了迥异于陆上的文化风俗，被誉为海上的“吉卜赛人”。

这个特殊的族群，有一个鲜为人知的名字：疍家人。

曾经的“水上人家”

在岭南，有水系就有“疍家”。疍家，旧称“疍民”“疍家佬”。自唐有“疍”记载以来，疍家已历千百载。

珠海的“疍家”，大多生活在珠江出海口。北起虎门，南至万山群岛，船只连天相接，蔚为大观。明末清初著名学者、诗人屈大均曾有诗云：

“疍户纷无数，为胜傍水村”，形象地描绘了旧时珠江一水如沸，遍布疍家船的情景。

“疍家”一名的来源，众说纷纭。一说源于他们泛舟海上，舟楫外形酷似蛋壳，远看犹如蛋壳漂浮在水面；一说他们经年在海上颠沛流离，就像浮于海面的鸡蛋。

我却有着自己不同的理解：他们常年在海上漂泊，靠海繁衍生息，一叶扁舟，居无定所，食不果腹。与危机暗藏、波涛汹涌的大海相比，生命如蛋壳一般脆弱，故称为“疍家”。

但无论哪种说法，都撇不开他们与大海千丝万缕的联系。疍家人常年与大海打交道，对大海的脾性了如指掌。他们会用裹满肥皂的水砣投入水底，透过黏附上来的泥沙或贝壳来探测暗礁和渔区；他们会编制各种不同的渔网笼子，抛网、围网、流刺网、拉地网……捕获石斑九吐、龙虾濑尿、青口蚝蟹……甚至他们只需简单地看看天边的云彩，就能判断出明天适不适合出海。

疍家人的祖先来自哪里？有人说，疍家人是古越族的后裔，受到陆地民族排斥而漂泊于海上，是中国古代最伟大的航海家；有人说，疍家人源于东晋末年，孙恩、卢循起义失败之后，一些部从乘船漂泊岭南，成为水上人家，以打渔、摆渡等为生。

这些说法的真实性，由于缺乏翔实的史料，不得而知。其实，无须太偏执于他们从哪里来，将来又会到哪里去。他们“世世水为乡，代代舟为家，沉浮江海里，世代海江南”，这本身就是一种文明的写照。

历代以来，疍家人被视为“贱民”，没有家园、没有田地，经常被陆上居民欺凌。“出海三分命，上岸低头行。”清朝康熙年间重修《新安县志》载：“粤东地方四民之外，另有一种名为疍户……粤民视疍户为卑贱之流，不容登岸。居住疍户亦不敢与平民抗衡，畏威隐忍，局促舟中终身

昔日的疍家人，一直以来沿珠江边分布，如蛋壳漂泊于水面，向着珠江讨生活。

不获安居之乐。”疍家人，成为被欺凌者的代名词。

浮海荡舟、随海漂泊的凄苦岁月，随着历史的前行、文明的进步而终结。清朝中叶，朝廷颁布《恩恤广东疍户》令，准疍民上岸陆居耕种：“通行晓谕，凡无力之疍户，听其在船自便，不必强令登岸；如有能力建造及搭棚栖身者，准其在于近水村庄居住……开垦荒地，播种力田。”

疍家人开始迈开终年踩在船板上的赤脚，蹒跚上岸，向沙田岸上发展，开始了围海造田。被海水冲积而成的滩地，经过疍家人的围垦，就成了可以耕种的肥沃良田。他们种植水稻、莲藕、甘蔗等维持生计，过起了半渔半耕的生活，疍家人也就从“水上人”变成了沙田农民，有沙田就有疍家人，有疍家人就有沙田。

清代香山人李桦曾有七律《南河泛舟》云：“南河堤畔绿杨风，一水湾环两浆中。荡入卖鱼墩里去。午潮刚到石桥东。水藻牵风漾浅沙，苇芦深处有人家。长堤晒网张渔具，密竹编篱种槿花。”所咏皆是沙田人家日常生活的景貌。

也正因为这些缘故，南屏、斗门一带许多地方至今仍以“围”或“沙”命名，如白蕉镇的东围、成裕围、泗喜围，新沙、灯笼沙、竹排沙等。那里的原住民，十有八九都是疍家人或他们的后裔。

中华人民共和国成立后，疍家人获得了与陆地居民平等的身份，拥有了两地户籍，三种身份：他们外接港澳，内通广东，既是珠海居民，也是港澳居民，还是海洋居民。多重的身份，让他们在海洋上、港口间来去自如。

濒临消失的文化印记

疍家人渔耕劳作，繁衍生息，逐渐形成了具有水乡特色的民俗文化，如沙田水歌、水上婚嫁、装泥鱼……随着城市化进程的天翻地覆，这些习俗正逐渐被现代文明同化或消失，但它们依然留下了深深的烙印，成为这座城市里抹不去的回忆。

中国是一个民歌古国，《诗经》中的“风”，绝大多数都是极具地方特色的民歌，沙田水歌是疍家人口耳传唱的民歌，虽然它也正在渐渐被人遗忘。

清代诗人屈大均《广东新语 · 诗语》中记载：“疍人亦喜唱歌，婚夕两舟相合，男歌胜则牵女衣过舟也。”可见沙田民歌早在明末清初就已经开始流行。

流行于斗门、南屏等地的沙田民歌，距今已经有 170 多年的历史。清朝光绪年间，南屏、斗门一带因海水冲积，形成了广袤的沙田水乡，疍家

水上婚嫁：斗门水乡特有的民俗，历经几百年沧桑变化与融合沉淀。

人聚集在这里围垦耕种，也将悠扬婉转、朴实含蓄的歌声带到了这里。

疍家人人人能歌，触景生情，随编随唱。婚礼节庆时唱，出海打渔时唱，摇船泊艇时唱……歌似清风细雨，情如涓涓流泉，传达出他们的喜怒哀乐、悲欢离合，是他们内心世界的真实写照。

著名音乐家冼星海便是一名杰出的疍家人。他的经典歌曲《黄河大合唱》，慷慨激昂，铿锵有力，便是融合了咸水歌《顶硬上》的元素。他出生在珠海附近的疍家渔船上，幼年随父母在海上漂荡，常常听到母亲唱起："顶硬上，鬼叫你穷，铁打心脏铜打肺，充实心肠去捱世。捱得好，发得早，老来叹番好……"那催人奋进、高亢悠扬的劳动号子，深深扎根于他的心灵，从而影响他创作出气势宏伟磅礴的传世音乐。孙燕姿的《月光光》，也是根据沙田民歌改编而成。

如今，沙田民歌的旋律依然优美流畅，但已经失去了往日的魅力与活力。这些疍家人数百年来口头相传的“流行歌曲”，除了少数老者，多数人已经不知道其为何物了。

时间流逝，一同被遗忘的，还有流行了三百年的“水上婚嫁”。疍家人沿河依堤，傍水而居，婚嫁自成习俗，称之为“水上婚嫁”。

“水上婚嫁”源于疍家人对歌成亲的礼仪，形成于清初，成熟于清朝同光年间。这项特色水乡风俗，融合了广府文化、又渗透了客家文化。经过几百年的沧桑变化和数代人的融合、沉淀，形成了沙田水乡独具特色的民俗风情。

作为一种植根于水乡的乡土文化，“水上婚嫁”具有明显“水”的特征，以船为交通工具，以咸水歌来串联整个婚嫁过程。疍家姑娘出嫁，要先在自家渔船上哭一个通宵达旦，每哭一句都要以“叹家姐”开头。

诚如清初诗人屈大均在《广东新语》所载：“诸疍以艇为家，是曰疍家。其有男未聘，则置盆草于梢，女未受聘，则置盆花于梢，以致媒妁。婚时以蛮歌相迎，男歌胜则夺女过舟。”

直到20世纪60年代，“水上婚假”还是斗门水乡很流行的婚俗，情深意切的咸水歌也曾一度风靡于中山、江门等珠江三角洲其他大沙田地区。

但由于种种原因，这项疍家文化最具代表性的水乡民俗，渐渐淡出人们的视野，消失在老一辈人的记忆里，年轻人更是无从窥探其全貌。

唯独流传至今，且在民间仍被沿用的，是装泥鱼。珠江入海口滩涂广袤，海水渐退，露出柔软泥泞的沙泥。沙泥之下，泥鱼扭动着它们肥硕的身体游弋，孕育了装泥鱼这一极具水乡特色的传统民间技艺。

泥鱼，全身光滑，善于在滩涂上爬行、跳跃和打洞，徒手抓捕困难，垂钓又没有合适的钓饵。清朝同治年间的《香山县志》曾对这种不知名的小鱼进行了描述：“弹流鱼即田流鱼，一名花鱼，一名七星鱼。色灰黑，

装泥鱼：作为疍家文化的代表，这一习俗家喻户晓。

长三四寸，身有花点，肉嫩，味清美，可作羹。”

“装泥鱼”起源于清朝乾隆年间，距今有260余年的历史。泥鱼味道鲜美，将其捕获，拿到市墟售卖，还能换得粮食，缓解农田稀少之困。于是，当地百姓根据泥鱼喜欢在泥洞里出没的习性琢磨出了用笼子诱捕的办法，并代代相传至今。“装”，在广东方言里即“诱捕”之意。

作为一种历史悠久的传统手工技艺，“装泥鱼”集传统手工编织和捕鱼技艺于一身。

聚在一起编鱼笼，曾是疍家人闲暇时的一种常态，一双巧手，麻利地将竹条削出丝丝竹篾，指缝间竹篾翻飞，缠绕交织。眨眼工夫，中间略鼓、两端收窄的鱼笼诞生了。

退潮时，“装泥鱼”正式上演了。皮肤黝黑的汉子脚穿自制的多层蚝袜，踩着浅滩上滑行的泥板，穿梭在柔软的滩涂上，挨个放置编好的鱼笼，静静等待几十分钟，泥鱼便会乖乖地被“装”入陷阱。

随着“围海造田”将蜿蜒曲折的海岸线“拉直”，成片的自然滩涂被侵占破坏，泥鱼赖以存身的空间越来越小，原本家喻户晓的技艺也越来越无“用武之地”，“装泥鱼”的壮观场景更是难得一见。

从最初的浮生江海，到后来的临水而居，再到如今洗脚上岸，历经千余年岁月的洗礼，疍家人的生活状态也随着社会的变迁而改变，“一船一家”已经成为历史，传统意义上的疍家人，也正随着时间的流逝而渐去渐远。

古老的疍家文化也历经沧桑，被时光的刀片一点点砍削殆尽，犹如点点浪花，散落在茫茫的大海深处。值得庆幸的是，我们努力在保存这种悠久的疍家文化，并让这种文化以崭新的姿态融入“一带一路”的繁华与文明中。

山不在险，城不在高

城墙，是人类文明发展的产物。物质意义上的城墙，是起到封闭、围合和防御作用的建筑物，如《吴越春秋》云：“筑城以卫国，做郭以守民。”

随着后工业时代和信息时代的来临，城墙的物质意义已经逐渐被消解，遗留下来的城墙文化，成为重塑城市形象，解读城市历史的重要载体。

在梳理珠海的历史脉络时，我发现，在逸仙路繁华的都市街道中，竟然也悄然矗立着一段古城墙——香山县前山寨旧址。

一段城墙，一部史书

城墙是一座城市历史的见证。历史上，前山寨曾有多次大规模的筑城。最早可以追溯到明朝天启元年（公元1621年）。

明朝嘉靖、隆庆年间，葡萄牙人趁明朝重开海禁之际，贿赂澳门当地官员，以“租借”名义取得在澳门的居住权，一时间“夷众逾万”。明朝朝廷恐日久生变，为加强海防，遏制葡萄牙的滋扰和扩张，于天启元年在前山建立军事营寨，驻军布防，因寨址在鹿仔山前，面向澳门，故名“前山”。

据史载，前山寨最高长官为参将，为正三品武官。当时广东共设置参将七名，前山占其一。寨内设参将府、演武场、营房等，驻步兵七百名，水兵千余名，大小船只 50 艘，分别驻守关闸和澳门周围诸岛。

明末清初，东南沿海各种反清势力集结，海盗猖獗。朝廷严令“片板不准下海”，前山寨的海防地位更加凸显。清朝康熙三十九年（公元 1700 年），朝廷将前山寨最高长官由参将升格为副将，属从二品武官，并加派官员，增添兵员至 2000 余名，配置战马百多匹，形成水、陆、骑兵种齐全，各级官员配置完整的战备格局。

清朝康熙五十六年（公元 1717 年），前山寨被大规模扩建。以石块和夯土为料，建筑土城，“土城周围四百七十五丈，高九尺，下厚三尺，上厚二尺；每城二十丈增筑子城一丈，凡二十四丈”。同时，西南二门靠近澳门，上设兵房和炮台，置炮 4 座，严密监视澳门动向。其建筑规模，几与当时香山县城治所石岐相媲美，成为县境内的次座城寨。

经历多次筑城，香山寨地理格局基本形成。

自葡萄牙人入居澳门后，澳门逐渐成为广东沿海地位仅次于虎门的海疆要地。至清朝雍正年间，珠澳民夷杂处，人数与日俱增，涉外诉讼争端频现。为加强管理，朝廷在前山寨内设立“香山县分防澳门县丞”衙门，处理各种华洋事务。县丞衙门，开前山寨文官管理机构之肇始。

清朝乾隆年间，前山寨行政系统再一次升格，朝廷设立“广州府海防军民同知署”，专门管理广州海防事务，原县丞衙门迁往澳门望厦。前山寨正式建立文官管理系统，从单纯的军事机构转变为军民联防、军政一体的政治机构。

前山寨古城墙遗址。明清时期设于香山县境内，用以防范葡萄牙人入侵。（来源：珠海地情网）

前山寨毗邻澳门，自建寨之日起，就注定与抵御外敌入侵、保卫祖国家园这一神圣使命紧密联系在一起。鸦片战争前夕，前山寨又是首当其冲，成为反抗英国殖民主义侵略的前沿阵地。

清朝道光十九年（公元 1839 年），道光帝派湖广总督林则徐为钦差大臣、节制广东水师，赴广东主持禁烟事务，亲自带领官兵视察前山寨，升格驻军将领，增加戍守水陆兵勇，加强军事布防。

一年后，第一次鸦片战争爆发。英军从九洲洋面窜入澳门附近海域突袭关闸，前山寨官兵猛烈还击，英军死伤十多人，被迫后撤逃窜至磨刀门及伶仃洋。

随后，英军兵指江浙，改变中国社会进程的全面侵华战争也由此打响，史称“鸦片战争”。道光二十一年（公元 1841 年），林则徐在寨外北岭狮子山上修筑了拉塔石炮台，并派把总驻守。

在冷兵器时代，作为城市的保卫者，前山寨城墙功不可没。但是，再厚的城墙，也抵挡不了热兵器的炮轰枪击和侵略者的野心。

鸦片战争以清朝的失败而告终，国势积贫积弱，葡萄牙人以澳门为据点，趁火打劫，不断对周边地区进行扩张蚕食。清朝光绪年间，葡萄牙军队攻进前山寨，摧毁城墙及城内设施，前山寨城墙，也只剩下断壁残垣。

一段城墙，空山寂寂

城墙，勾勒出一座城市一道别样的风景线。三百年风雨，刻录着时代变迁的前山寨古城墙如今安在?

据考证，前山寨的东城墙在今前山百货大楼和糖果厂一带，西城墙在西门大街，南城墙在前山房管所，已经都消失在历史的烟尘中。

目前，现存北城墙已是局部，隐藏于前山小学与前山中学之间。九尺的城高，绝大部分被发黄的苔藓植物覆盖，虽与繁华的逸仙路毗邻，却寂寂无人知。

如果不是因为围墙上镶嵌的“明清前山寨城墙”的牌子，很少会有人留意，这段满载岁月尘埃的高墙，竟然是历经炮火洗礼的香山县前山寨旧址。

翻阅《香山县志》，原古城墙周长为1500余米。仅存的这段古城墙，已不复当年的威武雄壮，只剩下局部仅100余米，墙体平均约有三四米高，自墙底往上三分之二由土坯夯成，顶部用青砖垒砌。靠西一侧，还残存有一排整齐的箭垛。

手扶墙体，一种历史的沧桑感油然而生，历代诗坛名家对前山寨的吟咏浮现在脑海：“肘腋教无事，前山一将功”“圣世多良策，前山锁钥存”“锁钥前山原重镇，时平汀鸟掠城还”“试上莲花峰顶望，旌旗高拥是前山”……这些气势磅礴、豪情万丈的诗句，让我们在历史长河的奔腾与沉淀中得以窥视昔日前山寨的辉煌与荣耀。

沿着古城墙拾阶而上，映入眼帘的丛生的杂草，透着些许落寞，铺路的青砖也只是依稀可辨。城墙的墙顶大约有一米多宽，箭垛也仅仅只有齐腰等高。墙根下，几棵细小的灌木已经长得高出城墙许多。

我曾经登过北京、南京的古城墙，与它们的宽厚高大、气势雄壮相比，前山寨的古城墙未免显得有点太过“小儿科”。几乎很难想象，这里曾是南中国海海防的最前沿，最盛时，这里曾驻兵4000余人，是兵家必争之地。

这里，也有着最热闹的曾经。对比《清·乾隆印光任、张汝霖（前山寨图)》，发黄的图幅记载了当时前山寨的胜景：环绕前山寨的城墙为椭圆形，设有三门：南门“前丰”，东门“物阜”，西门“晏清”，城墙上设有哨楼、炮位，城内衙门、兵房、军装局、火药局和演武亭以及庙宇民居分布错落有致。

每逢清明时节，前山侨居海外的华侨和港澳同胞都会回乡省亲扫墓，他们总是会携家带口踏访古城，到各城门烧上一炷香，许上良愿，以表对故土深情的怀恋。

世事沧桑，斗转星移。昔日的“晏清门”“物阜门”经历多次改名，已经成为珠海两个繁忙的公交巴士站名。“晏清门”先称“前山西门”，后改名“千鹤广场”；“物阜门”先称“前山东门”，后改名“翰林苑”。但是，前山上了年纪的人，还是习惯叫“西门”和“东门”。

这就是前山寨古城墙，虽然已不再起防护的作用，并在历史的劫难中暗淡消逝，但它作为城市历史的一部分，依然在新时代书写着自己的传奇，深刻影响着这座城市。

一段城墙，留住记忆

城墙，是一个城市演变的缩影。当它的军事意义慢慢丧失，它就成为一个城市历史的标志，吸引后人去细细品味，受益无穷。

前山寨古城墙亦是如此。它的每一块砖坯，犹如一条条无字的天书，默默地记录着珠海这座城市天翻地覆的变化，聆听了金戈铁马的悲鸣。

遗憾的是，古城墙正在无声、无奈地消损。

20 世纪 80 年代，前山村人口急剧膨胀，加上文物保护意识淡薄，古城墙一部分被拆毁。1986 年，古城墙被列为市级文物保护单位。

2009 年，前山村旧村改建工作开启，昔日的古寨风貌已不复存在。这段被原地保留下来的古城墙，更显得弥足珍贵。但由于自然风化、雨水与微生物的侵蚀，墙体老化严重，每次大雨过后都会有不同程度的脱落。

如今，前山村高楼伫立、鳞次栉比，但前山寨的故事却越来越少知道。虽然城市要发展，但历史的足迹不应该随之消逝，当我们欣赏新村如诗如画的美景时，是否也应该思考一下如何留住城市的记忆和我们的乡愁？

这不仅是珠海，也是中国城市化进程中所有城市要面对的难题。1949 年，北京（原称“北平”）召开都市计划委员会筹备座谈会，会上就曾有人建议拆除古城墙，以改善城市交通状态。

著名建筑学家梁思成先生坚决反对，并建议“可以把城墙改作公园，载花池，城楼可作展览，民众教育馆，茶馆等，城下可作绿地，改善附近居民环境。”

20 世纪中叶，中国掀起了大规模的拆城运动。近几年，伴随着文化遗产传承意识的加强和文化旅游业经济的发展，加上本土文化意识的觉醒，不少城市又开始大规模建设新时代的城墙，或者恢复古城墙的面貌。

这种持续了半个多世纪的古城墙存废之争，映射的其实就是城墙和城市化、现代生活之间的矛盾。

我曾经走过罗马古城，默然矗立的一段段断壁残垣，总给人一种历史的厚重和文化的底蕴。残缺的城墙，正是历史的沉淀和发展轨迹。

所以，城墙保护的核心是城墙文化的保护，保留遗址的“原真性”，这已经成为世界遗址保护的惯例。值得庆幸的是，我们已经看到行动的力量。

目前，《关于修建前山寨历史文化主题公园的建议》的提案已经得到批复，新公园在保留古城墙文化的基础上，既能宣传珠海及前山历史文化，又能满足市民文化休闲的需求。

清朝诗人何建曾有诗咏前山寨：“山不在险，城不在高。悠悠偃月，照彼镜濠。镜濠月出，景我山城。俯兮仰兮，志虑肃清。”

诗中的前山寨，如今已经风光不再，但是遗留下来的古城墙，却见证了珠海这座城市历史和文化的延续和连贯，也让生活在“寨中”的市民才有了一份共同的记忆。

德国思想家雅斯贝尔斯精辟地论述道：“对过去我们看得越清晰，未来发展的可能性就越多。”这种历史和文化的记忆，恰恰是一座城市长盛不衰的魅力。

岁月悠悠淇澳村

灯红酒绿的都市生活，已经让我们渐渐忘却了乡愁的滋味。“绿遍山原白满川，子规声里雨如烟。”这些古诗里曾经为传统古村留下令人向往的影像，也正在从我们的视野里和记忆里远去。

淇澳村即是遗落在珠江口的古村。它位于淇澳岛，与内伶仃岛隔海相望，是伶仃洋跨海大桥的必经之道。斑驳的岁月，埋葬了许多鲜为人知的故事，但它依然扼守珠江出海口要冲，任大浪淘沙，风雨飘零。

厌倦了城市的繁华与喧嚣，不妨背上简单的行囊，在淇澳村的街上走一走，去寻找一份宁静。

遍地是神祇

淇澳村很安静，这是初进村里的感觉。青石条铺就的街道，纵横交错，连接着村里的每个角落。虽然缺少了后工业时代的整齐划一，但光亮圆滑，平添了几分乡野的古朴与闲逸，一路走过别有一番风味。

据说，一千多年前，淇澳村就已经有渔民聚集繁衍，坐落于村中的淇澳祖庙即是明证。

“祖庙”是村中祭祀议事的地方，始建于宋代，清朝康熙年间曾毁于大火，后经多次重修，除供奉开村始祖之外，雷公、电母、风伯、雨师和水潮爷爷也被供奉其中。

同我踏访过的许多南方的古村一样，街道两旁的民居已经非常老旧，大多由黄土堆砌，白色的墙面布满黑色的霉斑，房檐下镶嵌的雕花檐板，被风雨和岁月侵蚀，精美的纹饰已经模糊不清。

然而，就在这种低矮密集中，一些巍峨古老的建筑显得格外引人瞩目。村里人说，那些是祠堂或者寺庙。整个村里，有十七座之多。

果然，行不远处即是文昌宫，建于清代同治年间。庙宇门口的一副对联“科名主宰，文教昭宣”，一语道破了这里的主人：掌管士人功名禄位之神文昌帝君。

古时，天下学子仕进以科举为正途，天下府县处处建立文昌宫。只是与各地文昌宫不同，淇澳村的文昌宫庙宇虽大，佛像却较小，其用心为何？已不得而知。或许只是一种寄托，鼓励后人发奋读书而已。

缓步向前，便来到钟氏大宗祠。祠堂，是一个家族的记忆，在北方已经很难寻见踪迹，而在南方的村落里，却是寻常物。在祠堂里坐上一会儿，一种祥和感扑面而来。

钟氏大宗祠始建年代已不详。据说，最早到达淇澳村并定居的是谭、梁、范等姓氏人家，钟姓的先祖在南宋年间才到此定居，但后来居上，成为淇澳村第一大姓。

宗祠是农耕时代氏族抱团生存的产物。即使现在，淇澳村钟姓也还保留着一个习俗，无论子孙身在何处，如果家里添丁，一定要在宗祠里挂一盏灯，以示喜庆并祈求祖先保佑。

沿途四处观望，一种很奇特的低矮建筑物颇让人费解。它们遍布每个街口巷道最显眼的位置，以一块平石为底，两块石头为壁，组成一面开头的半开形造型，中间放置一块较大的石碑，有的直接在石壁上刻字，有的前面只简单地摆放着一个线条粗糙的三角形石头。

每一座建筑都有自己的名字，如“淇澳社”“永宁社”“文兴社”“南华社”等。其中，“南华社”的石碑上刻着“福荫阖闾”字样，两边贴了一副对联：“白发知公老，黄金赐福人。”

原来，这是小型的“土地庙”，祭祀的是土地神。初一看并无感觉，慢慢体味才发觉，这些看似简单的建筑，却和这个民风淳朴的小村保持着高度的一致，成为村景中不可或缺的一部分。

南方有“村村皆有庙，无庙不成村”之说，淇澳村里还有观音阁、天后宫，周边分布东奥古庙、三姑庙、地母庙、关帝庙、龙皇庙等大小庙宇。但有趣的是，典籍里记载的神圣，却没有一个出现在这里，更谈不上供奉。

这大概就是淇澳村朴素的甚至带着点泥土气息的信仰。也许正是这样的坚守，这里的人内心是安定的，村子是宁静的。

悠悠白石街

来到淇澳村，一定要去白石街。

这条长约两公里，用花岗岩铺成的老街，在夕阳的余晖下，散发出琥珀般神秘、温润的光芒。时至今日，它已经被岁月整整打磨了 180 余年。

穿过观音庙，即是白石街的入口。一个简陋的石质牌楼骑跨在街道上，上刻“白石街”三个鲜红的大字格外醒目。牌楼两旁刻着一副气势磅礴的对联：

淇澳村的街道虽不齐整，却是非常整洁。

四载阴霾一朝扫尽

山河永固日月重光

牌楼背面，一副对联依然慷慨激昂：

淇澳未沦亡拔剑请缨同杀敌

英军寻死路丢盔弃甲败兵逃

走过牌楼，就是岛上最古老、最富传奇色彩的白石街了。

街口的开阔地上，几个懒散的小贩在摆卖着各种海产干货和旅游纪念品。旁边，几门锈蚀严重的铁炮架在水泥砌成的炮台上，黑黝黝的炮口瞄准着大海。炮台周围，摆满了晾晒的各种鱼干。

一条石板街、几门生锈的铁炮，将我的思绪带到 1836 年 10 月。

清朝道光年间，鸦片走私愈演愈烈。据《唐家村史》记载，英国人走私鸦片的趸船，就停泊在淇澳、内伶仃、大屿山一线。最盛时，数十里的海面上，趸船多达四五百艘。

海上的入侵，需要稳固的岛屿做跳板。淇澳岛是个天然的避风良港，成为英国侵略者觊觎的首选，冲突的导火索即是“夷人偷牛”。

“红毛鬼偷牛了！”道光十六年七月（公元 1836 年 10 月）的一个中午，喊叫声响彻淇澳村，一场经年纠纷与御强战曲拉开了序幕。

淇澳村民将偷牛的英国水手抓获并打伤，随后，一班英国水手前来寻衅打架，被众村民打得落花流水。乱战中，一名水手被村民打死，英国人造成一村民伤重死亡，另绑架一村民。

翌日早上，英国纠集联邦公司和美国波士顿公司的船队约有十五六艘，向淇澳村内开炮。当时淇澳村约有村民三千，凡 16 岁以上男性青壮年都被动员上阵，垒沙包，筑炮台，构筑防御工事，誓与淇澳岛共存亡。

淇澳岛海面，夹杂着突然降临的暴风雨，浪飞千尺，炮火万丈。激战中，敌指挥船樯断桅折，美国波士顿轮船局前任局长、马士顿号船长威廉·柯尔当场毙命。鏖战至中午时分，海水退潮，敌舰搁浅，走投无路的英国人只好悬挂白旗。

战后，在开明绅士的主持下双方“合议”。以英国为首的战败方，保证今后不再进村骚扰，并赔付淇澳村白银三千两。淇澳村用这笔赔款，修建了白石路。

如今，淇澳村的村民都还津津乐道于这场胜利，乐于眉飞色舞地讲述白石街的来历。毋庸置疑，这是他们的荣耀。尽管，中英双方的史书里，都未曾有这场近代史上少有的以中国人胜利而告终的战争的记载。

淇澳村白石老街，浸透着浓厚的历史文化气息。（来源：珠海市博物馆）

可能是这场伟大的胜利太过不同寻常，整整早于中英官方正式承认的鸦片战争标志性事件广州三元里抗英斗争 7 年，学者们咬文嚼字地要找到文献对证。终于，一位中科院的学者在英国外交部保存的东印度公司中文档案里发现了一些原始文件，算是给这桩历史公案找到了佐证。

至于赔款是否确实来自英国人，却无从查证。这位学者也做了合理的推测：赔款确实存在，只是来源并非英国人，而是从鸦片走私中得利的行商，为了商业利益自掏腰包，冒充英国人的赔款。真相是否如此，还有待继续考证。

其实，即使这段历史值得考究，但相比于七年后鸦片战争中清朝军队的节节败退和朝廷的妥协退让，这场罕见的胜利，还是让我们看到了中国民间力量的血性，曾经维护了一个民族的尊严。

穿越红树林

闯过白石街，走进一个竹制牌楼，就进入了红树林区域，面积约 700 余公顷。

远远望去，目及之处，树和草高高低低，深深浅浅，被行船的水道分开，最远处，山峦连绵起伏。此时的珠海，已经烈日炎炎，但满眼的绿色、如洗的空气，让我顿时忘却了夏日的滚滚热意。

我一直以为，红树林一如东北的红海滩，一眼望去，红彤彤的一片，似一片火海。亲眼目睹，不禁哑然失笑。红树林一丁点儿都不红，全是绿油油的，翠颜欲滴。划开树皮，伤口处会呈现红色，刀口也会被染红，因此而得名“红树”。

红树不是一种树，而是一个树科。这片红树林里，生长着耐寒的秋茄、剧毒的海芒果、常绿的红海榄及杨叶肖槿等真红树植物和半红树植物。

淇澳红树林，是珠江三角洲地区最大的红树林，也是中国三大候鸟迁徙路径之一。（拍摄：钟凡）

涨潮的时候，它们“犹抱琵琶半遮面”，矮小的树木被海水淹没，高大的树木齐胸贴水，大小不一的树冠浮于海水之上，迎风摇曳；潮水慢慢褪去，不仅它们露出庐山真面目，连纵横交错的支柱根、板状根及特有的呼吸根，也尽皆显露。

树林地下黄色的泥水虽然毫不起眼，却是陆地淡水和大海咸水交汇的杰作，既是滋养红树林的温床，也养育了丰富的鱼、虾、蟹、贝等。每次退潮，树林地下都会多出一些活蹦乱跳的弹涂鱼和颜色鲜艳的招潮蟹，有时还会捡到小海螺……

沿着水道继续前行，不时有飞起的各种各样的鸟类，尾翼轻盈地划过水面，还没来得及看清模样，就已经扑棱着翅膀飞向远方。据说，这里平均每5平方米，就有一个鸟巢，90多个种类的鸟在这里栖息繁衍。此地也是中国三大候鸟迁徙路线之一，每年秋冬季节，数以万计的候鸟途经这片红树林，停留下来觅食，补充体力。

痛心的是早些年间，为了追求经济利益，人与红树林开始争夺滩涂，野生红树林的面积快速缩减，最严重时，红树林面积仅剩32公顷。令人欣慰的是，自1999年开始，珠海每年拨付专款，陆续从海南岛引进海桑、木榄、红海榄等树，实施树林植物群落的引种扩种工程，并建立淇澳岛红树林保护区。从此，这片红树林一步一步走向欣欣繁荣，成为国内人工种植面积最大的红树林。

栈道尽头，我久久不愿离去。其实，红树林就像淇澳村的村民一样，普普通通，默默无闻，日复一日、年复一年生活在这里。但是，当狂风巨浪来袭，它们就是抵挡的第一道屏障。任凭风吹雨打，我自岿然不动，直到风浪乖乖束手。

岁月悠悠，倏忽几十年过去，同大多数古村落一样，淇澳村也只剩下一些老人和孩子，显得有些寂寞了。但是，文化是人类另一形式的战争，淇澳村大量的文化遗存等软性资源，本身是一笔宝贵的精神财富。

当我站在淇澳村的大街上开启我的感官全场景观赏，白石铺成的老街、黄土堆砌的老房、遍布街头巷尾的神祇、令人向往的红树林……构成了一个富有历史厚度、文化深度的文化场。随着港珠澳大桥的即将通车，有文化，这里将不寂寞。

The biography of Zhuhai

珠海传

第三章

丝路芳华·开一代风气之先

珠海山水相拥，江海一脉，毗邻港澳，地接广州。自明清四百余年以来，一直是中西文化交流的海上走廊。

近代以来，随着中国的南大门被欧美帝国主义的坚船利炮轰炸开，珠海最早经历西方经济文明与工业文明的双重冲击。自然山水与人文历史的孕育、本土文化与“欧风美雨”的碰撞，使得这片并不辽阔的土地，成为近代中国思想启蒙、文化解放的发源地，诞生了一批“睁眼看世界”的人。

他们以超越时代的思想和目光，栉风沐雨，砥砺歌行，引领中国近代社会风气之先，推动中国近代化的车轮滚滚向前。直到今天，他们的名字，依然熠熠生辉。

首届世博会上的中国商人

2010年5月，举世瞩目的上海世博会开幕，万国齐聚申城，唱响合作与交流之歌。作为世界经济、科技、文化的“奥林匹克”盛会，这是中国走向世界、世界接纳中国的一个重要标志。

在举国欢庆中国梦圆世博的时候，早于上海世博会150多年前，一位广东香山人勇敢地迈出了走向世界的一大步，将世博会同中国紧密联系在了一起。

那一年，他带着自己商铺里的12包湖丝，从上海码头出发，历经数个月的艰难跋涉，将中国的展品第一次摆上了世博会的展台，并在琳琅满目的奇珍异品中脱颖而出，一举夺得金奖，让中国在世博会上留下了夺目的一页。

这个人，就是广东香山北岭村人徐荣村，被誉为“世博会中国第一人”。

沪上巨商

香山，依山傍海，所谓“仁者乐山，知者乐水“，孕育了香山人求新求变、开拓进取的冒险精神。

1841年，第一次鸦片战争以清朝政府的完败而告终。近代史上第一个不平等条约《南京条约》签订，广州、上海等五地被迫开埠通商。香山临近广州，凭借地利之便，成为东南沿海最活跃的商业都会之一，中外商人往来络绎不绝。

徐荣村就出生于香山拱北北岭村。他虽然年少好学，聪明伶俐，但贫寒的家境，使得他不得不为谋生计，跟随哥哥徐钰亭辗转于东南沿海各个口岸，主要从事生丝生意。

当时，作为新兴的开放商埠，上海吸引了众多冒险家前往。恰在此时，徐钰亭在澳门认识的一个英国商人前往上海开办宝顺洋行，聘请徐钰亭主持洋行事务，徐荣村也就跟着哥哥来到上海，成为最早一批赴上海“淘金”的买办之一，并从此扎根沪上。

凭借着丰富的经验，徐荣村很快在上海站稳了脚跟。

当时，中国对外出口的主要商品就是丝绸和茶叶，销往英法等国。“海上丝绸之路”绵延两千余年，丝绸和茶叶始终是主旋律。时至今日，外国人对中国的丝绸和茶叶的喜爱依然不逊于当年。

在同外国人的贸易交往之中，徐荣村敏锐地捕捉到，要赚钱，就必须与外国人做生意，而出售的货物，“无他物更驾于丝茶之上者”。于是，丝绸和茶叶，是他经营的重点，“辑里丝”更是重中之重。

中国历史上有三大生丝产地，分别为长江中下游太湖流域、四川盆地和珠江三角洲地区，尤以长江中下游太湖流域位居第一，产量占全国一半，其中又以湖州南浔镇的“辑里丝”最为著名。

有学者认为，上海之所以被英国要求列为五大通商口岸之一，除了它地处交通枢纽位置之外，还有一个最重要的原因，在于它接近“辑里丝”的产地浙江湖州南浔七里村，两地相距只有短短80公里之遥。

徐荣村(1822—1873)名瑞珩，字德琼，号荣村。广东香山县拱北北岭人（今珠海市北岭村）。

徐荣村以“贱买贵卖”的方式，积累了自己商业版图的第一桶金。据史料记载，湖州的“辑里丝”，当地收购价仅为一钱七分，运到上海贩卖到洋行，一钱可以得二两银子，几乎是三倍差价。他从乡下收购生丝，再转卖给洋行，自然获利甚巨。

当时，上海经营“辑里丝”的洋行有大大小小百余家，加上中国自己开设的丝绸行，数量更是不可计数，自然信誉良莠不齐，以假乱真者有之，以次充好者有之。一时间，诟病华商者甚多。

徐荣村却秉承“货则上品，售之则上价”的经营理念，坚持诚信经营，以商品信誉为第一。多年的生丝贸易，他练就了一眼就能分辨丝质优劣的能力，并亲自往返于上海与南浔，挑选和收购质量上乘的生丝。

在经营“湖丝”的同时，徐荣村尝试打造“湖丝”品牌。他的荣记湖丝店出售的湖丝，包装都会打上“蚕桑为记”的商标，并加印“仿帖”，上书“确鸡为记，亲自过目，拣选上上正路七里单片细经湖丝……恐有冒冲（充）本号招牌，特加此仿帖为记”云云，并按照丝质注明规格和等级。

据《北岭徐氏宗谱》记载，徐荣村“不数年间，累业巨万，一时与君同为贾者，莫能及君万一”，成为闻名十里洋场的富商巨贾。

扬名世博

剧情这样发展下去，徐荣村充其量不过是万商云集的上海滩一个颇有名气的丝商而已。然而，首届世博会的举办，让这位从香山走出去的沪上丝商，在历史上得以扬名并流芳百世。中国，也因他而载入了世博会的史册。

19世纪中期的英国，经历了工业革命的洗礼，已经跃居世界头号强国。凭借船坚炮利，它在世界范围内开疆拓土，建立殖民地，号称“日不落帝国”。时任英国女王维多利亚为了彰显国力，决定在首都伦敦举办一次盛大的博览会。

那时，世博会还不叫世博会，而叫“万国工业产品大博览会”，现在被公认为是第一届世博会。维多利亚女王以国家的名义，通过外交渠道向全世界发出邀请，中国也在被邀请之列。

尽管中国已经到了清咸丰初年，距离鸦片战争过去了近十个年头，但战败的梦魇依然环绕在国人的心头。加上国人还沉浸在天朝上国的迷梦之中，对海外世界翻天覆地的变化茫然无知。当英国政府通过在华官方机构和洋行游说中国政府及商人参展时，要么得不到回音，要么被婉拒。

然而，当徐荣村从宝顺洋行得知这一消息时，商人的直觉让他敏锐地意识到，这是一个千载难逢的机会，博览会万国列陈，背后的商机不可估量。他马上展开行动，挑选了12包上等“辑里丝”，贴上中英文的荣记商标，在上海登船，绕道非洲好望角，于博览会开幕三个多月之后，才匆匆赶到英国伦敦。

由于当时中国是弱国，加之“湖丝”包装简陋，仅用麻布包裹，在充斥新奇产品的博览会上毫不显眼，起初并未引起过多的关注。然而，“酒香不怕巷子深”，在长达几个月的展览里，“荣记湖丝”以优良柔性和韧性赢得了博览会评委们的青睐。

据1852年英国皇家协会出版的《英国伦敦第一届世博会评奖委员会报告书》记载，评委们一致认定：“在中国展区，上海‘荣记’的丝绸样品充分显示了来自桑蚕原产国丝绸的优异品质”，因此“推君丝为会中第一，中外人无异词”，“荣记湖丝”自此一炮走红。

《北岭徐氏宗谱》所记“荣记湖丝”所获证书与奖牌，图案“翼飞美人”被描摹下来，用作“荣记产品”的新商标。

首届世博会设置了新发明和新技术奖、制造业和手工业奖、纪念奖三种奖项，共计颁发各种奖牌2918枚，徐荣村的“荣记湖丝”获得“制造业和手工业”奖。英国维多利亚女王亲自颁发奖牌，并赏赐“翼飞美人”执照一份，批准“湖丝”免检进入英国市场。

获奖后，徐荣村迅速将这一荣誉转化为商业资源。执照上“翼飞美人”的图案，被他延请画师描摹下来，用作“荣记湖丝”的新商标广为宣传，“荣记湖丝”很快享誉海内外，成为市场上的热销品牌。

“荣记湖丝”在世博会上的精美亮相，也引发了新一波的生丝出口浪潮。中国近代第一家英文报纸《北华捷报》相关数据显示，1851年伦敦世博会当年，上海生丝出口量仅为20631包，第二年就飙升至54233包，1858年竟高达85970包，短短7年总量翻了3番。随着丝、茶出口贸易额的逐年大幅度攀升，上海很快取代广州，成为新的国际商埠。

随着徐荣村的商业帝国越来越大，他将自己的侄子徐润带到了上海。徐润不负众望，将徐荣村的事业发扬光大，成为中国近代兴办民族工商业的杰出代表。

当然，这就是后面的故事了。

近代中国与世博会

一直以来，研究者对于徐荣村是否亲自参加了首届世博会一直存疑。藏于上海博物馆的《北岭徐氏宗谱》也只记载了“寄七里湖丝十二包往陈于会”，并未言明徐荣村是否远涉重洋到达伦敦。

幸运的是，在上海世博会开幕一年前，一幅名为“英国女王接见‘中国世博第一人——徐荣村’家庭”的版画亮相中国嘉德当年秋拍中的“世博会收藏品专题拍卖”，解开了这桩困扰学人的世纪公案：徐荣村不仅亲历了首届世博会，而且还受到英国女王的接见。

其实，无论去了还是未去，徐荣村百余年前看似不经意间的举动，让中国与世博会结下了不解的情缘，也将世博会带到了中国。

19 世纪 50 年代以来，中国身处内忧外患之中。在“师夷长技以制夷”的浪潮中，世博会成为近代中国“睁眼看世界”的一个窗口。中国第一历史档案馆现存有晚清世博会档案 1500 余件，中国或接到邀请、或参加的各类博览会多达 42 个。

晚清著名政论家王韬是第一位以游客身份参加 1867 年巴黎世博会的中国人。“有粤人携优伶一班至，旗帜鲜明，冠服华丽，登台演剧，观者神移，日赢金钱无算。”这是他的《漫游随笔》一书对世博会上广东戏班演出的记录。

英国女王接见“中国世博第一人——徐荣村”家庭版画，系首次发现其在英国参会时的原始影像。

10年后，清政府首次以中国人李圭为代表出席美国费城世博会。归国后，李圭写下了《环游地球新录》，并由李鸿章作序。书中记录，中国展馆占地“仅八千方尺”，一座木质大牌楼，上书“大清国”三个大字；一副对联分挂两边，上联“集十八省大观，天工可夺”，下联“庆一百年盛会，友谊斯顿”，横批“物华天宝”；参展物品多达6800多种，各种土特产及精巧的手工艺品吸引国外参观者纷纷驻足。

1904年，朝廷特派皇室成员贝子溥伦前往美国圣路易斯，主持世博会中国馆开馆，外媒评论道，这是“中国政府正式登上世博会舞台的开端”。时年38岁的孙中山，也出现在这届博览会上。

然而，清政府的积贫积弱，与世界脱节，在世博会上也可见一斑。当西方国家将工业文明的产物，如大功率蒸汽机、高速汽轮船、近代钢材等陈列在世博会的展台上时，清政府摆出来的，依然是丝绸、瓷器、刺绣等传统老物件。更有甚者，在1905年比利时黎业斯博览会上，中国展出的竟然是刑具、鸦片、缠足鞋等物。

作为近代中国出版业的先驱，自1910年始，张元济曾经七次走进世博会。他深有感触地回忆到，中国馆偏僻狭小，展品匮乏，门可罗雀，偶尔有人经过，也是“指指点点，摇头蹙额，不屑一顾，旋即转身离去”。归国后，在给政府的呈文中，他呼吁：“吾中国欲厕足于世界，不可不以赛会为之先导。”

徐荣村，以灵敏的商业嗅觉与卓越的商业智慧，开启了他和中国的一段世博史，也将中国沿着古代“海上丝绸之路”推入了世界近代文明的轨道中。

历史总是惊人的相似。

上海世博会上，一段徐家后人创作的动画短片再度掀起了中国人的世博寻梦情节。它讲述了“湖丝宝宝”以自己的聪明才智和果断勇敢同环境破坏者做斗争，赢得一场又一场胜利的故事。这个“湖丝宝宝”的原型，就是“中国世博第一人”徐荣村。

五年，“一带一路”倡议平稳前行，中国正在以积极的心态主动融入世界文明，以海纳百川的胸襟迎接世界文明。徐荣村敢为人先、开拓进取的精神，将激励我们更加自信地续写复兴丝绸之路的新篇章。

半堵残墙的记忆

容闳故居并不好找。

从南屏街口进去，穿过繁华喧闹、人流如潮的街道，转入现代民居与清代岭南特色古建筑交杂的小巷，再拐进一个南北向的小胡同，一座夹在两栋楼房之间的小院，旁边有半堵稍高的残墙，便是容闳故居。

据资料显示，容闳故居建于清代中期，大门向东，泥地夯土墙，原由两前廊、天井、大厅、东西边两长屋、后斗（厨房）七个部分组成，东西宽约 10 米，南北长约 20 米，面积约 200 平方米。

当地村民说，故居真正残留容闳记忆的地方，就只剩下这半堵残墙。走近墙根，湿漉漉的老砖墙，被墨绿色的苔藓点缀得渍痕斑驳。旁边的牌匾上，写着中英文对照的“容闳故居遗址”和“中国近代著名教育家容闳先生于 1828 年 11 月 17 日诞生于此”的字样。

一百多年前，容闳就是从这里走向世界的。站在墙边，我的思绪追寻着容闳的脚步而去……

思想启蒙

1828 年 11 月，在与澳门一衣带水的香山南屏镇，容闳出生于一个贫苦农民家庭。

地理的优势往往会带来文化上的优势。此时，澳门已经被葡萄牙占据近三百年，成为西方科技、文化入侵中国的桥头堡，而香山距离澳门不过数公里，自然首先成为中国最早沐浴西方文明的地区之一，这也使得香山人的视野比同时代的内地人要开阔得多。

贫寒的家境，迫使容闳的父亲到澳门打工。澳门，“各国夷人所聚”，他朦胧地意识到，读洋书也许会有一个不错的出路。在长子入私塾走科举正途之后，1835 年，他把次子容闳带到了澳门，入读西方传教士开办的马礼逊纪念学校。

这在当时绝对是超前的做法。父亲的想法很简单，希望将来儿子能成为翻译或者买办性质的洋务委员，出人头地。容闳的父亲永远也想不到，他这个无心插柳的一小步，奠定了容闳“开一代风气之先”的一大步。

1840 年，中英交恶，鸦片战争爆发。次年，中英签订《南京条约》，割香港岛给英国。原来在澳门的传教士、学校纷纷迁往香港，马礼逊学校也不例外，容闳亦随之到香港继续学业。

就这样，容闳接受了近十年的西式教育。

1846 年，18 岁的容闳迎来了人生的第一个选择。因身患疾病，主持学校的博朗夫妇需要返回美国治疗。临行前，他做了一个既改变容闳一生，也影响了中国近代化进程的决定：带几名学生回美国深造，学费由他负责解决。

在说服了家人之后，容闳和他的两个同学黄宽、黄胜随博朗夫妇，登上了驶往大洋彼岸的帆船。他们经马六甲海峡，绕过南非好望角，横渡大

容闳（1828—1912），号纯甫，广东香山县南屏村（今珠海市南屏镇）人，“中国留学生之父”。

西洋，历经九十八天的海上颠簸，终于抵达了他向往已久的纽约。

在美国，容闳入读了美国当时最好的预备学校麻省孟松学校。中学里，他醉心研读文学、哲学、心理学和自然科学等著作，“自由、博爱、平等”的西方近代文明的内核在他头脑中开始生根发芽。

两年后，容闳决定报考著名的耶鲁大学继续深造。在写给母亲的信里，他这样写道：“自从来到这个国家，我把所有时间都用于学习英语，到去年冬天又学习了拉丁文和希腊文，以求符合大学的要求。”

然而，最大的困难是学费。原本，孟松中学可以资助容闳继续深造，但条件是毕业后必须从事传教士的工作。在那个时代，传教士拥有受人尊重的社会地位和令人羡慕的收入。但是，遭到容闳严词拒绝，因为他的心里有一个坚定的信念：“予虽贫，自由所固有，他日竟学，无论何业，将择其最有益于中国者为之。”

幸运的是，博朗先生为他争取到了佐治亚州萨伐那妇女会的资助。1850年秋，容闳头戴瓜皮小帽，身着中式长袍，脑袋后面拖着长长的辫子，走进了耶鲁大学的校门，成为耶鲁大学，也是美国大学历史上第一位中国学生。

四年苦读之后，1854年，容闳以优异的成绩毕业，获得文学士学位。作为最早留学美国的三个中国年轻人，容闳是唯一一个留下并真正走进美国大学完成学业的人。

奔走呼号

毕业后，朋友劝他留在美国，并谋求一份体面的工作。对于一个离开故国十几年，已严重与国家脱节的人来说，这其实是一个最优的选择，何况早在1852年，容闳就已经取得了美国国籍。

但是，容闳婉拒了朋友的提议。在接触西方文明之后，他意识到中国要富强，必须从学习西方开始。与洋务派注重工业技术不同，容闳更强调思想和文化。现在看来，容闳是真正读懂了“西学东渐”的真谛。

1854年11月，容闳沿着当年的路线踏上了归国的路途。与他一起归来的，是一张耶鲁大学的毕业文凭和一个毕生的追求：“以为予之一身既受此文明之教育，则当使后予之人亦享此同等之利益，以西方之学术灌输于中国，使中国日趋于文明富强之境。”

然而，现实却给怀满腔报国热情的容闳泼了一盆冰凉刺骨的冷水。怀揣美国著名大学文凭的他，遭到了前所未有的冷遇，一年之内三易其职。

容闳先是在广州美国公使馆任书记员，几个月后又改任香港高等审判厅译员，不久又遭排挤前往上海，在海关翻译处任翻译。但当得知中国翻译绝无希望升至总税务司时，面对海关的高薪挽留，他断然拂袖而去。

离开海关后，容闳进入上海宝顺洋行经营丝茶生意，尽管利润丰厚，但他最关心的，还是以教育强国推动中国社会近代化。他在等待一个机会。

1859 年，清政府与太平天国鏖战正酣，太平天国干王洪仁玕在香港刊行《资政新篇》，书中主张接受西方文明，走西方强国富民之路。当时，洪仁玕总理太平天国朝政，思想的一致，让容闳把希望寄托在了太平天国运动。

1860 年，容闳冒险潜进南京，拜访仅在香港有一面之缘的洪仁玕，并呈上了包括政治、军事、实业、教育的 7 点建议，重点针对教育：设立武备学校、海军学校、实业学校，颁定各级学校教育制度等。

然而，当时太平天国经过“天京内乱”，已经元气大伤，当初的领导者已经丧失了进取之心，对于容闳的建议，洪仁玕大加赞赏，但表示得不到更多人的支持。失望之余，容闳婉拒了洪仁玕的封赏，黯然离开天京。

在天京，容闳也观察到太平天国的一些弊端，指出“领袖人物，其行为品格与所筹划，未敢信其必成”，并断言“太平军之行为，殆无造福中国之能力……”历史印证了容闳的判断，四年之后，太平天国运动失败。

就在容闳踏访天京的同一年，英法联军火烧圆明园，举国震惊。曾国藩、李鸿章等地方实力派为图自强，发起“师夷制夷、中体西用”的洋务运动，这让容闳重新看到了实施“西学东渐”计划的曙光。

1863 年，曾国藩派人多次写信邀请容闳前赴安庆，并表达了自己创办近代工厂的想法。感佩于曾国藩的盛情，容闳于同年 9 月来到安庆，成为曾国藩的幕僚。当时，曾国藩最初的意图，是创办机器造枪厂，容闳则高瞻远瞩，向曾国藩建议，先建立通用的和基础性的机器母厂，再利用母厂来生产制造各种具体物品的机器。

曾国藩听从了容闳的建议，并委派他赴美采购“制造机器”的新式机器。两年之后，容闳将所购100多种机器运回上海，在虹口安装并组建中国近代第一家洋务企业——江南制造局，也就是现在江南造船厂的前身。后来，江南制造局发展成为拥有13个分厂，2500多间厂房，3500多名员工，600多台工作母机的大型企业。

后人评论说，容闳是近代全程参与中国工业近代化的人，由此也可见一斑。

教育强国

然而，容闳最热衷的，还是教育救国。他曾建议曾国藩在江南制造总局内设学校，用于培养自己的军事、技术人才。他最大的梦想，是“幼童留美计划”，培养新式人才，推动中国富国强兵。

随着江南制造总局成功建立并逐步壮大，容闳趁机向曾国藩提出选派幼童赴美留学，建立新式教育体制的建议，得到曾国藩的大力支持。1867年，曾国藩联名李鸿章等洋务运动实力派向朝廷奏请派遣留学生赴美。

又是四年的漫长等待。

1871年，朝廷终于照准容闳的“留美幼童”计划：“拟选聪颖幼童，送赴泰西各国书院学习军政、船政、步算、制造诸学，约计十余年业成而归，使西人擅长之技。中国皆能谙悉，然后可以渐图自强。”

那一年，容闳43岁。17年孜孜不倦的追求，当年豪情万丈的青年，两鬓已添点点斑白。得知消息的容闳喜极而泣：“至此予之教育计划，方成为确有之事。将于中国两千年历史中，特开新纪元矣。”

次年，中国幼童出洋肄业局成立，容闳担任副委员，负责选派优秀幼

1872年8月11日，清政府派遣的首批30名留美幼童在上海轮船招商总局门前合影。（来源：珠海市博物馆）

童留学，并监督留学计划的实施。

然而，容闳没有料到，真正的阻力不是来自官方，而是来自民间。按照计划，幼童留美第一批要选拔30名，可是报名者却寥寥无几。这与几十年后的“庚款留美”的火爆形成鲜明的对比。

经历了两次鸦片战争，从政府到民间都畏西方如洪水猛兽，更何况在封建社会，科举才是士子们的进身之道。加之远涉重洋，生死未卜，国人都不愿意把孩子送出去留洋。

万般无奈之下，容闳只好回到自己的故乡香山招募幼童。据史料记载，首批30名幼童中，24名来自香山及其周边地区，仅香山一地，就有13名之多。

1872年8月，经过短暂的培训之后，30名幼童在上海起程赴美，这是近代中国政府官派留学生的开端。1875 年，最后一批幼童抵达大洋彼岸。

尽管“幼童留美计划”得以实施，但关于幼童留美的反对和质疑从未停息。

这些幼童到了美国之后，寄宿在美国家庭里，很快就接受了美国的生活方式和文化习惯，他们剪掉了辫子，脱下了长袍和瓜皮小帽，穿上了西服，戴上了礼帽，甚至部分人还信奉了基督教。

如此西化的行为，引起国内守旧派更加疯狂的攻讦。在他们眼里，留学生只可以学技术，绝不能变精神，“此等学生，若更令其久居美国，必致全失其爱国之心，他日纵能学成回国，非特无益于国家，亦且有害于社会。欲为中国国家谋幸福计，当从速解散留学事务所，撤回留美学生。”

加之曾国藩去世，李鸿章独木难支，朝廷最终决定撤回所有留美学生。1881 年，96 名留美幼童——62 人在读大学，32 人在读中学，仅两人大学毕业——分批匆匆回到国内。容闳殚精竭虑、苦心孤诣促成的“幼童留美”计划中途夭折。

不过，值得宽慰的是，容闳的努力并没有白费。尽管留美幼童大多未完成学业，但他们经历了西方近现代教育的洗礼，掌握了先进的科学知识和方法，归国后迅速成长为各行业翘楚，在中国近代化史上扮演了重要的角色。

据统计，这批留美生中，走出了 9 位工矿负责人，6 位总工程师，3 位铁路局长，2 位大学校长，14 位海军将领，7 位实业家，24 位行政官员，最低的做到知县，最高的担任国务总理……

“留美幼童”计划的失败，也彻底断送了容闳对满清政府仅存的一点希望。但他始终为国家的富强殚精竭虑：为借款募兵而奔走英伦，支持“百日维新”而遭到朝廷通缉，结识孙中山而支持其革命……诚如美国牧师特韦契耳多所言：“他从头到脚，身上每一根神经纤维都是爱国的。”

1871 年，容闳回到家乡招收留美幼童，在南平倡办“甄贤社学”，后改名“甄贤学校”。

百年乡校

走出容闳故居，沿西大街直走进入东大街，再走不到 200 米，甄贤学校便出现在眼前。

甄贤学校的历史，可以追溯到 1871 年的甄贤社学。据说，在甄贤社学之前，南屏甚至没有私塾。如果想读书，只能去十多里之外的前山翠微书院。

1871 年，容闳回乡招募留美幼童，“因思有以教其乡之人，务在教育子弟，造就人才，以备他日国家之用”，便带头捐资白银 500 两，后又从美国寄回白银 200 两，在南屏建起了社学，取名“甄贤”，意在甄选贤能，培育人才。

第二年，甄贤社学正式成立，首次招生 30 人。最盛时，学生达到上百人。1872 年至 1875 年，容闳先后选拔 120 名幼童赴美，仅香山一地就占了 39 名，这与他创办的甄贤社学不无关系。

甄贤社学属于老式私塾，以中国传统教育为主。1902 年，容闳遭清廷通缉，在出逃前短暂回乡，试图将社学改办为新式学堂，但因族人坚决反对而只好作罢。

1906 年，在全国学制改革的呼声中，清政府决定废科举，广建新式学堂。甄贤社学顺应形势，更名为“甄贤学校”，设初级、高级两等小学，提倡新式教育，成为广东废除科举制度前后最早兴办的民间新式学校之一，也是中国最早的侨校。当时，容闳已远在美国，却仍被推为名誉校长。

1912 年，“甄贤学校”扩建，也就是今天我们所看到的甄贤学校的旧址。百余年来，这所容闳倾注了大量心血的学校，走出了香港英华书院副院长容启贤、中国第一次参加世界足球联赛的领队容启兆、中国第一个世界冠军容国团等众多栋梁之材。

1949 年以后，甄贤学校几经变迁。近年来，当地政府另择一地新建一所甄贤学校，原址被开辟为“容闳纪念馆”和“中国留学博物馆筹建办”，供后人瞻仰参观。容闳，从此又多了一个家。

站在甄贤学校旧址，一尊年轻模样的容闳铜像默然矗立：短发、长衫、马褂……背后的展馆内，传来那首传唱百年的甄贤校歌：“我甄贤兮秀毓南屏，前贤遗训兮谨守以诚；教育乡村兮史何光荣，甄陶后俊兮贤命是经，甄贤学生兮相兴鹏程。”

容闳远去了，但他的故事还在。

1998 年，容闳诞辰 170 周年。耶鲁大学所在康涅狄格州宣布，将当年第一批留美幼童在美入学的日子——9 月 22 日，定为“容闳及中国留

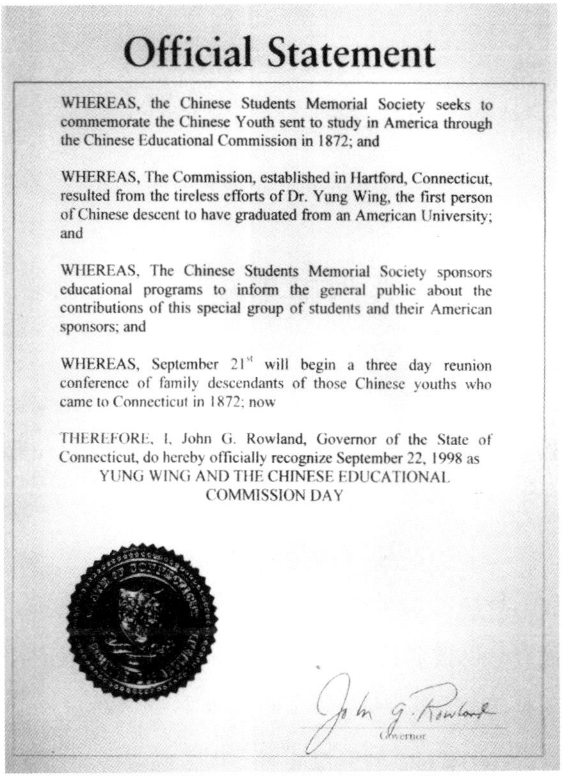

Official Statement

WHEREAS, the Chinese Students Memorial Society seeks to commemorate the Chinese Youth sent to study in America through the Chinese Educational Commission in 1872; and

WHEREAS, The Commission, established in Hartford, Connecticut, resulted from the tireless efforts of Dr. Yung Wing, the first person of Chinese descent to have graduated from an American University; and

WHEREAS, The Chinese Students Memorial Society sponsors educational programs to inform the general public about the contributions of this special group of students and their American sponsors; and

WHEREAS, September 21st will begin a three day reunion conference of family descendants of those Chinese youths who came to Connecticut in 1872; now

THEREFORE, I, John G. Rowland, Governor of the State of Connecticut, do hereby officially recognize September 22, 1998 as YUNG WING AND THE CHINESE EDUCATIONAL COMMISSION DAY

John G. Rowland
Governor

1998年，康涅狄格州州长签署文件，确定9月22日为“容闳与中国留美幼童肄业局纪念日”。（来源：珠海市博物馆）

美幼童纪念日”。

容闳的画像，被挂在耶鲁大学“亚裔美国人文化中心”，每位到访耶鲁大学的游客都会知道这个最早赴美留学的中国人的故事。

美国纽约唐人街和中国珠海南屏镇，各有一所以容闳命名的学校；中山大学永芳堂前树立了中国近代十八先贤铜像，容闳也身列其中。

2018年，恰逢容闳诞辰190周年。据美国驻中国大使馆发布的《2017年门户开放报告》显示，2017年中国赴美留学生人数超35万，连续八年位居榜首。容闳穷尽毕生所谋求的“西学东渐”，终于蔚然成风。

沥溪村头，烟雨平生

1918 年的早春，乍暖还寒。上海广慈医院，弥留之际的苏曼殊双目微睁，以微弱到几乎听不见的声音给世界留下八字真言："一切有情，都无挂碍！"便匆匆告别了羁绊他 35 年的俗世红尘。

100 年后，我驱车来到香山古驿道旁的沥溪村苏家巷。在青砖褐瓦的苏曼殊故居内，我默默地吟味着他的诗文，并试图以我数十年的人生阅历，去探寻他那命运多舛却又传奇绚烂的人生轨迹。

光影斑驳里，一个清癯消瘦的背影缓缓走来。

身世之苦

1909 年，时年 26 岁的苏曼殊谈及自己的身世，不禁潸然泪下："嗟夫，予早岁披剃，学道无成，思维身世，有难言之恫。"这种"难言之恫"，源于苏曼殊扑朔迷离的身世和凄凉的童年。

苏家累年经商，殷实富足。苏曼殊的父亲苏杰生有幸继承家业，远赴日本横滨从事丝茶生意，因经验丰富，被一家英国洋行聘为买办。在日期间，苏杰生结识了日本女子河合仙，并娶其为妾，生下了苏戬，即苏曼殊。

然而，还有另外一种流行的说法，苏杰生娶了河合仙之后，又与河合仙的妹妹河合若私通，生下了苏曼殊。苏杰生恐事情败露有损自己的名誉，便谎称曼殊为河合仙所生，并由其抚养长大。

对于自己的身世，苏曼殊讳莫如深，自做本事诗一首："契阔死生君莫问，行云流水一孤僧。无端狂笑无端哭，纵有欢肠已似冰。" 诚如好友柳亚子所言："苏曼殊是一个浪漫的文学家，连他家世的传述，也是很浪漫的。他从没有明白地告诉别人。"

后经柳亚子、柳无忌父子考证，苏曼殊的生母为河合若。

出生后，苏曼殊和养母河合仙在日本度过了 5 年的快乐时光。6 岁时，苏杰生带着苏曼殊回到香山县沥溪村点灯，认祖归宗，与嫡母、庶母共同生活。

故乡和老家，原本是温馨而又慈祥的，但对于苏曼殊而言，却是童年噩梦的开始。

中国是个"宗法制"社会，讲究嫡庶尊卑，华夷有别。因苏曼殊"私生子"和"中日混血儿"的尴尬身份，族人们对他"群摈斥之"。大宅门里的权力争斗，也让庶母们视他为眼中钉、肉中刺，对他百般谩骂虐待。

族人的歧视、家人的折磨，给他幼小的心灵留下了难以愈合的创伤，让他在小小年纪就已经饱尝世态炎凉、人情冷暖。成年后的苏曼殊说："家庭事虽不足为外人道，每一念及，伤心无极矣。"

后父亲苏杰生弥留之际，遣人寻找苏曼殊回乡探视，希望临终前能和他见最后一面，但被苏曼殊以无盘缠拒绝。苏杰生去世后，苏曼殊没有选择奔丧，而是改道上海。如此看似不伦之举，可能也源自这里。

七岁那年，苏曼殊被送入本村简氏祠堂读私塾，这也成为他童年唯一

苏曼殊（1884—1918），近代作家、诗人、翻译家，广东香山县（今广东省珠海市沥溪村）人。原名戬，字子榖，学名元瑛（亦作玄瑛），法名博经，法号曼殊。

的慰藉。私塾里，他不仅交到了性情相投的朋友，还因天资聪颖，得到了先生的偏爱。私塾里主要教授四书五经、诗词吟诵、联句作对等，六年的私塾学习，为苏曼殊打下了中国传统文化的基础。

“一年三百六十日，风刀霜剑严相逼。”苏曼殊就这样磕磕绊绊地在苏家长到了 13 岁。

亦僧亦俗

水满则溢，月圆则亏，苏家败落了。苏杰生为了重整家业，只身前往上海经商，苏曼殊唯一的依靠也没有了。

一次凶险的大病，当家的庶母觉得他已经活不了了，不仅没有延请大夫加以医治，反而将他扔至四面透风的柴房，任其自生自灭。也许上天觉得他命不该绝，几天之后，他竟然奇迹般地痊愈了。这成为他生命里的一个重要转折点。

度过此劫的苏曼殊，对苏家已再无丝毫留恋。当云游四方的赞初法师化缘到了苏家时，他义无反顾地跟随法师一路而去，在广州六榕寺剃度出家。六榕寺建于南朝，后因北宋大文豪苏东坡贬官至岭南，路过广州到寺里游玩，见寺内六株榕树绿荫如盖，气势不凡，欣然写下“六榕”二字，因而得名。

一个13岁的孩子，焉能懂得什么是佛门净地，又怎能守得住清规戒律？一个多月之后，饥饿难耐的苏曼殊因偷吃乳鸽，犯了杀戒，被严厉的方丈逐出了山门。苏曼殊第一次与佛结缘，就这样草草收尾。

1898年，15岁的苏曼殊随表兄赴日本求学，就读于维新派创办的大同学校。在日本，他见到了阔别已久的养母，也邂逅了自己的初恋。至于初恋的名字，一是“菊子”说，一是“静子”说。苏曼殊每每忆及此事，总是把她称为“女郎”。

初恋总是美好的，也让苏曼殊孤独的内心平添几分安慰。但是，这段纯真的恋情，却因女郎是日本人，而遭到苏家长辈的极力反对。在劝说苏曼殊无效后，苏家长辈转而问罪于女郎的父母。盛怒的女郎父母痛打了女郎，女郎悲愤不已，于当夜蹈海殉情。

恋人的凄惨命运，令苏曼殊万念俱灰，无心学业。他从日本回国，决意在广州蒲涧寺皈依三宝，每日于佛前青灯黄卷，洒扫庭除。为表自己决心之诚，他以自刎相威胁：“大方家请毋吝此区区一席之地，容我潦倒残生。不然，将自刎座前矣。”

蒲涧寺的方丈见他身世飘零，遂将他收为“门徒僧”，这是苏曼殊第二次出家。然而，对于苏曼殊而言，他并非是真正看破红尘，所谓的“出家”，也不过是身在佛门，心在世外。果然，不久之后，在一个月黑风高的夜里，他又悄然遁去。

离开寺院后，苏曼殊重回日本继续求学，归国后又到上海，供职于章士钊、陈独秀等创办的《国民日日报》，力图以一腔热血报效国家。然而，报纸竟然因为内讧而停刊。目睹了人心险恶与尔虞我诈之后，苏曼殊失望透顶，更加彷徨无助。

此时，震惊中外的"苏报案"最终判决：章太炎、邹容被判处终身监禁。闻听消息的苏曼殊犹如遭到晴天霹雳，从香港返回广州，在番禺海云寺落发为僧，并具足三坛大戒，皈依了主张"我心即佛"的曹洞宗。

然而，苏曼殊始终做不到佛家所讲的"心本无一物"，寺庙，只是他疗伤的避难所，当伤口痊愈，他终究会离去。果不其然，他再次溜之大吉，并顺手牵羊地拿走了已故师兄博经的度牒和师父仅剩的两角银洋。

从此，苏曼殊以亦僧亦俗的身份，放浪形骸于天地间。他曾效法玄奘法师，远赴泰国研习梵文，后又前往锡兰驻锡，经越南并在当地受戒。他甚至欲和章太炎同赴印度朝圣，因资金短缺而未能成行。

后人称苏曼殊为曼殊大师，将他和弘一大师李叔同相提并论。然而，不同的是，弘一大师谨遵教义，精研佛法，而苏曼殊，终不过是个流连于红尘的浪荡子，这是他的洒脱，也是他的执念，如南怀瑾先生所言，曼殊是不曾出家，始终徘徊僧俗间。

绚烂诗画

苏曼殊以诗著称，曾著有《中国禅宗史》一书的印顺法师说，中国有两个诗僧，一是北宋的佛印，一是当今的苏曼殊。

据陈独秀回忆，20 岁以前，苏曼殊的中文基础很差，"他从小没有好好儿读过中国书，初到上海的时候，汉文程度实在不甚高明。"可是天才就是天才，稍加点拨便融会贯通。

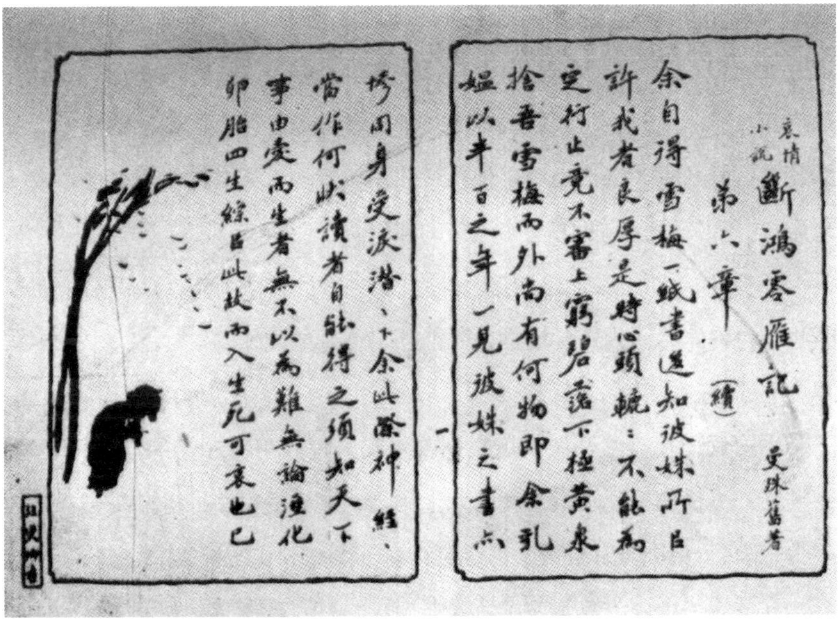

哀情小說 斷鴻零雁記

第六章（續）

曼殊舊著

余自得雪梅一紙書，送知彼姝所以許我者良厚，是時心頭輘輘，不能為定，行止竟不審。上窮碧落下極黃泉，捨吾雪梅而外，尚有何物？即余乳媼以半百之年，一見彼姝之書，亦將同身受，淚潸潸下。余此際神經，當作何狀，讀者自能得之。須知天下事由愛而生者，無不以為難，無論造化卵胎四生，綜以此故，而入生死，可哀也已。

《断鸿零雁记》，1911 年苏曼殊创作的第一部小说。（来源：珠海市博物馆）

初时，苏曼殊连平仄和押韵都不懂，他就向陈独秀请教，写好诗让他帮着修改。到了日本，苏曼殊又学诗于章太炎，其实章太炎并没有认真教他，只是由着他去找古人今人的诗来读。

苏曼殊果然聪敏伶俐，作诗渐入佳境，没用多久便成了“诗翁”。他写诗，多随性而不留底稿，现存仅 80 余首，多是伤身感怀之作。他的诗歌成就，后人评价很高。评论家谢冕在《1898：百年忧患》中曾说，苏曼殊是中国诗史上最后一位把旧体诗做到极致的诗人，是古典诗一座最后的山峰。

写诗之余，苏曼殊还擅画，其画“格调不凡，意境深邃”。

幼时，苏曼殊就显露出绘画天分。据苏绍贤《先叔苏曼殊之少年时代》记载，苏曼殊“其于四五岁间，所绘各物，无一不肖，于绘画天才，盖具有夙根云。”

在日本求学时，学校缺美术教员，苏曼殊兼任了大同中学的美术课；学校编撰教科书，插图也都由他负责绘制。受西方美术的影响，他形成了兼融东方传统意趣与西方写实风格的独特画法。

苏曼殊“以绘画自遣，绘竟则焚之”，后世所留画作，多得益于朋友收集。也许正是因为这种随性，才能画出绝妙的画作。

他的绘画成就有多高？

中国近现代美术开派人黄宾虹曾对友人说：“曼殊一生，只留下了几十幅画，可惜他早死了，但就那几十幅画，其分量也够抵得过我一辈子的多少幅画。”话中虽有自谦，但足见其对苏曼殊画作的推崇。

苏曼殊的小说，被誉为“新鸳鸯蝴蝶派”的鼻祖。

他一生创作了6部文言小说，即《天涯红泪记》《焚剑记》《绛纱记》《碎簪记》《非梦记》与《断鸿零雁记》，合称“六记”，尤以《断鸿零雁记》成就最高，被誉为“民国初年第一部成功之作”。

这些小说都以爱情为题材，文辞婉丽，以悲剧结尾，有着浓重的自伤色彩。《断鸿零雁记》更是以第一人称书写自己悲苦的命运与凄惨的爱情，有着极强的个人传记色彩，被研究者视为苏曼殊红尘孤旅人生的注脚。

“六记”出版后，一时间“洛阳纸贵”，世人争相阅读。已故现代著名作家施蛰存曾回忆，他们年轻时非常痴迷苏曼殊的文字，同时代的文艺青年无不风靡他的小说。有人断言，苏曼殊是“那个时代最为流行的文化符号”。

苏曼殊精通日文、英文、法文、梵文，与严复、林纾一起被称为“清末三大翻译家”。

晚清时候，翻译外国作品成为“西学东渐”的重要通道。苏曼殊首次用旧体诗的格式系统地将拜伦、雪莱译介到中国。他翻译的《拜伦诗选》，是我国翻译史上第一本外国诗歌翻译集。

他半译半著法国著名作家雨果的《悲惨世界》，前六回忠实原著，从第七回开始到第十三回却重起炉灶，自己设计人物，编织情节，第十四回（最后一回）又返回原著，并以《惨社会》为名在报刊连载。

最令人惊叹的是，他曾编撰《梵文典》《汉英／英汉辞典》《粤英辞典》《泰西群芳谱》等各种工具书，《梵文典》更被柳亚子盛赞为“不可无一，不可有二”。可惜，这些作品均已失传。

“在20世纪初年，苏曼殊实为中外文化交流的创始者，重大的功臣，诸如梵文的介绍，西洋文学的翻译，中诗英译的编集，有其辉煌的成就。”知名学者柳无忌如此言道。

革命和尚

苏曼殊所处的时代，兵戈抢攘、风雨如磐，给真性情的苏曼殊带来太多的怅恨、悲慨和愤怒，他很自然地靠向了革命。诚如我国目前南社及苏曼殊研究的著名学者马以君所言，苏曼殊是一位“以革命为天职，以创作为余事”的奇才。

心理学中有“晕影定律”，从交往的圈子来了解一个人。苏曼殊的朋友圈，有孙中山、黄兴、宋教仁、章太炎、邹容、陈天华、廖仲恺、何香凝、柳亚子、鲁迅、刘季平、陈独秀……苏曼殊因革命而与他们结识，革命也成为他划分友与非友的标志。

苏曼殊就读的早稻田大学，曾是维新爱国人士的云集之地，在这里，他加入了陈独秀、蒋百里等酝酿成立的爱国组织青年会。其后他转入成城军校，每天苦练骑射，立志杀敌报国，马革裹尸。

《猎狐图》，苏曼殊作于1907年。“狐”谐音“胡”，暗指清王朝。（来源：珠海市博物馆）

当得知苏俄拒不撤出东北，苏曼殊义无反顾地参加了“拒俄义勇队”，被编入学生军甲区队第四分队，准备开赴东北，与沙俄血战到底。他崇尚暗杀，曾欲枪击贪污维新善款的保皇党首领康有为，幸被好友劝阻，才悻悻作罢。

因苏曼殊参加革命，表兄断绝了他的经济来源，他不得不中断学业回国。临行前，他作诗并画留别恩师汤国顿，诗中言明自己欲效法“不帝秦”而蹈海的鲁连，为国家兴亡万死而不顾其身，其胆魄全然展现。

文人的革命，总是与众不同。苏曼殊终未能实现跃马持枪，纵横沙场，但他有笔如刀，用文字和绘画去揭露、惊醒那个风雨激荡的世界。

他将雨果《悲惨世界》译为《惨社会》，并抛弃原著，按照自己的想法重新塑造了一个主人公——革命侠士明男德。书中，明男德大骂皇帝是“独夫民贼”，并公然蔑视“上帝”“神佛”“道德”“礼义”“天地”“圣人”，这何尝不是他内心的写照呢？

袁世凯窃国篡权阴谋暴露，苏曼殊怒不可遏地写下《讨袁檄文》：“今直告尔：甘为元凶，不恤兵连祸结，涂炭生灵，即衲等虽以言善习静为怀，亦将起而褫尔之魄！尔谛听之。”言辞犀利，掷地有声。

除了使用犀利的文笔激浊扬清，苏曼殊还用直观的画笔荡涤污秽。他的《猎狐图》《扑满图》《太平天国翼王夜啸图》等画作，刊登在《民报》副刊“天讨”美术版，借古讽今，寓意深刻，发人深省。

论及苏曼殊，孙中山说：“太虚近伪，曼殊率真。内典功夫，固然曼殊为优；即出世与入世之法，太虚亦逊曼殊多多也。”并亲切地称他为“革命的和尚”。

尽管，苏曼殊对革命寄予厚望，但一次又一次的失败，让他陷入绝望。晚年的他，以暴饮暴食自戕。陈独秀说：“曼殊的贪吃，人人也都引为笑柄，其实正是他的自杀政策。”可谓知苏曼殊甚深。

无节制的饮食，拖垮了苏曼殊的身体。1918 年，带着未能远赴印度朝圣的遗憾，苏曼殊病逝于上海广慈医院，结束了自己“行云流水一孤僧”的生命，时年 35 岁。

对于苏曼殊而言，这未尝不是一种全身心的解脱。遵他遗言，众人以佛衣藏他，以塔葬他。逝世不久，鲁迅的《狂人日记》横空出世，李大钊的《庶民的胜利》见于报端，李叔同也披上袈裟，皈依佛门……

六年后，孙中山赠千金，将苏曼殊移葬于杭州西湖孤山，与一代名妓苏小小毗邻而眠。

日子如白驹过隙，人们没有忘记苏曼殊。

他的诗文被结集出版，计有《苏曼殊全集》《苏曼殊诗集》《曼殊画谱》《曼殊遗迹》《燕子龛诗》《曼殊上人诗稿》《曼殊小说集》……

后人尊他为“大师”或“上人”，给他贴上了无数标签：诗僧、画僧、情僧、糖僧、志士、革命僧、伶人、风流和尚、沉沦菩提、浪荡公子、旷世奇僧……

他的故居，那座建于清朝道光年间的小平房，被当地政府出资修缮，同时被列为文物保护单位，得以长长久久地保留，供世人瞻仰。

100 年后的今天，当我们穿行在苏家巷，再次读起那首“芒鞋破钵无人识，踏过樱花第几桥”，一个伟大的灵魂，在心里慢慢升腾。

先生之风，山高水长

那是一个多世纪前的事儿了。

1911 年 3 月，一位 53 岁的中国外交官被清朝政府从美国紧急召回。归国后，政府授权他主持用美国“庚子赔款”退款筹办的留美预备学校。这间学校名叫清华学堂，他担任名誉副会长和通讯委员。翌年 10 月，他将“清华学堂”更名为“清华学校”，并担任首任校长直至病逝。

此后的百余年间，“清华学校”成了国内顶尖、世界著名的高等学府；清华大学校长梅贻琦，北京大学校长蒋梦麟、胡适，浙江大学校长竺可桢、语言学家赵元任等都自称是他的弟子；他的照片，被挂在清华大学校史陈列馆最为醒目的位置，供后世瞻仰和缅怀。

他和“留学生之父”容闳齐名，名字被镌刻在清华大学工字厅门的东墙上，他就是唐国安，清华第一任校长，百年清华奠基人。

负笈美国

谈到唐国安，就不得不提到唐家湾。

唐家湾的历史可追溯到宋代以前，明末清初走上兴盛之路，清末至民国则臻极一时。据说，那时远在异乡的人给家里写信，只要注明“中国唐家”便可送达，被称为“与近代文明伴生的南中国海第一湾”。

随着近代中国东南沿海大门的打开，作为珠江口近海地带的门户要隘，唐家湾自然首沐西风。舶来的欧风美雨与本土文化相互激发，形成了崇尚开放自由和兼容并包的唐家湾文化，唐家人的思想和视野，自然也要比内陆要超前和开阔。无论是当时热炒的洋务，还是近代的买办，都活跃有唐家人的身影。

唐国安就出生在这片面积不大但近代文明繁盛的土地上。

在家乡读私塾时，唐国安聪敏勤奋，学业极优。此时，恰逢幼童留美计划推动者容闳回香山招募留美幼童，经族叔唐廷枢举荐，他以第 36 名与其余 120 名幼童，入选清政府公派留美幼童生，并于 1873 年第二批赴美。

在美国，唐国安入读全美最好的私立高中——菲利普斯埃克塞特学校。6 年后，升入耶鲁大学法律系。大一时，曾因拉丁文作文获得伯克利二等奖学金。1881 年，幼童留美计划已经进行到第十年，因保守派强烈反对，清政府中断了幼童留美计划，唐国安不得不从大学肄业，与其他幼童一起分批提前回国。

归国后，百余名“留美幼童”被迅速填充到各行各业，成为“开明智之先”“起民主之首”的精英。史学界认为，在中国近代化的进程中，最杰出的代表为“一詹二唐三梁”，唐国安即是 “二唐”之一，其余分别为“铁路之父”詹天佑、民国首任内阁总理唐绍仪、外务尚书梁敦彦、驻美公使梁诚和津海关道梁如浩。

外交报国

唐国安（1858—1913），字国禄，号介臣。广东省香山县人（今珠海市唐家镇鸡山村人），清华大学第一任校长。

关于归国初期唐国安的经历，史料记载极为稀少。从目前掌握的资料分析，唐国安长期郁郁不得志。

作为幼童留美计划的善后，李鸿章在天津设立医学馆，为陆海军培养医官，学制三年。归国后，唐国安被分配到这所学校学习。唐国安本身对医学并无兴趣，加之草创时期学校师资条件差，他借口母亲病重，离校赴宁波、镇江等地谋生。起初，唐国安在美商旗昌洋行做翻译，后又供职于开平煤矿、铁路公司，还曾在上海梵皇渡圣约翰书院教英语，兼职《南方报》英文版编辑等。

而与唐国安一同归国的留美幼童，都已经在晚清的政治舞台上呼风唤雨。“三梁”之一的梁敦彦于 1908 年出任外务部右侍郎；与唐国安同被安排在天津医学馆的林联辉，1893 年出任北洋医学堂（天津医学馆改扩建）首任总办（校长）；梁诚归国时中学还未毕业，此时也正以驻美公使的身份，与美国交涉“庚子赔款”数额……

直到 1907 年，唐国安奉调进京，出任外务部翻译、候补主事，他才得以崭露头角。那一年，他 49 岁，近知天命之年，与他的留美幼童同学相比，已属大器晚成。此后的岁月里，唐国安先后在上海万国禁烟大会、美国国际人道大会等国际舞台上亮相，在中国近代外交史上留下了浓墨重彩的一笔。

1909 年召开的上海万国禁烟大会，是中国政府承办的第一次国际会议，由美国发起，中国承办，英、法、日、德、俄等 13 个国家参加，也被视作国际多边禁毒的开端。

会上，作为中国代表团发言人，唐国安凭借流利的外语、渊博的学识和缜密的逻辑，同各国代表展开针锋相对的辩驳和据理力争的磋商，并代表中国政府发表了长达约 8000 字的演讲，演讲数据翔实，论据充分，震惊了在场的各国代表。

次日，该演讲被中英文报刊全文刊载。《申报》称其为“一份杰出的、逻辑性强的演讲”。英国《泰晤士报》以电报的形式将演讲传至英国，并印刷成册。演讲的广为流传，创造了有利的国际禁毒舆论环境。两年后，中英两国正式签署禁烟条约；1912 年，首部国际禁毒公约《海牙鸦片公约》签署。

2008 年，中国第一历史档案馆编辑出版《晚清国际会议档案》，在万国禁烟大会的历史档案中，涉及唐国安的多达 164 条。

致力留美

作为中国近代最早的留美生，被迫中断留美生涯而学业未竟，成为唐国安心中毕生的遗憾。为了弥补心中的缺憾，他一直积极致力于留学活动，曾先后担任“上海耶鲁大学校友分会”董事、“中国耶鲁大学校友会”名誉会长和“寰球中国学生会”董事和副会长。

早在 1904 年，清政府就“庚子赔款”退款问题与美国政府展开艰难谈判。经过三年多的拉锯战，1907 年，美国传教士斯密斯、大学校长詹姆士提出关于“造就亲美人才，控制中国发展”的建议，得到总统罗斯福的采纳，同意将部分“庚子赔款”退还中国，用于遣派学生赴美留学。

唐国安和首批庚款留美学生。（来源：珠海市博物馆）

次年，中美达成协议，自 1909 年起，前 4 年每年选派人数不少于 100 名学生赴美学习，自第五年起递减为每年 50 名，依此循进，直至 1940 年“退款”用完，共计 32 年。同时，根据协议规定，清政府组建游美学务处，任命唐国安为会办，实际主持日常主要工作。

就这样，唐国安挑起了“庚款留美”事业的重担。

在唐国安的主持下，游美学务处组织了第一批留美生考试。此时的中国经历了“睁眼看世界”“师夷长技以制夷”的社会浪潮，国人的思想更加开放，报名异常火爆。据当年《申报》报道显示，自公布招生信息后，报名人数高达千余人，当日参加考试者也有 600 余众。考试分为初试和复试。初试考经史舆地、英文和算学，68 人榜上有名；复试考物埋、化学、博物、代数、几何、三角、外国古代史、外国近代史、外国地理等，最终 47 人被录取。

作为游美学务处成立以来公选的第一批留学生，他们身着朝廷统一置办的行装，由唐国安亲自率领，在上海码头登上赴美的蒸汽机轮船“中国”号，远渡太平洋，横跨北美洲，历时一个月，抵达华盛顿，正式翻开了“庚款留美”的崭新一页。

随后的两年，游美学务处分别又选拔了70名和63名学生赴美。截止到1918年，共计499名学生成为庚款留美生。令人欣慰的是，这些学生中的许多人后来成为中国近现代科学、教育、工业以及外交等方面的开拓者，如梅贻琦执掌清华大学十余年，蒋梦麟和胡适缔造了北京大学最辉煌的时光，赵元任、金岳霖、吴宓等都成为学界泰斗。

“庚款留美”的示范效应，也刺激了其他各类官派留美和民间私人留美事业，留美生人数激增。截至1917年，在读留美生高达1170人，已回国留美生达400人。这些人站在中西文化的制高点，成为近代中国新的社会阶层。

“庚款留美”让中断了近30年的留美教育事业得以恢复，掀起了中国近代第二次大规模留美运动的高潮。作为推动者和践行者，唐国安也被推到了如容闳般的历史高度，诚如中国台湾学者林子勋所言，唐国安“扮演了第二次中国学生留美奠基人的角色”，是容闳留美教育计划的“复活和延续”。

奠基清华

连续三年的招考，人数都未能达到派送100名学生的目标。于是，筹办游美肄业馆被提上日程，目的之一就是“教习学生充分科目”，使选拔留美生储备人才。作为留美预备学校，游美肄业馆择校址于“清华园”。

经过近一年的修缮与新建，1911年2月，游美学务处和游美肄业馆搬入清华园，游美肄业馆也正式更名为“清华学堂”。当时正随外务部出访美国的唐国安，被紧急征召主持清华学堂开办事宜。这也就出现了开头的一幕。

清华学堂老照片。

仅仅两个月不到，唐国安就完成了清华学堂的筹备事宜，并担任副监督。1911 年 3 月，清华学堂在清华园举办开学典礼，招收第一届新生 100 名，实行“中五、高三制”。

然而，就在清华的历史刚刚拉开帷幕，1911 年 10 月，武昌起义爆发。革命的冲击，加之办学经费被挪用，清华学堂被迫关闭停课，教职员工和学生不得不撤出学校，偌大的清华园只剩下唐国安苦苦支撑。

新政府组建后，唐国安原来的搭档和同事，很多摇身变为民国高官，他的同乡、同学兼同事唐绍仪，更是贵为民国首任国务总理。以唐国安的资历和社会关系，在新政府谋个一官半职易如反掌。但他无意官场，甘愿留在清华，主持校务，四方奔走，筹备复校。

在唐国安的多方努力下，1912 年 5 月，关闭长达半年之久的清华学堂复校，他被任命为清华学堂监督。其间，政府听取了他的建议，撤销游美学务处，留美生的选拔、遣派及监督等事宜，归学堂统一操作管理。

同年10月，清华学堂正式更名为清华学校，“监督”一职改为校长，实行校长负责制，唐国安为第一任校长。因此，唐国安被人们称为清华首任校长。

面对翻开新篇章的清华学校，唐国安有着太多太多的事情需要去做。

首要之事，便是改革学制。清华学堂原为“五三制”，即中等科5年、高等科3年，唐国安将其改回“四四制”，中等科4年、高等科4年，并充实教学内容，实行文（文法）理（理工）分班，使得清华的高等科设置等同于美国大学一二年级的水平，在清华学校读完即可直接进入美国大学高年级。

经费始终是制约学校发展的最大瓶颈。清华草创，经费经常被挪用。唐国安多次呈文外务部，强调专款专用，不得列入国家常规收入任意支配。在他的多方呼吁下，清华学校的经费渠道得以畅通，为未来长足发展奠定了物质基础。

积极扩大办学用地。任上，唐国安曾两次呈请政府，将清华园西侧近春园和畅春园东南隅划拨为清华的办学用地，使得学校面积由最初的450亩激增至1200亩，翻了近两番。这在大学跑马圈地的今天看来，也许微不足道，但在当时，却已属破天荒。如今，我们在清华大学见到的科学馆、体育馆、图书馆和大礼堂等“四大建筑”，也是在唐国安的主持下修建的。

为使清华学校走向现代化，唐国安主持修编了《清华学校近章》，全面整肃校内封建遗风，把中国传统的封建教育体制引向现代西方教育体制，使清华成为了真正意义上的高等院校，也开创了中国近代高等教育之先河。

20世纪20年代初，英国哲学家罗素访问清华，称“清华学校恰像一个由美国移植到中国来的大学校”。这也算是对唐国安、对清华最大的褒奖和认可。

1913年夏，对于清华来说，尤其值得被铭记。清华首届（1912级）16名学生全部顺利毕业。这批学生中，走出了“中国重化学工业的开拓者”侯德榜、逻辑学家金岳霖、文学家吴宓、儿童教育家陈鹤琴、著名物理学家叶企孙等。

同年，为清华呕心沥血的唐国安心脏病连发3次。弥留之际，他提出“因病辞职，荐贤自代”，正式推荐当时正护送留学生赴美的周诒春为继任校长。在辞呈中，他写道：“查有留美文科硕士周诒春老成练达，学识兼优，自充任副校长以来，苦心孤诣，劳怨弗辞。国安虽病，该副校长兼理一切，颇能措置裕如。若以升任校长，必能胜任愉快……”拳拳之情，读之心有戚戚。

然而，未能等到辞呈批复，唐国安就病逝于清华园，成为清华史上唯一一位逝于任上的校长。为纪念他的功绩，他的遗体被埋葬在清华校园之内。

民国国史馆为其做传曰《唐国安先生传略》，赞誉他：“其赤诚为国大公无我之行，载之口碑，必能使四百兆同胞永矢勿忘吾有唐氏第一人。”

唐国安逝世15年之后，清华学校升格为国立清华大学。

在唐家湾鸡山村，唐国安生活的故居，宛然而立。附近村民告知，这座将近150年的老房子，至今还有唐家的后人在居住。

驱车沿唐家湾镇风景秀丽的海岸线一路前行，在港湾大道转入大学路，红砖绿瓦的唐国安纪念馆就出现在眼前。逝世近百年，珠海唐家湾和清华大学以这种方式来纪念这位清华的缔造者。

纪念馆内，一座唐国安塑像矗立中央，坚毅的目光直视远方……注目仰望“先生”，脑海里一句话久久萦绕：百年清华，校长国安；先生之风，山高水长。

看竹何须问主人

去唐家湾看望唐绍仪，是埋藏在我心里许久的一个想法。

在中国近代史上，唐绍仪绝对是一个举足轻重的角色。

凡是载入近代史册的历史事件——幼童赴美留学、中英西藏问题谈判、京汉铁路整顿、海关主权收回、辛亥革命之后南北和谈……都能看见唐绍仪涉身其中。

唐绍仪的朋友圈，也完全是一副活脱脱的民国名流群像。他与袁世凯互为股肱，更是孙中山同盟会的忠实会员。梅兰芳、汪精卫、胡汉民、孙科等，都曾在他的私家花园里饮茶品香，谈古论今。

于是，一个凉爽的午后，沿着那条建于民国、青石板铺就的山房路，我来到了共乐园，去感受唐绍仪的人生沉浮。

少时留美，倾心共和

19 世纪六七十年代，清王朝已经日薄西山，国家震荡剧烈。

唐国安就出生在风雨飘摇的1862年。这一年，太平军第二次进军上海；英、法、美、俄等在北京东交民巷一带设立第一批公使馆；大洋彼岸的美国，亚伯拉罕·林肯颁布《宅地法》和《解放黑人奴隶宣言》……

唐绍仪（1862—1938），字少川，广东香山县（今珠海唐家湾镇唐家村）人，中华民国首任内阁总理。

那个时候，科举仍然是广大士子的进身之道。然而，沿着唐绍仪一生的脉络探寻，你会发现，唐绍仪的人生之路与一般士子不同。

唐绍仪的父亲倾慕洋务，是声名响彻“十里洋场”的茶叶出口商人；族叔唐廷枢更是买办出身，协助李鸿章创办上海轮船招商局、开平矿务局等近代著名企业。浸润在这样一个开风气之先的家庭环境里，自然造就了他与众不同的人生际遇。

1874年，唐绍仪12岁，迎来了他人生的第一个转机，也拉开了他曲折的人生经历的帷幕。

那一年，跟随父亲在上海学习外语的唐绍仪，经族叔唐廷枢推荐，成为清政府第三批30名留美幼童之一。同年，唐绍仪的岭南老乡谭宗浚榜眼及第。14年之后，当唐绍仪在清朝的政治舞台上叱咤风云之时，谭宗浚却郁郁病死在任上。

这或许就是人生，因路径选择的不同而如此大相径庭。

赴美之后，同大多数留美幼童的经历类似，唐绍仪完成小学和中学学业之后，进入哥伦比亚大学就读。后面剧情急剧翻转，即将完成大学学业的唐绍仪和近百名留美幼童，被清政府强行召回国内。

留美的七年里，虽然唐绍仪并没有真正意义上的完成学业，但他目睹了东西方文化和政治制度的巨大差异，尤其垂青于美国民主共和的政治体制和文化，对他之后的政治生涯产生了根本性的影响。

结识袁氏，外交显能

对于留美幼童归国，清政府还是做了妥善的安排，唐绍仪被选入天津水师附设的洋务学堂读书。一年后，经李鸿章推荐，他和另外 5 名留美幼童随德国人穆麟德前往朝鲜仁川，襄助海关事务。

这一去就是 16 年。

在朝鲜，唐绍仪结识了他生命里的贵人——袁世凯。

当时的袁世凯，以帮办朝鲜军务身份驻藩属国朝鲜。两个人正值青春年少，唐绍仪 22 岁，袁世凯 25 岁，踌躇满志的他们在乱世中可谓一见如故，惺惺相惜。从此以后，唐绍仪的宦海沉浮就和袁世凯绑在了一起。这也是清晚期一个很奇特的现象——贵人政治，一荣俱荣，一损俱损。

此时，作为宗主国的清政府，对藩属国朝鲜的辐射力越来越弱。作为新崛起的强国，日本对朝鲜觊觎已久。1894 年，在日本的鼓动下，朝鲜东学党发动起义，日本人欲杀害袁世凯。唐绍仪得知消息后，连夜单枪匹马护送袁世凯登上英国兵船回国。

一年后，中日甲午海战在黄海爆发，满清政府兵败如山倒。同年，《马关条约》签订，中国在半殖民地半封建社会的泥淖里越陷越深。

也是这一年，清朝的政治舞台上“你方唱罢我方登场”：

71 岁的李鸿章以“头等全权大臣”赴日议和后，在“国人皆曰可杀”的痛骂声中，被清政府解除直隶总督兼北洋大臣的职务；孙中山在香港中

中英就中国西藏问题展开谈判，唐绍仪以坚定的民族立场，粉碎了英国企图分裂中国西藏的阴谋。（来源：珠海市博物馆）

环成立中国近代第一个民主革命团体兴中会，并筹备广州起义；康有为联合在北京会试的举人一千三百多人于松筠庵举行会议，联名上书光绪帝，史称“公车上书”。

最重要的是，袁世凯正式入主天津小站，开始用西法编练中国首支新式陆军，开始了政治和军事资本的原始积累。这支军队，也是后来北洋六镇的雏形，它的影响之大，甚至波及到民国初年的军阀混战。

此时的唐绍仪，也随着袁世凯的崛起而一路平步青云。

袁世凯擢升山东巡抚，唐绍仪随之以道员身份任山东省洋务局总办。1901 年，李鸿章辞世，袁世凯接任直隶总督、北洋大臣，成为中外瞩目的新兴政治力量，唐绍仪被任命为天津海关道。

在天津任上三年，唐绍仪的外交能力初步展现。作为袁世凯的代言人，他以强硬的立场同把持海关的帝国主义者交涉，并收回天津海关。随后，其又率员与英国会商，接收了秦皇岛口岸管理权，尽其所能维护国家利益。

1905 年，受清政府委派，唐绍仪以“议约全权大臣”身份赴印度与英国处理西藏主权问题。在谈判桌上，他反复论证西藏是中国领土不可分割的一部分，坚决反对任何试图分裂西藏的行为，最终双方签订《中英续订印藏条约》，承认中国对西藏拥有主权，取得了自鸦片战争以来落后挨打的中国近代史上少有的胜利。

归来后，唐绍仪被擢升为外务部右侍郎，后接任督办铁路总公司大臣。同年转任邮传部左侍郎、兼任外务部右侍郎及会办税务大臣，可谓集外交、铁路、电政、税务等事权于一身。

首任总理，模范县长

伴随着唐绍仪在清政府体制内的亦步亦趋，晚清的政坛已经暗流涌动。

光绪帝和慈禧太后相继去世，袁世凯被摄政王载沣逐出京城赋闲回乡，唐绍仪的老乡孙中山在东京成立中国革命同盟会并被推举为总理……此时的唐绍仪，虽被擢升为邮传部尚书，但处处被掣肘，不得不辞职。

历史在变革的酝酿中走到了 1911 年。这一年，辛亥革命爆发，在清廷与革命党的对峙中，唐绍仪被推到了历史的前台。作为袁世凯和北方政府的代表，唐绍仪换上西服，南下上海，参加“南北议和”。

和谈期间，当年留美埋下的民主共和的梦想被重新唤醒，如唐绍仪所言：“因我在美国留学，素受共和思想故也。”尽管后来被袁世凯撤去和谈代表资格，但在唐绍仪的实际努力下，南北就停战、政体、国民会议及清室优待条件等问题达成共识。

1912 年 3 月 30 日，内阁总理唐绍仪在政府秘书处前与孙中山及国民党元老合影。（来源：珠海市博物馆）

也是在此时，唐绍仪结识了孙中山、黄兴等革命党人，他的“民主共和”的政治理念，得到孙中山等人的一致认同，成为同时被南、北政府共同信任的人，也为其在日后南、北政府总理人选之争中脱颖而出埋下了伏笔。

1912 年，经南北双方共同推举，唐绍仪被中华民国临时政府任命为第一任国务总理，登上了民国权力的巅峰。不久之后，由孙中山主盟，唐绍仪加入了中国同盟会，成为改组后的国民党元老之一。

但是，袁世凯喜欢大权独揽，责任内阁制却处处对总统的权力进行制约，直接导致两个人的分歧越来越大，深厚的私谊也掩盖不了政治上的裂痕。三个月之后，时年 50 岁的唐绍仪向袁世凯递交了辞呈，轻装简从，搭乘火车直奔天津。

离开民国政坛的唐绍仪，再也没有担任过有实权的职务。袁世凯死之后，中国的掌权者走马灯似的换，由于唐绍仪的名气和威望，总会被邀请出山，点缀政坛。

1931 年，卸任总理 19 年之后，南京政府批准中山县为模范县，唐绍仪兼任了老家中山县的县长。同内阁总理相比，县长只是个芝麻粒大小的官，但他依然做得津津有味。在就职致辞中，他计划用 25 年的时间，“将中山县建设成为全国各县的模范”。

任职期间，唐绍仪为政清廉，兢兢业业致力于乡村基建、农渔业及实业、发展教育事业等，并编印《中山模范县发展大纲》。同时，借助自己的影响，多次邀请政府要员和专家前来唐家湾考察。因为他经常微服私访，还赢得了“布衣市长”的美誉。

从某种意义上讲，中山模范县，其实是唐绍仪“民主共和”施政理想的试验基地。但好景不长，由于粤系军阀陈济棠的排挤，唐绍仪被迫离开中山，到上海做起了寓公。

尽管唐绍仪的这个举动并未在民国掀起太大的波澜，但这种能上能下的作风，却被后人所津津乐道。在《毛泽东选集》第五卷，毛主席特别提到，旧社会的一个内阁总理可以去当县长，为什么我们的部长倒不能去当县长？这位内阁总理指的就是唐绍仪。

1937 年 7 月，抗日战争爆发，日军大举进攻上海，寓居上海的唐绍仪被刺身亡。噩耗传出，举国舆论哗然。然而对于他被刺的真相，当时的政坛讳莫如深，也成为迄今为止未被破解的历史悬案。

小园寂寂，与民同乐

2018 年，唐绍仪诞辰 156 周年。

位于唐家湾北面鹅峰山下，为唐绍仪私人花园，主要建筑有观星阁、田园别墅、石门坊、六柱亭等。（来源：珠海市博物馆）

作为清末民初政治风云里不可小觑的人物，遍历其一生，从留美幼童到清朝高官，从国务总理到中山县长，从缔造民国到践履共和……唐绍仪的人生，不可谓不惊心动魄，升腾跌宕。

如今，百余年风云变幻，斯人早已作古，然而唐绍仪留下的私家花园“共乐园”，却依然向后人讲述这位民国首任内阁总理坎坷传奇的一生，展示着他的气度与风采。行走在其中，一花一木都是历史。

原来的园门，因扩路被移至园内。匾额“共乐园”三字，乃为唐绍仪手书。1921 年，为响应孙中山“与众乐乐”的倡议，唐绍仪把私家园林对民众开放，并更名为“共乐园”。或许，这个园子，寄托的就是唐绍仪的美政理想。

一座虽简陋但透出些许古朴的九曲桥，历经上百年的风吹雨打，桥面上铺设的木板已经露出斑驳。九曲桥九曲十八弯，似乎是唐绍仪一生命运的暗喻。桥的尽头，一片翠竹在凉风中飒飒作响。

昔日，唐绍仪对珍稀植物情有独钟。一生游历西洋诸国的他，在园内遍植从异国带回的珍贵花木300多棵。法国桃花心木、菲律宾的洋葡萄、马来西亚的洋紫荆、日本黑松、印度橡胶及金丝挂绿竹等，都已是树龄近百年的名贵树种。

东坡居士“日啖荔枝三百颗”的情趣与“不辞常作岭南人”的豪迈，也让唐绍仪赞赏不已。于是，园内有了500余棵荔枝果树。每当夏到浓时，蝉鸣荔熟，红飞翠舞，他就在绿荫下的石桌石凳上即摘即食，招待宾客。

园内的田园别墅，青砖灰瓦，为当年唐绍仪赋闲乡里时生活起居及接待宾客的私邸。门前挂着唐绍仪手书对联“开门任便来宾客，看竹何须问主人”，寓意“共乐”。现已开辟为“唐绍仪资料展览馆”，收藏大量有关唐绍仪的珍贵文史资料。

观星阁是唐绍仪当年特地建造的私人天文台，每逢农历初一、十五的晚上他必登此阁，管窥星际；尼泊尔风格的“信鸽巢”、广场上所建“硬地网球场”……也处处透着主人品位的雅致和思想的前卫。

1932年，唐绍仪将这座园林无偿捐献给当地村民。无独有偶。半个世纪之后，唐绍仪的后人返乡，又将唐绍仪为母亲而建的私人别墅“望慈山房”捐赠给当地，作为老年人活动中心。

这大概就是家风的力量。

当我把共乐园走尽而折身返回时，一株枝繁叶茂、盘根错节的大榕树让我踟蹰不前。据说，这是唐绍仪当年亲手种下的一棵榕树，如今已经浓荫蔽日，引得游客驻足树下，休憩纳凉。

我突然想，唐绍仪在种下这棵榕树的树苗时，应该也将他的故事、精神和思想植根在了珠海这片土地上，荫蔽和影响着一代又一代的珠海人。

当你到珠海来，不妨到共乐园里走一走！

寂寞谁家院落

1892 年 10 月，一位广东香山人的去世令寰宇震动。

当天的上海《北华捷报》发文称：“他的一生标志着中国历史上的一个时代……他的死，对外国人和对中国人一样，都是一个持久的损失。”

时任直隶总督兼北洋大臣的李鸿章，亲自为其主持丧礼，在悼词中高度评价，中国可无李鸿章，但不可无他。祭日当天，多国驻天津领事馆降半旗为其致哀。

他的灵柩，由招商局专轮运回香山安葬，13 个国家的商务官员代表乘坐专轮护送。途经上海黄浦江，外滩灯火齐明，千百人举行仪式迎接。

这位香山人，就是中国近代工商业的开拓者——唐廷枢。

买办生涯

唐廷枢所处的时代，正是中国沦为半殖民地半封建社会的时代，自给自足的自然经济解体，催生了新的社会阶层。他的出生地香山，既是抵抗

唐廷枢（1832—1892），初名唐杰，字建时，号景星，又号镜心，广东香山县唐家村（今广东省珠海市唐家湾镇）人，洋务运动的先驱。

帝国主义侵略的前沿，也是沐浴西方近代文明的窗口。

1832 年 5 月，唐廷枢出生于香山县一贫寒家庭。其父唐宝臣为谋生计，在香港马礼逊教会学堂做仆役。“近水楼台先得月”，唐廷枢得以进入马礼逊学堂。为了能让儿子免费就读，唐父一下子与校长塞缪尔 · 布朗签订了 8 年的延工合同。

还有一说，为生活所迫，唐宝臣不得不将唐廷枢兄弟三人抵押给教会。作为补偿，教会为他们提供免费的食宿和教育。无论说法如何，唐父的举动，都为唐廷枢以后波澜壮阔的一生打下了基础。

自 1842 年以后的 6 年里，唐廷枢在学堂习得了一口流利的英语，并接受了西方文化的熏陶，后来他在回忆中也称自己“受过彻底的英华教育”。也是在那里，他和“中国留学生之父”容闳成为同学，并从此结下了毕生深厚的友谊。

良好的英语教育，得以让唐廷枢在以后的职业生涯里顺风顺水。

1848 年，唐廷枢进入香港一家拍卖行任低级职员。三年后，他被聘为香港巡礼厅和大审判院翻译，一做就是7年。随着上海开埠，中外贸易中心逐渐从广州移到上海，1858年，他只身来到上海，在上海海关担任副大写职务，后升职为正大写和总翻译。

三年之后，美国南北战争爆发，棉花出口急剧锐减，国际市场棉价暴涨。唐廷枢敏锐地捕捉到了商机，从海关辞职开设“修华号”棉花行，收购棉花并转卖给怡和洋行。

这使得唐廷枢得以进入怡和洋行，并在同乡林钦的帮助下，代理了怡和在浙江一带的业务，从此踏上了买办之路。由于办事干练，善于经营，两年之后，唐廷枢被提拔为怡和洋行的总买办。

怡和洋行是首家在上海开设的欧洲公司。在担任怡和总买办的十年里，唐廷枢独到的经济眼光和杰出的经商才能得到充分展现。在他的主持下，除收购丝茶、开展航运、开拓市场、扩大业务之外，洋行还涉足了地产、大米、食盐及矿产开采等，生意蒸蒸日上。

由此，唐廷枢名声日隆，成为上海滩中外商行都想结交的大买办。

在担任买办之余，唐廷枢苦于广东商人不懂英语，无法同外国人打交道，于是，他用广东方言翻译日常英语会话，编辑成《英语集全》，由广州纬经堂出版社于1862年出版。这本书，被公认为是中国第一部汉英词典和英语教科书。

可能唐廷枢自己也想不到，百余年之后，英语竟然会受到全民的追捧，中国迎来“人人学英语”的时代。

家国天下

1872年，中国近代最早的官督商办企业，也是中国近代第一家轮船运输企业——轮船招商局在上海开门营业。然而，招商局的开局并不顺

《英语集全》（六卷），唐廷枢 1862 年编著，为中国最早的中英、英中绘画词典。（来源：珠海市博物馆）

利，筹办将近一年，总资本却不足白银 20 万两，并且亏损严重。

1873 年，经盛宣怀推荐，李鸿章决定邀请唐廷枢主持招商局。此时，正值怡和洋行对唐廷枢委以高职厚薪。然而，唐廷枢义无反顾地放弃了优厚的买办待遇，去替李鸿章收拾招商局这个烂摊子。

在招商局，唐廷枢完成了自己从职业买办到洋务运动力行者的角色转变。这很大程度上根源于旧时代知识分子“家国天下”的责任和担当。不只是唐廷枢，从香山走出来的这些人，如容闳、唐国安、唐绍仪等，身上都闪耀着这种光芒。

唐廷枢上任后，提出“以西法经营之”。

首先是招商集股。按照唐廷枢制定的《招商局章程》规定，企业面向全世界的华商招募资金，折合股份，每一百股推选一名董事组成董事会，从董事会中推选商总。商总负责运营，董事参与管理。以现代的眼光来看，这其实是股份制的大胆尝试。

唐廷枢自己入股白银 10 万两，并将自己名下所有的轮船并入招商局一起经营。他的这一大胆举动，吸引了不少官僚、地主和商人投资入股。后世研究者称，这是中国近代史上第一场大规模的“国有企业重组”。

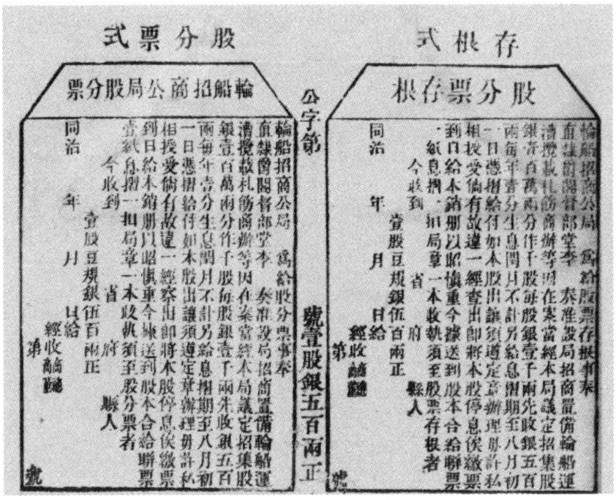

1873 年，上海轮船招商公局股票。

唐廷枢又将同乡徐润延引至招商局，并担任会办。唐、徐在商界都拥有很高的声望和广泛的人脉，民间商人士绅自然纷纷入股，招商局的资本迅速从不足白银 20 万两扩大到 100 万两，使该局成为具有现代企业雏形的商办企业。

轮船招商局的成立和运营，改变了中国近代航运业的格局，自然也引起外国轮船公司的敌视和打压。他们联合起来，企图以削减运价来挤垮招商局。凭借政府的优惠政策和国人的支持，这场价格战以外国轮船公司与招商局订立“齐价合同”而告终。

1877 年，在唐廷枢的建议和主持下，英商旗昌洋行的 18 艘轮船和各埠的码头栈房被招商局以白银 222 万两收入囊中，这是中国商办企业第一次兼并一家外国企业，一举打破了外轮公司垄断我国沿海、内河航运的局面。

相关史料记载，截至 1883 年，招商局的资产已经达到白银 200 万两，轮船增加到 30 多艘，成为当时中国最大的航运企业，英国、日本、新加坡、夏威夷等地，都有招商局轮船的活动踪迹，菲律宾、泰国还设立有分局。

唐廷枢历任招商局总办十一年，其间招商局平均年运输收入白银近200万两。李鸿章称赞道："招商轮船实为开办洋务四十年来最得手文字"。跨越了晚清、民国至共和国时期，招商局至今依然活跃在中国的经济舞台上。

唐山拓土

在唐山工业博物馆，一尊唐廷枢的塑像在展厅中央赫然而立。后世研究者更把唐山的得名与唐廷枢联系起来，有书云：唐山"初称为广东的一个时村，不过一荒村耳，有唐氏者，始发现此煤，后遂称为'唐山'"。

其实，当我们细细去梳理史料，会惊奇地发现，凡是唐山区内能叫上名字的企业，如开平煤矿、唐胥铁路、机车车辆厂、启新水泥厂等，无一不与唐廷枢相关，而尤以开平煤矿与之关系密切。

随着中国近代工业的兴起，能源成为制约其发展的最大瓶颈，尤其是煤炭，基本上依赖进口，价格昂贵。1877年，受李鸿章委派，唐廷枢前往唐山开平一带勘测煤铁矿。在呈给李鸿章的报告里，他高瞻远瞩："必须筑铁路，筑铁路必须采铁，煤与铁相为表里，自应一起举办。"

1878年7月，开平矿务局正式成立，唐廷枢出任总办。这是中国第一座采用大型机械开采的现代煤矿，也是唐廷枢一生所经营的历时最长、成效最好、影响最大的工矿企业，直至他病逝在任上。

接手煤矿后，唐廷枢近代企业运作的经营能力再度展现。他亲自主持了煤矿的勘察矿址、拟订计划、筹集资金及正式开采。更重要的是，他创建了一套系统的企业管理制度。

针对各部门司事职员及工人的岗位职责和各种操作规范，唐廷枢主持订立了《开办规条》《办事专条》《窑工规条》等企业规章。曾有人研究开

建成初期的开平煤矿。开平煤矿，改变了煤炭受外国人挟制的局面。

平煤矿为何会存续百年之久，发现其根本原因在于创办之初就制定了科学严谨的管理制度。

为了让煤炭能够迅速运输到各地，唐廷枢还主持修筑了唐山至胥各庄全长20里的铁路，即载誉中国铁路史的“唐胥铁路”。这也是中国第一条标准轨距铁路，轨距长度也成为我国铁路轨距的定制，沿用至今。

在唐廷枢的管理下，开平煤矿投产后迅速占领了华北市场，利润也成为北洋水师最重要的资金来源。到19世纪末，开平煤矿的年产量达到70多万吨，资本也扩大到白银500多万两，职工达3000多人，成为清代最具赢利能力的近代化企业。

开平煤矿的成功，让唐廷枢赢得了社会各界的美誉。在其60岁寿辰时，《北华捷报》曾刊文称：“在中国的股份公司中，不管是矿业还是其他企业，还没有一个中国经理能取得像唐廷枢这样的成就。”

此后的百余年间，开平矿务局几经变迁，直至发展成为如今的开滦煤矿，依然是我国最大的煤炭工业基地。

以开平煤矿为圆心，唐廷枢积极拓展多种经营，开办中国第一家水泥厂，建立当时中国最大的煤矿自备电厂，制造中国第一台机车——龙号机车，兴建中国最早的贸易通商港口——秦皇岛港，创办中国最早的自营海运船队……据史料统计，唐廷枢一生历经企业多达四十七家。

从某种意义上说，在唐山近代工业化及城市化进程中，唐廷枢是一个尤其值得纪念的人物。感恩于他不可磨灭的贡献，唐山百姓为他建立了唐公祠。

1892 年 10 月，唐廷枢病死于开平煤矿总办任上。时人预计，他的资产至少在白银百万两以上。但是，据史载，他“身后萧条，子嗣靡依，未能稍食其报”。

唐廷枢的故事并没有讲完。

纵观唐廷枢的一生，集大买办、洋务派官僚和民族资本家于一身，以一己之力，推动了中国近代工商业现代化的进程。当我们翻开中国矿业史、中国保险史、中国工业史、中国路政史、西方对华贸易史，唐廷枢的名字都璀璨生辉。

时光流转，当年叱咤风云的商界巨子，已经被人们所渐渐淡忘。昔日唐廷枢所住的青砖朱瓦、气势磅礴的“观海楼”，也和他的人生经历一样，早已风流云散，只剩下略微可辨的断壁残垣。

当历史的车轮滚滚前行到新的时代，我们是否应该厚待唐廷枢这位在中国近代化进程中筚路开山的先驱？因为铭记和缅怀，才能让一座城市更有文化、更有底蕴、更能积蓄发展的力量。

竹石山房草木深

他是晚清声名鹊起的商人：当时中国最大的茶叶出口商、最大的房地产商、最早的股份制企业创始人。

他的名字和许多个“第一”联系在一起：创办中国第一家保险公司、第一家机器印刷厂，参与经营中国第一家机械化的大型煤矿。

他和唐廷枢一样，被称为中国近代工商业的先驱。

他就是徐润。

洋行磨砺

在近代，香山是个人才辈出的地方，走出了孙中山、容闳、唐廷枢、唐国安、郑观应等中国近代社会激荡风云的人物。最令人称奇的是，这些人呈现群体性和家族式，是个颇值得玩味的现象。

据《北岭徐氏宗谱》记载，徐润祖籍河南陈留，因避元末战乱辗转来到岭南，最后在香山定居，其祖上一支迁到北岭，徐润便于1838年生

徐润（1838—1911），又名以璋，字润立，号雨之，别号愚斋，香山县北岭乡人（今广东省珠海市北岭村），近代中国民族工商业杰出代表。

于此地。

香山素有“买办摇篮”之称。19 世纪末，逐渐形成了以唐氏（唐廷枢）、徐氏（徐润）、莫氏（莫仕扬）、郑氏（郑观应）等以家族为核心的买办群体。

徐家从祖上起，就开始涉足买办行业。徐润的父辈，也多在洋行担任买办，伯父徐昭珩供职于上海宝顺洋行，堂族叔徐关大供职于上海礼记洋行，季父徐荣村先供职于上海宝顺洋行，后经营荣记丝号。

徐润就在这样的商业氛围浓厚的家庭环境中逐步长大。

1852 年，徐润 14 岁，距其季父徐荣村从首届世博会载誉归来已过去一年。他跟随徐荣村经澳门前往上海。徐荣村本不打算让他经商，将他安排在苏州书院求学，以图将来求取功名。可是，粤语与吴侬软语相差甚远，徐润的学业并不顺利。

无奈之下，徐润不得不辍学，悻悻返回上海。在徐荣村的引荐下，他进入宝顺洋行当学徒，一干就是 16 年。也是这种阴差阳错，中国近代史上少了一个科甲官员，多了一个近代工商业的开拓者。

据徐润《徐愚斋年谱》记载，进入洋行后，徐润师从副买办曾寄圃，还跟随英国看丝师和看茶师学习看丝看茶，他头脑灵活，悟性极高，又聪明好学，很快便学有所成。

19岁时，除看丝看茶等工作外，徐润被获准入堂帮账。24岁那年，徐润升任主账。几个月之后，曾寄圃突然去世，他又接任了曾的副买办职位。

此时，第二次鸦片战争刚刚结束，清政府被迫签订《天津条约》《北京条约》，增开南京、汉口、九江、天津等为通商口岸，宝顺洋行也随即扩张到各个口岸设立分行，由徐润统领，其职务已经实际升至总买办。

茶叶大王

买办这个职业，后世褒贬不一。

香山买办这个群体，很多人后来都能在近代工商业领域叱咤风云，一个很重要的原因，在于很清醒地意识到商业发展才是西方国家强盛的根本。徐润在其《徐愚斋年谱》中写道："西洋各国，俱以通商致富，国富则兵强，兵强则国本固。"认识可谓一针见血。

因此，他们在从事买办职业的同时，也借助买办这个职位的便利，经营自己的生意，为自己投资工商业积累第一桶金。

在宝顺洋行期间，徐润就开办了自己的商号。他与曾寄圃、芸轩兄三人合开"绍祥字号"，收购丝、茶、棉花转卖给上海各洋行，赚取差价，获利颇丰。

此时，宝顺洋行处于最鼎盛时期，每年贸易总额高达千万两白银，按照上海洋商总会的规定，作为总买办的徐润可以获得3%的佣金，这使得他迅速积累了大量的财富。

然而，1866 年，伦敦金融危机波及上海，加之长江沿岸各口岸洋行林立，竞争激烈，曾经盛极一时的宝顺洋行，生意一日不如一日，这也让徐润萌生了退意。1868 年，31 岁的徐润离开洋行，开始自立门户。

16 年的买办生涯，给徐润带来了庞大的个人财富和丰富的行业经验，这使得他在以后的商业经营中如鱼得水。

脱离洋行后，徐润“与芸轩兄在二马路合做宝源丝茶土号”，主营丝、茶生意。按照惯例，洋行茶叶出口，需由买办向上海的茶栈进货，而茶栈的货源来自各地的内栈，内栈则通过产地的茶行向茶农购买毛条（粗制条），加工后供货。

徐润果断改变了这种“五马分肥”的业务格局。他在接近产茶地区的湖南、湖北、江西等地设立茶号，及时掌握各地区的茶源和行情；同时，将上海的茶栈和内栈合二为一，减少了层层的利润分剥。

徐润熟谙国内市场，并了解英、美、俄等国消费者的不同口味，他的茶叶，源源不断地流向国内和海外市场，并且根据市场行情随时调整价格，自然获得了丰厚的利润。

为了能够控制丝茶贸易，徐润和他的同乡、怡和洋行总买办唐廷枢等人创办上海茶业公所、丝业公所，并充任董事，借助公权垄断了上海及周边城市的丝茶贸易。

当时，茶叶是中国四大出口产品之一。

相关数据显示，1868 年至 1888 年的 20 年间，是中国茶叶出口的黄金期，而上海的茶叶出口占全国总量的三分之二，仅 1886 年这一年，上海的茶叶输出量就达 13.4 万吨，创历史最高纪录。直到一百年后的 1986 年，这个纪录才被打破。

宝源丝茶土号，作为上海最大的茶叶供应商，为徐润赢得了“中国近代茶王”的称号。此外，徐润还在上海法租界开设立顺兴、川汉等货号，经营丝绸、麻、棉花、烟草、桐油等货物。

涉足地产

19 世纪六七十年代，上海逐渐取代广州，成为中国近代商业贸易的中心。随着商业繁荣和人口猛增，购房置地的需求日益增长。眼光远大的徐润敏锐地捕捉到房地产业蕴藏的无限商机，开始涉足房地产领域。

严格意义上来讲，中国的房地产投资，一直到近代，都处于原始阶段，多半是在乡下购置田地，充其量也就是个大地主，徐润算是开了近代房地产投资的先河。

早在宝顺洋行任职期间，徐润就听取了洋行股东的建议，与人合作投资房地产。独立经商后，他将在茶叶经营中获取的利润，放手房地产投资。

据《上海地产志》记载，徐润“在上海、天津、镇江等都买了不少土地，曾在天津塘沽车站两边造屋 500 余间收取租息，在上海建造余庆里、青云里等里弄房屋出租取息。另外，还将旧屋翻新，以提高租金收入”。

房地产属于资金密集型行业，为了业务正常运转，头脑灵活的徐润联合外商、华商成立了五家房地产公司，每开发一地，则将它抵押给银行或钱庄获取资金，用于购买新的土地，层层抵押，类似于今天的“滚动开发”。

凭借在洋行积累的社会关系网，徐润总能事先了解到租界的拓展规划，预先在发展要地低价购进土地，待开发好以后再高价卖出。多年后，徐润仍对此举赞叹有加：“上海……地价日益翔贵，以今视昔，利逾百倍。”

据有关学者统计，截至1884年，徐润的房地产总投资额已高达200万两白银，坐拥土地3200余亩，房屋2000余间，年可收租金122980余银两，成为晚清上海最大的房地产投资商。

然而，好景不长，中法战争爆发。上海百业凋敝，房地产市场更是一落千丈，加上银根紧缩，徐润陷入了债务危机。万般无奈之下，徐润只得将自己苦心经营多年的房地产低价贱卖，直接经济损失高达90万两白银。

晚清地产大亨缔造的房地产帝国，随之轰然倒塌。

奠基近代工商业

1869年，苏伊士运河通航；1871年，海底电缆铺设成功，上海与伦敦可以电报联系；1872年，直隶总督兼北洋大臣李鸿章筹办上海轮船招商局……世界贸易的步伐在不断加速。

1873年，经营不善的招商局被李鸿章改为官督商办，并正式札委徐润为上海轮船招商总局会办，总办为其香山老乡唐廷枢，希图“唐藉徐之财力，徐藉唐之才力”，挽救招商局于困厄之中。

招商局成败的关键，在于资金的募集。入主招商局之后，徐润力主实行“招集公司”。他个人入股白银24万两，占总股本的25%。后唐廷枢主持增资扩股，“首先附股”，将投资扩大一倍，合计白银48万两。他还“设法招徕各亲友之入股者，亦不下五六十万两”，促进了买办资本向民族资本的转化。

后因唐廷枢兼办开平煤矿等其他诸务，徐润接手了招商局的日常工作，明确规定“揽载为第一义，运漕为第二义”，一改前任仅运漕粮、不揽客货的做法，从根本上改变了招商局的业务格局，为招商局日后的长远发展奠定了基础。

当得知旗昌公司正遭遇财务困境时，唐廷枢正在福州公干，联系不上，徐润当机立断，选择收购该公司。这次收购，跨出了招商局发展的关键一步，标志着招商局可以与外国轮船公司直接竞争。

徐润和唐廷枢还将招商局作为现代企业来运营管理。他们参照近代西方企业的组织形式，制定出《轮船招商总局章程》共132条，这是将西方先进管理经验运用到中国近代企业的有益尝试。

在中国近代航运外国轮船公司捷足先登的劣势下，得益于徐润等人的苦心运维，招商局不断发展壮大，形成了与外国轮船公司平分天下的局面，业务遍及日本、新加坡、马来西亚及菲律宾等地。

1805年以前，随着外国在华第一家保险机构的成立，中国的保险市场一直被外国所垄断，招商局的船货只能向外国保险公司投保，常常遭到拒绝或排挤。

1875年2月，招商局的“福生号”轮船与怡和洋行的“澳顺号”撞击倾覆，造成23人遇难，价值白银十余万两的货物丢失。徐润在自叙年谱中写道：“闻此警报，惨不忍言。”后经艰难交涉，终得赔偿。

同年4月，同事兼同乡的唐廷枢从天津乘船回上海，中途遇险，徐润得知消息后“先是愕然，后又感慨”。这些意外事件，使得徐润开始着手思考并创立自己的保险公司，将损失降低到最少。

1876年，徐润、唐廷枢集资白银25万两，仿照外国保险公司的做法，创办仁和水险公司，这也是中国第一家本土保险公司，隶属于轮船招商局，同时为轮船招商局和外商的船货提供保险服务。

三年之后，徐润等又成立济和火险公司，总股本为白银50万两，将保险服务的范围扩大到内陆，为内陆河流作业的船舶提供保险。

1886年，徐润又将两家公司合并，组建仁济和保险公司，总资产高达白银500万两，为招商局及其他中国公司提供担保，被后世学者认为是

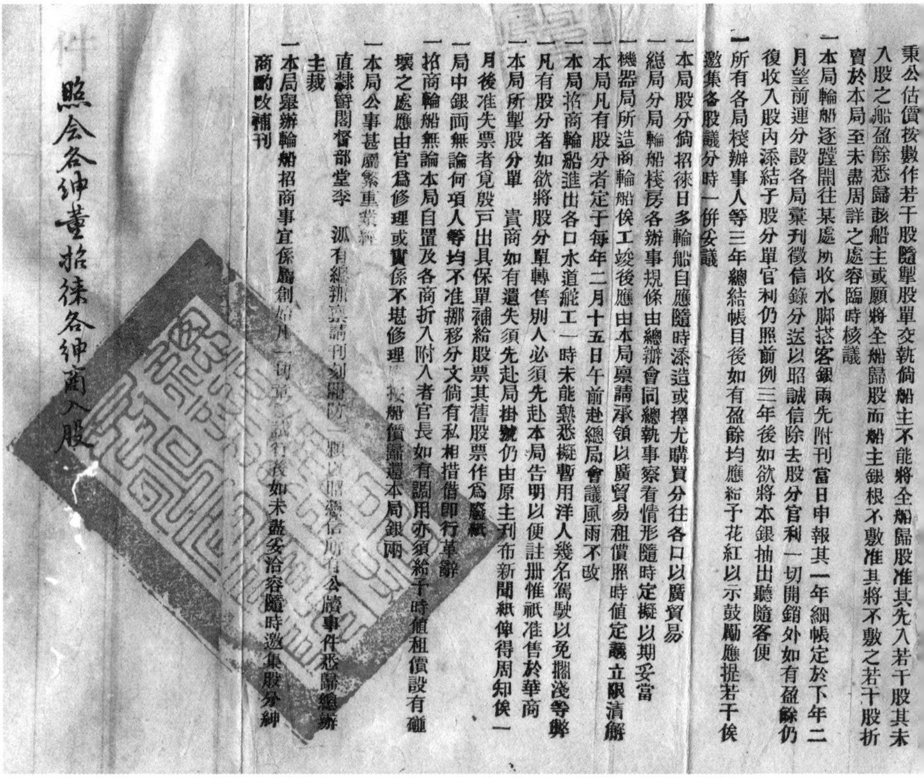
秉公估價按數作若干股隨掣股單交執倘船主不能將全船歸股准其先入若干股其未
入股之船盈餘悉歸該船主或願將全船歸股而船主銀根不敷准其將不敷之若干股折
實於本局至未盡周詳之處容臨時核議
一本局輪船逐蹚開往某處所收水脚搭客銀兩先附刊當日申報其一年細帳定於下年二
月望前連分設各局彙刊徵信錄分送以昭誠信除去股分官利一切開銷外如有盈餘仍
復收入股內添結子股分單官利仍照前例三年後如欲將本銀抽出聽隨客便
一所有各局棧辦事人等三年總結帳目後如有盈餘均應給予花紅以示鼓勵應提若干俟
邀集各股議分時一併妥議
一本局股分倘招徠日多輪船自應隨時添造或擇尤購買分往各口以廣貿易
一總局分局輪船棧房各辦事規條由總辦會同總執事察看情形隨時定擬以期妥當
一機器局所造商輪船俟工竣後應由本局稟請承領以廣貿易租價照時值定議立限清繳
一本局凡有股分者定于每年二月十五日午前赴總局會議風雨不改
一本局招商輪船進出各口水道舵工一時未能熟悉擬暫用洋人幾名駕駛以免擱淺等弊
一凡有股分者如欲將股分單轉售別人必須先赴本局告明以便註冊惟祇准售於華商
一本局所掣股分單　貴商如有遺失須先赴局掛號仍由原主刊布新聞紙俾得周知俟一
月後准失票者覓殷戶出具保單補給股票其舊股票作為廢紙
一局中銀兩無論何項人等均不准挪移分文倘有私相措借即行革辭
一招商輪船無論本局自置及各商折入附入者官長如有調用亦須給予時值租價設有碰
壞之處應由官為修理或實係不堪修理應按船價歸還本局銀兩
一本局公事甚屬繁重業蒙
直隸爵閣督部堂李　派有總辦稟請刊刻關防一顆以昭憑信所有公牘事件悉歸總辦
主裁
一本局舉辦輪船招商事宜係屬創始凡一切章程試行後如未盡妥洽容隨時邀集股分紳
商酌改補刊
照會各紳董招徠各紳商入股

1872 年，招商局历史上第一个章程——轮船招商公司规条。

中国民族资本的第一家保险公司，开中国保险业之滥觞。

同唐廷枢一样，徐润也是洋务运动的坚定支持者。相关数据显示，自 1861 年至 1868 年 7 年间，他在洋务派运动的企业中投资累计高达白银 127.5 万两。

徐润在招商局的卓越成绩，招致封建官僚势力的妒忌和排挤。与封建官僚势力的几次交锋，都以他的彻底失败而告终。时值徐润房地产生意失败，又恰逢挪用招商局资金的事情东窗事发，他被迫辞职，离开了招商局。

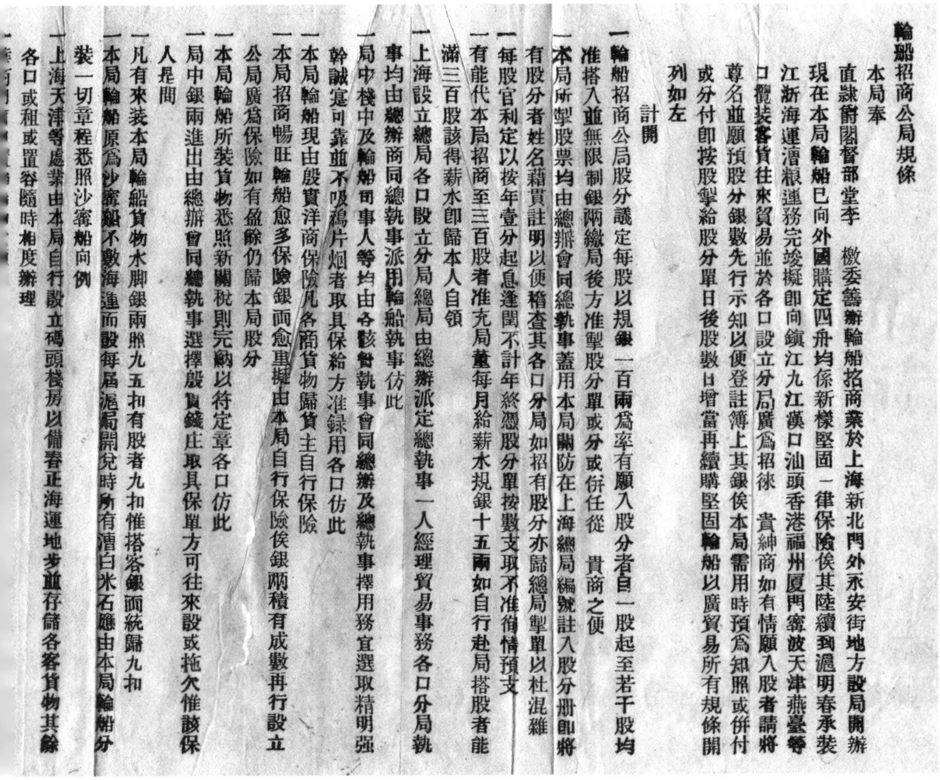

輪船招商公局規條
本局奉
直隸爵閣督部堂李　檄委籌辦輪船招商業於上海新北門外永安街地方設局開辦
現在本局輪船已向外國購定四隻均係新樣堅固一律保險俟其陸續到滬明春承裝
江浙海運漕糧運務完竣擬即向鎮江九江漢口汕頭香港福州厦門寧波天津燕臺等
口攬裝客貨往來貿易並於各口設立分局廣爲招徠　貴紳商如有情願入股者請將
尊名並願預股分銀數先行示知以便登註簿上其銀俟本局需用時預爲知照或併付
或分付即按股掣給股分單日後股數日增當再續購堅固輪船以廣貿易所有規條開
列如左
計開
一輪船招商公局股分議定每股以規銀一百兩爲率有願入股分者自一股起至若干股均
准搭入並無限制銀兩繳局後方准掣股分單或分或併任從　貴商之便
一本局所掣股票均由總辦會同總執事蓋用本局關防在上海總局編號註入股分冊即將
有股分者姓名籍貫註明以便稽查其各口分局如招有股分亦歸總局掣單以杜混雜
一每股官利定以按年壹分起息逢閏不計年終憑股分單按數支取不准徇情預支
一有能代本局招商至三百股者准充局董每月給薪水規銀十五兩如自行赴局搭股者能
滿三百股該得薪水即歸本人自領
一上海設立總局各口設立分局總局由總辦派定總執事一人經理貿易事務各口分局執
事均由總辦商同總執事派用輪船執事仿此
一局中棧中及輪船司事人等均由各該管執事會同總辦及總執事擇用務宜選取精明強
幹誠實可靠並不吸鴉片烟者取具保結方准錄用各口仿此
一本局輪船現由殷實洋商保險凡各商貨物歸貨主自行保險
一本局招商暢旺輪船愈多保險銀兩愈巨擬由本局自行保險俟銀兩積有成數再行設立
公局廣爲保險如有盈餘仍歸本局股分
一本局輪船所裝貨物悉照新關稅則完納以待定章各口仿此
一局中銀兩進出由總辦會同總執事選擇殷實錢庄取具保單方可往來設或拖欠惟該保
人是問
一凡有來裝本局輪船貨物水脚銀兩照九五扣有股者九扣惟搭客銀兩統歸九扣
一本局輪船原爲沙寧船不敷海運而設每屆滬局開兌時所有漕白米石應由本局輪船分
裝一切章程悉照沙寧船向例
一上海天津等處業由本局自行設立碼頭棧房以備春正海運地步並存儲各客貨物其餘
各口或租或置容隨時相度辦理

这不仅是徐润的不幸，给他的声誉带来了污点，也是在中国“官本位”社会里，官办企业缺乏公正、廉洁信用的营商环境而无法摆脱的宿命。

投身文化

离开招商局后的6年，是徐润人生里最困难的日子，声誉受损、生意失败。但是，他并没有被击垮，反而通过投资矿业和房地产，咸鱼翻身，东山再起。1890年，他已经还清了挪用招商局的所有款项。

此时，徐润的生活重心也发生了转移，开始投身近代文化事业。

容闳办理“幼童留美”事宜，计划选拔120名幼童，分四批前往美国留学，每批30人，直接负责挑选留美幼童的人就是徐润。这些幼童在上海经过短暂培训，也由徐润等人担保送往美国。

当清政府下令中断“幼童留美”计划，归国的幼童到达上海后举目无亲，也是徐润出资并帮助他们在电报、铁路、轮船和矿务等公司谋得职位，先后走出了中国铁路工程师詹天佑、民国政府首任总理唐绍仪、民初外交部部长梁如浩等。

同文书局石印宋本《切韵指掌图》。

中西文化的传播与普及，也刺激着印刷出版业的飞速发展。1882年，徐润与从弟徐宏普等创建同文书局，这是中国人自办的第一家近代石版印刷图书出版机构。

在《徐愚斋自叙年谱》，徐润这样写道：“查石印书籍，始于英商点石斋，用机器将原书摄影上石，字迹清晰，与原书无毫发爽，缩小放大，悉如人意。心窃慕之，乃集股创办同文书局，建厂购机，搜罗书籍，以为样本。”

同文书局专门从事中国传统古籍的出版与印刷，陆续影印了《二十四史》《古今图书集成》《资治通鉴》《通鉴纲目》《全唐诗文》《康熙字典》等典籍精粹，总计超过二十万册。尤以《古今图书集成》最为出名，历时3年，印刷100部，每部5020册，曾被光绪帝用来作为赠送外国使节的礼物。

同文书局带动了中国近代印刷业的繁荣，对中国古代文化典籍的流传与普及功不可没，被当时的《申报》曾赞为“书城之奇观，文林之盛事”。不幸的是，书局遭遇一场无妄大火，加之“压本愈重”，被迫停办。

晚年的徐润，组织编修了《北岭徐氏族谱》，撰写了《徐愚斋自叙年谱》，在故乡香山北岭建庙、铺路、修桥、办学、扶贫，“唯乡人之所欲者为之”，并仿照他在上海的花园别墅豫园，修筑“竹石山房”（珠海愚园），这也是珠海历史上唯一一座具有苏州古典园林风格的私家花园。

可惜的是，在多次社会运动中，愚园被毁于一旦，当年的百多种名品、百多种果树、百多种文物已经荡然无存，仅剩石桥、假山和几棵饱经风霜的古树守护着这座本不该被遗弃的历史名园。

1911 年，徐润在上海家中病逝，享年 73 岁，其灵柩被运回香山北岭村安葬。

徐润，在中西文化的交流碰撞中，审时度势，创造了数个中国“第一”，开启了中国近代工商业的破冰之旅。他的一生跌宕起伏，也折射出中国早期民族资本主义发展的艰难历程。

然而，后人却对他的失败颇为诟病。其实，这是历史的偏颇。在一个没有工商业生存的土壤，实力再雄厚、头脑再灵活、眼光再长远的商人，都不能避免总被雨打风吹去的悲剧。

尘封不住的会同传奇

会同是一个古村，坐落于珠海凤凰山北麓，山水环绕，恬静如画。

清末民初，会同村走出了赫赫有名的大买办莫氏家族，盛极一时。有民谣为证：“前面一条塘，二闸围一乡，一间祠堂三塔上，左边文阁似牌坊，右边瓦窑真排场，塘园果子喷鼻香，人人行过都旺场，真系会同村仔好村场。”

时过境迁，物是人非，会同村昔日的风光早已不在。

沿着村口的乡间小道走进村内，残存至今的岭南特色民居、中西合璧的栖霞仙馆、庄严肃穆的祠堂、高大茂密的樟树……默默地伫立在街道两旁，似乎在无言地诉说着那段被淹没在历史长河里的莫氏买办风云。

传奇之始

会同村的历史，可以追溯到清朝雍正年间。

据清朝同治十二年（公元1873年）版《香山县志》记载，黄与京，号会同，因“爱黎岗山水之胜”，于“雍正壬子（即公元1732年）出资购得其地”，并邀请同村鲍、谭两姓乡人迁居于此。有些人家因家贫负担不起“版筑之费”，他又“罄其资助之。乡人感其高义，因以号名村曰会同。”

莫仕扬(1820—1879)，名维俊，号彦臣，广东香山(今珠海市金鼎镇会同村)人。近代中国著名对外贸易商。

到19世纪初期，百余年风雨沧桑，会同村也由原来的黄、鲍、谭三姓，演变为莫、鲍、欧阳三大家族。

会同村的传奇，应该始于1820年。

这一年，嘉庆帝驾崩，道光帝即位，经历了“康乾盛世”的虚假繁荣，清王朝已经开始走下坡路。村里的莫氏富商家里，诞下一名男丁，取名维俊，号曰彦臣。

谁也未曾想到，这个孩子会带领莫氏家族在晚清商界纵横捭阖，成为近代屈指可数的大买办集团之一，更与会同村的百年兴衰联系在一起。

买办是个特殊的社会阶层，崛起于鸦片战争之后。

根据《南京条约》规定，广州等五座城市被开辟为通商口岸，废止“十三行”独揽对外贸易的特权。开放的格局，吸引了外商蜂拥到中国开办洋行经商。由于他们不懂汉语，又缺乏渠道，于是，一个游走于华洋之间的买办阶层诞生了。

莫仕扬出身于商贾之家，自小随父亲在外经商，耳濡目染，商业头脑灵活。后借助家族的商业关系，他进入“广东十三行”中的“同顺行”学习营商之道，精通英语，惯与外商来往贸易。

火烧“十三行”之后，莫仕扬脱离了“同顺行”，自主经营茶叶、蚕丝、瓷器、土产、洋纱、洋布、杂货等货品的进出口生意，数年下来，获利颇丰。

1856年，第二次鸦片战争爆发，国内动荡，而香港却进入开埠后发展的黄金期。莫仕扬抓住时机，将其在广州及内地的业务交给亲族打理，自己带着充足的资金转战香港。

到港后，莫仕扬创办了置业公司，以十分低廉的价格在中上环购得大量地皮，建造楼宇30栋，出售后获得暴利。他又用这笔资金开设贸易行，经营进出口生意，很快跻身香港富商之列。

此时，莫仕扬也得到美资琼记洋行的赏识，被聘为买办。他一边担任买办，一边经营地产，为他日后进入太古洋行奠定了基础。

首任买办

1870年，太古洋行，即今日太古集团的前身，在香港设立总部，力邀熟谙洋务、与港穗工商界关系密切的莫仕扬担任该行首任买办。

此时，正值香港房地产竞争日益激烈，利润减少，贸易行的生意也出现亏损，买办的丰厚佣金自然有着不容小觑的诱惑力。权衡再三，莫仕扬决定再一次将自己的生意托付亲族，全职进入太古洋行服务，正式开始了他职业买办的生涯。

凭着丰富的经验和熟络的社会关系，莫仕扬很快打开了太古洋行的新局面。

他最初主要经营进出口贸易，一方面收购中国的茶叶、棉织品等经洋行出口，一方面又将英国、印度等地的棉纺织品和各种洋货进口批发给华商代理销售。这样，太古洋行既是出口货物的买主，又是进口货物的卖主，业务量迅速扩大，生意日益兴隆，逐渐成为当时中国影响最大、实力最强的洋行之一。

1869 年，苏伊士运河落成通航后，香港航运中心的地位进一步提升，太古洋行也趁机挺进近代航运业，开办中国航运公司。当时，中国第一家大型航运企业轮船招商局已经成立，加之较早入主航运业的怡和洋行，中国近代航运呈现“三国鼎立”的局面。

为了能在激烈的竞争中胜出，莫仕扬对海航运资源布局进行重新调整，扩展旧航线，开辟新航线，并以价格优惠吸引客户。同时，每两年至三年增加一艘 2000 吨至 3000 吨的客货轮，保障并扩充运力。此外，他还借机收购远洋航运的蓝烟通公司，提升了企业的整体竞争力。

得力于莫仕扬的苦心经营，中国航运公司迅速壮大，加上莫仕扬在商界的声誉和人际关系，轮船载位供不应求，航运轨迹遍及中国沿海、长江及珠江等内河。

随着太古洋行业务规模的持续扩大，莫仕扬的佣金收入也水涨船高。受传统思想“官本位”的影响，莫仕扬多次捐纳求官，谋求政治地位的提升，以官商互济为自己的商业发展创造更便利的条件。

精彩商道

1879 年，为太古洋行服务长达十年之久的莫仕扬病逝于总买办任上，时年 59 岁。他的儿子莫藻泉承袭了他的总买办职务，成为太古洋行第二代华人买办。

莫藻泉自幼在香港长大，14 岁起，在父亲的安排下，他就跟随账房

1884 年，太古洋行在香港鲗鱼涌兴建的糖厂。（来源：珠海地情网）

先生在莫仕扬的办房里行走学艺。他聪明伶俐，17 岁时已能跟随父亲参与处理洋行的部分业务。

接任买办后，莫藻泉继续拓展航运业务。到 20 世纪初，公司已经由原来的一艘客货轮猛增至 10 多艘，厦门、汉口、九江、宁波、天津、安东、大连等沿海港口都是太古的天下。

时至今日，老一辈广东人对航行于省港之间，隶属于太古洋行的“佛山”“泰山”“龙山”“金山”四山轮依然记忆犹新。

较之其父，莫藻泉更具现代投资头脑和竞争意识。

1880 年，莫藻泉在香港买下大片荒地，近山处兴建糖厂，靠海处修建船坞。4 年之后，糖厂落成投产。当时，来自印度尼西亚爪哇的“爪哇糖”盛行国内。

为了迅速占领市场，莫藻泉别出心裁，推出一种类似海报广告的“月份牌”，由香港设计师关蕙农精心设计，内容多为花卉、天官赐福等中国传统文化内容。凡购买太古糖者，均赠送“月份牌”一帧。

由于“月份牌”色彩鲜丽，每月都印制到最新月份，受到广大顾客的热烈欢迎，太古糖也就随着“月份牌”迅速进入了千家万户，成为最好的宣传工具。加之太古的糖厂接近原料产地，产品价格更为低廉，很快就将爪哇糖赶出中国市场。

这种“月份牌”，后来被许多厂商竞相效仿，随着岁月的流逝，逐渐演变为当今盛行的挂历。

太古船坞建成后，不仅用来维修轮船，还可以建造新船，香港最大的货船“爱图里加士”号就出自这里。最鼎盛时，高达5000人在船坞开工，成为与糖厂齐肩，为太古洋行创利最多的企业。

除投资有道外，莫藻泉更是以长远的眼光建货仓，炒地皮。建在广州白蚬壳的“太古仓”，是20世纪20年代初广州最完善的货仓码头。他经手购买的位于尖沙咀蓝烟囱码头的地皮，日后也为洋行带来几十亿元的进账。

截至1917年莫藻泉病逝，他为太古洋行兢兢业业服务了37年。据《南华早报》报道，为彰显莫藻泉的卓越贡献，在他的祭日上，太古洋行专门为他降半旗志哀。

急流勇退

莫藻泉辞世后，儿子莫干生接任并成为太古洋行第三代华人买办。至此，莫氏家族祖孙三代成功连续担任太古洋行买办数十年。这在世界近代企业史上，是极其罕见的。

莫干生主持太古洋行之时，充分利用香港通商口岸便利的地理位置，全力经营糖厂、船坞、航运及外贸等业务，使得太古洋行一举超越实力雄厚的怡和洋行，位居四大洋行之首。

莫氏家族在太古洋行的势力也达到顶峰。

莫藻泉的弟弟莫应溎在伦敦法学院和剑桥大学经济系毕业后，取得大律师资格，被太古洋行聘为帮买办。据统计，数十年里，莫氏祖孙三代援引千余名莫氏宗亲进入太古洋行工作。“买办世家”的名号也由此而来。

莫氏家族，俨然已经成为这家庞大洋行的支柱，以至于洋行内流传着一句话：“只知有莫，不知有英。”这也引起深感受困于莫家的洋行高层的日益猜忌，深欲弃之。

有传闻称，1919 年，莫干生购入干德道 41 号豪华大宅，引起高层对其经手账目的怀疑，暗中启动调查后，认为莫干生经手购入用于装糖的蒲包价格高于市价，便责令他将高出市价这部分的差价“赔偿”给太古洋行。

其实，这只是借口。但是，据太古洋行的部分文件显示，字里行间已对莫干生的表现“有所保留”。1931 年，太古洋行开始提高莫干生的保证金，并逐渐消减他买办的权力，莫干生感觉难以继续在太古洋行立足，只好辞职了事。

同年，太古洋行废除买办制，代之以经理制。4 年后，莫应溎也从洋行糖业部经理任上辞职，宣告了太古洋行“莫氏时代”的终结。

百年会同

莫氏家族的兴盛，也带来了会同村的崛起与成名。

得益于莫氏父子的帮助，会同村许多村民前往广州、香港等地谋生。从清朝同治年间起，富裕的村民开始回乡重建家园，从建筑风格到规划格局，均仿照香港和西方，辅以中国传统工艺，形成了风格兼容中西的特色建筑群。

重建后的会同村，也迎来了一段美好的过往。

栖霞仙馆，是与共乐园和梅溪牌坊齐名的珠海三大私家园林。

1922年，莫仕扬的孙子莫咏虞从英国购回发电机一台，并雇用了两名电工为村民和栖霞仙馆发电，会同村因此成为广东第一个用电的村庄，比珠海全民用电早了整整45年。

每隔几个月，莫咏虞都会从香港请来电影队在村里放映电影，给村民们带来了前所未有的欢乐，也让这个小村名声大噪，赢得了“小澳门”的美誉。

如今的会同村，隐匿于珠海繁华的背后，虽历经百年岁月的洗礼已有些许斑驳，但曾经的轮廓仍依稀可辨。

走进村口，迎面而来的是只剩下断壁颓垣的“北闸门”，古树掩映下，门楣上刻“北环紫极”四个红色大字，笔力遒劲。

沿着百余米的村道由北往南走，废弃的北碉楼格外醒目。这座四层楼高的北碉楼，融西方钟楼与岭南碉楼风格于一体。发黄的墙壁上题有

“云飞”二字。碉楼的顶端，锈蚀的西洋双面钟的指针永远指向了五时三十五分。

北碉楼旁，会同村三个著名的大祠堂——莫氏大宗祠、会同祠和调梅祠，一字排开，共同见证了会同村的沧桑巨变。因年久失修，除莫氏大宗祠外，其余祠堂已经不对外开放，紧闭的门扉挂着锈迹斑斑的黄铜大锁。

隔着门缝望进去，祠堂内已是杂草丛生，一片荒芜。但青砖褐瓦，门廊、月台、屋脊上的精美雕花与梁面上栩栩如生的山水花鸟，裹挟着浓浓的中国风与西洋风扑面而来，让每一位前来探访的人强烈地感受着这座岭南古村中西合璧的独特魅力。

如今的莫氏大宗祠，已经被开辟为会同村的村史馆，一万多文字、近百张历史老照片，讲述着那段“香山买办”一个又一个的传奇故事。

继续前行，便远远地看到了呈长圆弧形，两层半楼高的南碉楼。岁月的侵蚀，墙面已经发黑。上刻“风起”二字，与北碉楼上“云飞”遥相呼应。它与村头的北碉楼一起，构成村内的防御系统，一起守护着会同村的安宁。

南碉楼后面，即是倾斜欲倒的南闸门。它的构造与北闸门相似，门楣上刻“南控沧滨”，颇有几分气吞山河的味道。

村里人说，这里曾聚集了全村的主要建筑，格局规整，层次分明，只是如今大部分建筑都已经不复存在了。

作为珠海三大历史园林之一的栖霞仙馆，并不在这片规整的建筑群中。从南碉楼出发，经过一座僻静的石桥，来到村子的西北角，这座中西合璧的仿园林式禅院才进入眼帘。那是莫咏虞为其原配妻子郑玉霞所建。

浪漫的馆名背后，是一段令后人无比艳羡的美丽爱情故事。只是当年的卿卿我我、曾经的暮翠朝红，都已经随着岁月的流逝而烟消云散，只剩下“庭院深深深几许，杨柳堆烟，帘幕无重数”。

会同村还保留着当年“三街八巷”的棋盘式建筑格局。走进每一条街巷，清一色的岭南民居错落有致地分列两旁，硬山顶、青砖墙、灰瓦面、飞檐斗拱……古朴雅致，一檐一拱、一砖一瓦间，都深藏着一段久远的故事。

这些村居，大部分都已经人去楼空，只剩下一簇簇的野菊花，开着黄色的小花，寂寞地在狭窄的青砖缝里随风摇曳。

会同村不是很大，出去的路口便出现在眼前。可就是这样一座并不算很大的岭南乡村，见证了以莫氏家族为代表的“香山买办”的商海沉浮，也成为近代中西文化交流融合的一个缩影。

百余年的辉煌和精致，如今已经在销蚀破败中只剩下老树、古屋、旧街、浅塘……走出村庄，我不忍回顾，如何让会同村焕发新的生命？这是需要静下心来思考的一个话题。留住会同村，也就留住了恒久不变的乡愁。

能在有生之年成为会同村的匆匆过客，我很幸运……

梅溪牌坊里的领事

牌坊，中国传统特色建筑之一，历史源远流长。《诗经·陈风·衡门》中曰："衡门之下，可以栖迟。"所谓"衡门"，即是牌坊。它是封建社会彰显荣誉的象征，由皇帝钦赐，用来旌表功勋、科第、德政以及忠孝节义等。

珠海前山镇梅溪村，就耸立着三座雕刻精美、气势恢宏的花岗岩牌坊。它们集西方艺术风格和传统中国建筑结构为一体，中西合璧，浑然天成，被视为"中国第一牌坊"和珠海"海派历史文化"的缩影。

牌坊的背后，是被誉为"商界王子"的陈芳。

百万富翁

1825年，罗伯特·欧文开始"新和谐公社"实验，英国爆发了第一次周期性普遍生产过剩的经济危机，世界第一条铁路在英国正式通车，俄国发生十二月党人起义……世界局势诡谲多变。

就在这一年，陈芳出生在香山黄茅斜一个殷实富足的家族。

陈芳（1825—1906），字国芬，香山（今珠海市前山镇）梅溪村人，美国第一位华人百万富翁，清朝驻夏威夷王国第一任领事。

陈芳的青少年时代，恰逢英美等资本主义国家完成工业革命，鸦片战争打开了中国闭关锁国的大门，“西学东渐”之风日盛。19 岁的他从京城参加科举考试回乡，目睹海上航行的庞大外国商船，萌生了赴海外经商的念头，学起了英语。

1848 年，美国加利福尼亚州三藩市发现金矿，消息传到珠江三角洲，人们怀揣着一夜暴富的梦想纷纷涌向美国，加入了淘金的浪潮。然而，陈芳却不为所动，于次年告别父母妻儿，踏上了赴夏威夷经商的路。

当时，夏威夷还处于华人的零星迁移期，华人大约有 100 名。受到加州淘金热的影响，消费品市场潜力巨大。在夏威夷贝塞尔大街，操一口流利英语的陈芳开起了以销售中国货为主的杂货店。

为吸引顾客，陈芳独出机杼，首创“开架售货、自由选购”的售卖模式，可以说是现代超市模式的雏形。直到 20 世纪 30 年代，美国才出现了自选超市。

创新的销售模式，一开张就受到顾客热捧，生意火爆，据说甚至连穿在陈芳自己身上的长袍马褂都被买走了，加之免税政策，杂货店利润丰厚，陈芳慢慢累积了一大笔财富。

掘到第一桶金的陈芳迅速扩充店面，但好景不长，一场意外的大火将新店面焚烧殆尽，店伙计又趁机卷走巨款逃逸。然而，双重的打击并没有拖垮陈芳，他毅然借高利贷，回国购置货物，几个月之后店面又重新开张，迅速东山再起。

珠江三角洲曾是中国蔗糖的重要生产基地，夏威夷的土壤、温度和湿度与珠三角相似，也适合甘蔗种植和蔗糖生产。来自珠江三角洲的移民及其带来的制糖技术，奠定了夏威夷蔗糖业的基础。然而，19 世纪 50 年代以后，夏威夷的蔗糖业却被英美等国的白人所垄断。

陈芳决定转向投资甘蔗种植和制糖业，并与人合伙开了一家名为“芳值记”的公司。他摒弃传统做法，大胆使用当时最先进的制糖机器与技术，经营效益显著。到 1870 年，“芳值记”已经位列夏威夷企业前八名。

19 世纪中后期，美国南北战争打得不可开交，南方切断了北方的蔗糖供应，导致北方蔗糖奇缺，价格暴涨，供不应求。陈芳审时度势，果断向北方大量供应蔗糖，仅 1861 年供美的蔗糖量就骤增 8 倍，让他大发其财。

到了 19 世纪 70 年代，陈芳又斥巨资收购了著名的波比可农场一半的股权，采用当时最先进的三滚筒碾磨机，日产蔗糖量高达 25 吨，成为当时夏威夷设备最好、效率最高的糖厂。

凭借敏锐的商业嗅觉和努力的勤劳打拼，陈芳一跃成为名扬夏威夷的“商业王子”，个人资产超过百万美元，是夏威夷第一位华人百万富翁。后世研究者称，夏威夷华人“以蔗糖致富者，仅有陈芳一人”。

首任领事

那个时代，还是华人在国外被称为“猪猡”的时代。在当地的贵族眼里，陈芳充其量不过是个有钱的商人罢了。陈芳意识到，华侨必须争取政治地位的改善，才能摆脱被歧视、被侮辱的命运。

在经商的同时，陈芳非常留心夏威夷的社会政治生活。他学习外语和当地土话，出入教堂、舞会等各种社交场所和活动，主动融入当地贵族、官员、企业家、传教士等社会名流的圈子。

机会总是留给有准备的人。

1856 年，夏威夷国王大婚。陈芳敏锐地意识到，这是一个提升自己，也是改变当地华商社会政治地位的一个绝佳的机会。于是，他联合其他华商，为庆祝国王大婚举办了一场富丽堂皇的盛大舞会。

舞会上，中国传统特色的工艺品被融入舞会中去，大厅内被装扮得古色古香，富丽堂皇。包括国王伉俪在内的千余名达官显贵和社会政要出席了舞会，他们身着中式服装，在美轮美奂的大厅内翩翩起舞。

舞会大获成功，获得国王的大加赞赏，也被当地媒体报道为“压倒当时所发生的一系列事件的盛事”。这不仅充分展现了当地华商的形象和实力，也让陈芳的名字响彻夏威夷，一跃跻身上流社会。

在这个舞会上，陈芳邂逅了兰心蕙质的贵族小姐朱丽亚。朱丽亚双亲早逝，辗转被费耶韦瑟夫妇收养，并视为掌上明珠。陈芳对朱丽亚一见钟情，并向朱丽亚的养父母提亲。

然而，陈芳不过是个商人，这在华商眼里是想都不敢想的事情，无异于“癞蛤蟆想吃天鹅肉”。为抱得美人归，他一掷千金，在夏威夷风景最优美的莫加 · 奴亚奴，历时一年多建造了一座中西合璧、美轮美奂的别墅。

1857年，得到朱丽亚养父母的应允和祝福后，陈芳和朱丽亚在那栋花园别墅里举行了盛大的婚礼，开始了30余年的幸福生活。婚后，朱丽亚不仅给陈芳带来了希罗的大片土地，也成为他联系夏威夷上层社会和王室的纽带。

鉴于朱丽亚与王室的亲密关系，陈芳不可避免地卷入了夏威夷宫廷的王位继承之争。凭借雄厚的财力，陈芳力助朱丽亚的义弟卡拉鸠以绝对优势赢得竞选，将他推上了国王的宝座。

从此，陈芳正式跨入政界，从活跃在夏威夷政坛的幕后，走向了前台，出任枢密院议员，成为夏威夷王国第一位华人贵族。随后，陈芳又资助夏威夷国王出访中国，并赴天津拜会李鸿章，双方进行了友好的会谈。

陈芳在夏威夷政商两界的巨大影响力，也吸引了清政府的关注。

1880年，陈芳被光绪帝下诏任命为中国驻夏威夷商董会第一任商董，大清帝国的龙旗在陈芳的别墅前缓缓升起。一年后，在陈芳的斡旋下，清政府与夏威夷正式建交，商董会升格为领事馆，陈芳又被任命为总领事，成为中国第一任驻夏威夷领事。

“穷则独善其身，达则兼济天下。”跻身权力阶层的陈芳，依然挂念着自己的华人同胞。

在任期间，针对当地对华人的种种苛政，陈芳致力于推动并出台系列保护华人的法案，如允许华人自由进出夏威夷，可以购买土地和财产，把子女送进公立学校，劳工契约签订必须出于自愿等，大大改善了华人在当地的待遇，迎来了华人在夏威夷的短暂繁荣。

钦赐牌坊

在卡拉鸠主政夏威夷期间，陈芳的政治、经济地位如日中天，身兼种

梅溪牌坊，光绪帝为表彰陈芳及其父母等人造福桑梓而赐建。

植园主、商王、贵族、总领事等事权于一身，影响力可谓登峰造极。

然而，这也引起夏威夷美国势力的不满，反对华人的呼声日益高涨。他们编造了中国人“威胁”美国文明、“威胁”白种人生存等谎言，并将华侨的核心人物陈芳作为“黄祸论”的中心人物，掀起了声势浩大的“反华”浪潮。

1882 年，年近六旬的陈芳被迫辞去总领事职位，获得朝廷诏准。

反华的浪潮，并没有随着陈芳的辞职而消退，反而越来越猖獗，并波及到国王卡拉鸠。1887 年，在美国的强力施压下，夏威夷强行通过新宪法，剥夺国王的权力，国王卡拉鸠被架空，成为傀儡。

陈芳猛虎难敌群狼，陷入内外交困的境地。两年之后，他的长子又陡然去世，白发人送黑发人，成为压倒陈芳的最后一根稻草。在妻子朱丽亚的劝慰和建议下，陈芳决定隐退回国，落叶归根。

陈芳将泼比可种植园股份的三分之一和其他所有产业留给了朱丽亚和孩子们，自己则带着次子陈席儒和变卖种植园三分之二股份所得的 60 多万美元，踏上了归乡的道路。当时，陈芳已经年过六旬，可谓“少小离家老大回，乡音无改鬓毛衰”。

途经澳门时，陈芳打算入住全澳最豪华的酒店，却遭到侍者的拒绝。侍者指着酒店里“华人与狗不得入内”的牌子告诉他，酒店只招待白人，不服务华人。闻听此言的陈芳勃然大怒，他立即找到酒店的所有者，以 5000 美元高价将酒店当场买下。

酒店后来更名为“四海芳园”，面向所有人开放，成为全澳最受欢迎的酒店。陈芳还将其中最好的一层改造成为自己的住所，供自己日常起居。

归国后，陈芳继续驰骋商场，在香港投资了道格拉斯轮船公司，在澳门引进荷兰牛，创办牛奶公司，开创了澳门养殖荷兰牛的先河，很快在港澳打拼出一片天地。

尽管陈芳晚年在澳门居住，但他却不忘造福乡梓，捐资助学，整饬村容，开挖水渠，修筑石路，兴办慈善……陈芳的事迹传到紫禁城，光绪帝感念其赤诚，欣然颁赐陈芳及其父母“急公好义”“乐善好施”石牌坊，以示表彰。

因常年乏人照顾，梅溪的陈家老宅破败不堪。陈芳决定重新修葺扩建，含一座陈公祠、三座大屋、一座洋房、一座花厅，占地 5742 平方米，历时六年方才完工。海外漂泊 40 余年的陈芳，终于有了一个自己真正的家。这也是如今我们看到的号称“岭南大宅门”的陈芳故居。

1906 年，陈芳在澳门离世，享年 81 岁，葬于梅溪陈家宅院边的墓园。他的墓碑，面向夏威夷，与异国的妻子朱丽亚的墓碑遥遥相望。

陈芳的人生际遇，堪称传奇，被世人诉诸笔端，广为流传。

他的故事，被美国作家杰克·伦敦写入自己的《夏威夷故事》一书；马克·吐温将他写进自己的七篇报道，结集成《发自夏威夷的信札》出版；他的曾孙泰勒以他为主人公创作歌舞剧《13个女儿》，在百老汇舞台上演30年长盛不衰；美国评选建国200周年对美国最有影响的外籍人士，他名列其中。

百余年岁月悠悠，当我们踏进陈家大院，似乎依然能够透过那巧夺天工的亭台楼阁和古色古香的雕梁画栋，感受到陈芳那部饱含华侨辛酸泪、爱国情的创业史诗。

The biography of Zhuhai

珠海传

第四章 丝路风云·珠江口的滚滚洪流

那是一个九州动荡，烽烟四起的时代。茫茫珠江，绵延千里，浩浩荡荡，托起了珠海这颗耀眼的南海明珠，也孕育了这块土地上近代中国革命的红色火种。

珠海的仁人志士们带着改天换地的豪情与民族独立的初心，义无反顾地投身于大革命的风起云涌。他们搏风击浪，高擎革命之巨帜；抛洒热血，唤起民族之觉醒，谱写了一曲曲可歌可泣的壮美史诗。

如今，曾经惊心动魄的硝烟、振聋发聩的呐喊……都已经随着时间长河的滚滚奔流而渐渐消逝。但是，当我们重拾这段记忆，依然能够聆听到那气势磅礴的历史回音。

香洲开埠今百年

晚清社会，风雨飘摇。一系列不平等条约被迫签订之后，帝国主义的铁蹄纷至沓来，大清帝国的体系濒临崩塌，开启了中国“三千年未有之大变局”的帷幕，也掀起了近代中国历史变革的风云激荡。

香山一县，虽地处岭南，远离中枢，然与港澳为邻，中西文化交汇，商品经济发达，爱国华侨和士绅自主意识觉醒，深怀国家复兴之梦，试图以振兴商业为国争利，强国之基。

于是，1909 年的暮春时节，香山县最南面的“沙滩环”上，“香洲商埠”承载着时代的希望和情怀，应运而生。

生逢其时

20 世纪初的清朝，已经日薄西山。为了挽救颓局，朝廷病急乱投医，各方势力你方唱罢我方登场。一时间，新事物层出不穷，新名词漫天飞。

1900 年 5 月，八国联军侵华。中国南方各省督抚同英美等帝国主义商定《东南保护约款》和《保护上海城厢内外章程》，史称“东南互保”，地方势力崛起，中央权力式微，形成了中央与地方分立的态势，成为“地方自治”的前奏。

1900 年年底，《中国旬报》刊文盛赞地方自治：“官之治民，不如民之自治……政治因地制宜，纲举目张，国内方能渐次条理。”恰值内忧外患的清政府推行新政，地方自治成为朝廷实现集权、改革民生、摆脱困境的美好寄托。

1909 年，朝廷正式颁布《城镇乡地方自治章程》，一场自上而下的地方自治运动渐次展开。香山县也紧跟形势，成立地方自治研究所，开展自治研究与实践的尝试。

与地方自治相倚重的，是开办商埠的蔚成风气。

从第一次鸦片战争失败后“五口通商”开始，到 1912 年中华民国成立，中国沿海共“约开商埠”一百余个。这些商埠多为中国沿海港口，依靠水运之利，迅速发展成为以进出口贸易为重心的近代商业性城市。

继之而来的是“自开商埠”。如果说“约开商埠”是近代中国被迫妥协的产物，那么“自开商埠”则是“隐杜觊觎，保全主权”的自保措施。

早在 1898 年“戊戌变法”时，朝廷就照准岳州、三都澳、秦皇岛三地自行开设商埠。此后，又陆续开设了 12 个“自开商埠”，在遏止列强谋求扩大侵略的同时，力求“振兴商务，扩充利源”。

这些“自开商埠”，官商合办，多“以官力提倡”“靠官绅进行”，受到地方政府和工商界的热烈欢迎，一扫中国自明代以来“闭关锁国”的阴霾。

与“约开商埠”不同，“自开商埠……其自主之权仍存未分……只应统设一局，不应分国立局。”尤其对土地使用管制严格，严令土地使用年限仅为 30 年或 33 年。

1910年，香洲开埠举办奠基一周年纪念活动。

此外，清政府朝野上下无不意识到振兴实业是救国图存的重要途径，实业被称之为“富强之大本”，朝廷设立工商部，各省设立劝业道，地方设立商务局，鼓励华人华侨和港澳实业界人士回国投资，大力发展工商业。

地方自治、自开商埠与政府的鼓励，为香洲开埠带来了前所未有的机遇。

商战强国

葡萄牙对一水之隔的香山的蚕食，是香洲商埠开立的导火索。

澳门，原隶属香山县管辖。尽管葡萄牙人于1553年取得在澳门的居住权，但明清两朝仍对澳门行使主权，设置官吏衙署，处理日常各种华洋事务。

第一次鸦片战争失败之后，清政府的软弱助长了葡萄牙人的侵略气焰。他们趁机驱赶清朝官吏，并于1887年强迫清朝政府签订《中葡会议草约》和《中葡和好通商条约》，正式通过外交文书的手续占领澳门。

但是，中葡之间始终未就澳门与内地的边界达成一致。20世纪初，葡澳政府以勘定界址为名，意图将澳门对面、香山境内的对面山、大横琴、小横琴三个岛划入澳门，双方为此冲突不断。

震惊中外的“二辰丸”号案，彻底将中葡双方的矛盾推向白热化。

1908 年 2 月，在澳门路环岛附近海面，清朝广东水师截获走私枪支弹药的日本商船“二辰丸”号。“弱国无外交”，在葡、英、日等国政府施压下，清政府被迫释放船货，鸣炮谢罪并赔偿损失。

消息传来，举国悲愤。粤商自治会随即举行数万人大会，宣布当日为“国耻日”，号召国人维护主权，抵制日货，掀起中国历史上第一次抵制日货的高潮，并强烈呼吁清政府与葡萄牙勘定澳门界址。

这一运动迅速波及到全国，并得到香港、南洋群岛等地华侨的纷纷响应，持续时间长达一年之久，导致日本对华商品出口大幅度下降，损失惨重，迫使日本放弃对华索赔。

“二辰丸”号事件，加快了勘察澳门界址的步伐。1909 年 2 月，中葡双方就澳门界址问题在香港展开谈判。清政府软弱无能，一味让步妥协，而葡萄牙贪心不足，使得划界谈判陷入僵局。

为维护领土完整，香山县绅商学界专门成立了“香山县勘界维持会”，并通过《联力九十八乡民团章程》，宣布成立民团，拿起武器，抗击澳葡，保卫家乡。

最终，葡萄牙的扩张计划被粉碎，勘界谈判破裂。

以清政府当时的国力，用武力解决澳门问题已经无望。而与港澳接壤的香山，遭受西方商品经济的冲击最为惨烈，与西方商战的意识也最为鲜明，香山“四大买办”之一的郑观应，就曾力主“习兵战，不如习商战”。

于是，在加紧展开外交谈判的同时，官方因势利导，动员香山民间力量，积极布置“商战”，以“官力”支持“商民建设香洲，以分澳门之利”，以贸易反制遏制葡萄牙的扩张。

1909 年，香洲商埠挂号收条：头等大埔地一间。

《大清宣统政纪》（卷之二十二）曾这样分析：“为今之计，莫妙于附近自辟港埠，以为抵制之方……此即釜底抽薪之计，而亦开辟利源之善策也。”这也是香洲开埠的初衷。

香洲开埠

1909 年，在自开商埠与“商战挽利权”的呼声中，清政府批准了香山爱国士绅伍于政、王诜、戴国安、冯宪章等人的建议，准许他们在香山择地自开商埠，兴商务而裕民生的奏请。

商埠原名“广东实业商埠”，选址于香山场与九洲洋之间的海港荒野“沙滩环”，面积约 700 余亩。后广东劝业道从两地地名中各取一字，定名为“香洲埠”，这也是今日香洲地名的由来。

同年4月，“沙滩环”旌旗招展，锣鼓喧天，人声鼎沸。豪华气派的观礼棚内，高挂“强国之基”“利国利民”等鲜艳的横幅。来自穗港澳和香山本地的官员商绅、爱国华侨及各地群众逾万人云集于内，共同见证了这一历史性的时刻。

然而，与全国其他自开商埠多为官办不同，香洲商埠则完全由香山士绅等民间力量自办，经费则以招股募集形式自筹，具有浓重的商办色彩。商埠运作总成本100余万元，伍于政、王诜、戴国安、冯宪章等四人自备10万元，其余折合股份登报招股，爱国华人华侨、开明士绅踊跃入股，当日就募集了近50万元。

商埠即开，为吸引归国侨民回乡投资实业，主持者希望能效仿南洋各商埠以及香港，开办无税口岸，这与两广总督等地方实权派不谋而合。在他们的支持下，伍于政等人结合清朝律法，参照香港等地的做法，就免税界限、管理规则、理船章程、保护办法等四项，详细拟定了政策。

然而，朝廷认为兹事体大，决定选派干员前往勘察。此后的两年里，九龙关税务司夏立士、香洲埠总理王诜等就香洲建设无税口岸一事展开调查研究。由于立场不同，代表的利益集团各一，得出的结论也迥然相异。

在呈给朝廷的报告里，夏立士全盘否定了无税口岸的做法。他认为，商埠的兴衰与有无关税关系不大，主要取决于地势是否得宜，并预言“(香洲) 若作为无税商埠非特于各处定章不符，兼与国家大局并无进益”，且“徒开漏税之门”。

地方主政者则奏请朝廷，力陈不建无税口岸之弊。香洲与香港近在咫尺，香港为自由港，若香洲不建成无税口岸，“同是贸易商场，人则一切自由，我则动身束缚”，难以“振香洲以制港澳”，故而“不能不牺牲少数税金，亟图挽救”。

在朝廷与地方的拉锯中，时间走到了1911年。朝廷最终让步，照准香洲建设“六十年无税商埠”。据《宣统实录·二年十二月丁亥》记载：“合无仰恳天恩俯准将香洲新埠，定为无税口岸……嗣后如有商民自辟商埠者，概不得援以为例。”

自此，香洲商埠成为清朝第一个实行“一国两税”特殊政策的经济特区。

香洲开埠的首要目的，是以商战遏制葡澳的扩张，明确规定：“不入外国人股份，只许华人购地。”当时购置商铺出具的《广东香洲商埠挂号收条》中曾公开写明：“此收条乃系华人所用，如有外国人拾得及将此条转卖给外国人者，本埠一概作为废纸，特此声明。”

主持者们也对香洲商埠寄予厚望。《开辟香洲埠章程》开宗明义：“以垦荒殖民，振兴商务，讲求土货，挽回利权，使我伟大帝国四百兆同胞绰然雄立于地球，以共享文明之幸福。”他们坚信其未来前景可观，豪气放言：“今日之草莱沙漠，即他年之锦绣山河也。”

百年兴衰

开工仪式之后，香洲商埠以迅猛之势平地而起。

根据《开辟香洲埠章程》中的蓝图设计，埠内建设仿照西方城市布局，临海的南环、北环及中区修建街市和墟场；配套建设警察局、邮政局、博物馆、公园、银行、医院等公共机构与设施；以电车道、马车道、东洋车道和人行道等组成四通八达的埠内路网。

埠外，修筑一条广州至前山的铁路，打通通往前山、翠微、下栅、石岐的公路，以外畅的交通加强商埠同周边城乡之间的联系，以满足货物运输、人口流动的需要。

直到20世纪80年代，这里依然还是珠海最繁华的市中心。

商埠实行民主管理，商民自治，共谋公益。以公所为议事场所，每月月初召开会议一次；公所设立正、副理为主席，办事员为议员，每一事需由半数及以上议员支持才能开议，半数及以上议员通过才能执行；星期日及重大节假日放假休息。

为招徕劳动力，香洲商埠专门建造了可供两户人家居住的“廉租房”，仅以每户月租1元的优惠价格租给外来务工人员，吸引了大量来自周围四邑和惠州、东莞、顺德、南海等附近的乡民迁来定居。一时间，商埠人口陡增，门庭若市。

这些开风气之先的做法，充分体现了香山人敢为人先的创新精神和超越时代的民主意识，也掀起了穗港澳华侨华商及各地商贾纷纷前来投资的热潮，“挂号认建者络绎不绝”，香山商埠迅速崛起。

自1909年8月正式开业，短短不到两年，埠内已拥有大小店铺一千六百余所，二层至三层的楼房逾百座，住家小屋几百间；街道十余条，两边不仅设计了绿化带，还安置了路灯，夜晚灯火通明，火树银花；码头两座，开辟了穗港澳航线；警察局、邮政局、学校、银行、医院、戏院、人寿保险等各业俱全，呈现出一派繁荣兴盛的景象。

当时的香洲埠，人气爆棚，不仅游人争相踏访，络绎不绝，也成为中外记者关注的焦点。埠内的日升酒楼、泉香酒楼、合栈茶居等商业场所天天宾客盈门。国人也对其大加赞赏，连晚清维新派领袖人物康有为都曾赋诗盛赞“香洲开埠”。

香洲开埠的成功，对葡澳的经济反制效果也逐步显现。据当时报纸报道，“(澳门) 地价之跌落，有由六七百元而跌至一二百元者。” 在随后的中葡勘界谈判中，葡澳当局提出中国政府要约束香洲商埠，不得影响澳门经济，遭到中国政府的严厉拒绝，迫使葡澳当局在勘界谈判中不得不多方让步。

正当香洲商埠趋势继续向好时，孙中山等革命党人领导的广州起义暴发，“黄花岗七十二烈士”敲响了清王朝的丧钟。再后来，辛亥革命席卷全国，清代封建王朝的统治土崩瓦解。战争带来的时局动荡，不可避免地波及了香洲商埠。

绅商的内讧，也造成了严重的“内耗”。在野狸岛附近，一拨香山绅商另起炉灶，公关政府，创办了“广东省渔业总埠”。所谓“一山”难容二虎，政府又缺乏强有力的规范和引导，造成为争利而恶性竞争，阻滞了香洲商埠的持续发展。

1911 年 7 月，一场蔓延六个多小时的大火令香洲埠几乎尽葬火海，“八百多间寮屋付之一炬，顿成一片废墟”，几千灾民流离失所，远走他方。

拱北海关洋人税务司出来干涉，朝廷对建设无税口岸又举棋不定，更是雪上加霜，令香洲商埠的前景更加暗淡无光。投资者们信心尽失，纷纷观望或转移资金。香洲商埠耀眼却短暂的生命，就此画上了凄惨的句号，逐渐淹没在历史的长河中。

如今，知道香洲开埠历史的人并不多。这段被后人称之为珠海历史上

“第一次办特区”的尝试，成为万马齐喑的晚清社会难得的亮点。

当年建埠公所所在地，现已成为珠海市红十字会的办公地。香埠路，因香洲开埠而得名，穿行其上，沿路几栋不起眼的老式骑楼、几棵枝繁叶茂的老榕树……依稀还能让我们领略到香洲商埠昔日的风采。

香洲开埠，凝聚的是珠海人一脉相承的历史民族精神。1980 年，珠海成为全国最先成立的特区之一。为什么是珠海？答案也许就在这段历史里。

民国南海的一个圈

20 世纪二三十年代，是中国各地以“地方自治”为核心进行社会改革实验的活跃期，“模范”成为社会试验的代名词。

1925 年 4 月，为纪念孙中山先生，广东陆海军大元帅府将他的故乡香山县易名为中山县。四年之后，国民政府第十九次国务会议核准孙科、吴铁城等人的提请，确定中山县为全国模范县，在全国率先试行“训政”，而后推之全国。

从此，中山县便和“模范”二字紧密联系在一起，成为民国一片“全新”的国土。

何谓模范县？

1929 年，距离唐绍仪辞去内阁总理已经过去了 17 年。寓居上海的他，虽然挂着国民党中央监察委员、国民政府委员和西南政务委员会常务委员等头衔，却有名无实权，每天品茶赏花玩古董，倒也优哉游哉。

然而，一封来自孙科的亲笔信打破了唐绍仪原本平静的生活。信中，孙科就设立中山模范县征求他的意见，并极力邀请他出山。唐绍仪的想法和孙科不谋而合，孙中山在世时，他就曾极力建议将香山升格为“模范县”。

何谓模范县？“模范”并非优秀之意，而类似于今天政府设立的“试点”或者“特区”。民国有1700多个县，“模范县”就是在地方政治、经济、教育、文化等方面先行先试，为其他县乡树立学习的榜样。

唐绍仪曾多次谈道：“我就是做一个县知事，当可把香山建设妥当。”他认为：“治中国者，乃乡村而非首都。”并表示，“中国之事不能行于一地方者，即决不能推行于全国也。”主政中山，正好遂其所愿。

1929年4月，中山训政实施委员会在中山县治所所在地石岐成立，委员会全由清一色中山籍人士组成，唐绍仪任主席，孙科、吴铁城、蔡昌等权要名流任委员，首任县长为曾担任孙中山英文秘书的李禄超。

中山模范县虽小，影响却不可小觑。它不仅是孙中山的故乡，而且归国民政府直接管辖，享有充分的自治权。

根据《中山县训政实施委员会组织大纲》规定，广东省政府应接受委员会决定计划专令中山县长依照执行，省政府对中山县长任免须得委员会同意，每年国省两税收入总额至少保留百分之二十五为本县地方行政之用。

中山模范县，俨然成为国民政府的国家级特区。

在唐家湾乡亲的欢迎会上，年近七十的唐绍仪满怀对故乡的深情，慷慨陈词：“总理（指孙中山）为柱石，我们为砖瓦木碎，我们建造一所房屋，柱石固然是重要材料，砖瓦木碎也不能不需要。建国纲领，以县为自治单位，我们砖瓦木碎材料，正合在一处建筑起来，为县自治努力。”

然而，这却遭到素有“南天王”之称的广东省主席陈济棠的不满，尽管省政府不能干涉县政，但他还是改派自己的心腹秘书黄居素担任县长，

1921 年，唐绍仪返乡居住，与孙科在共乐园。（来源：珠海市博物馆）

将李禄超取而代之。这也造成现代研究这段历史只提黄居素，而忽略了李禄超。

自然，唐绍仪与黄居素多有不合。

1931 年，唐绍仪提请南京国民政府修改训政委员会大纲，规定“中山县长在训政期内由省政府任用中山县训政实施委员会主席兼之”。公告一出，黄居素拱手相让，离开中山。故后人说：“中山县训政委员会改组目的，志在驱黄，未尝无因。”

同年 3 月，唐绍仪兼任中山模范县县长之职。就职典礼上，他表示“誓当恪守总理遗教，依法定职权，本平生之微志，努力从事”，“以二十五年时间，把中山建设妥当”。他这么说，也这么做了。

短短数年，“中山县的治绩颇为卓著”。

自由港的宏伟蓝图

唐家湾濒临珠江口西南部的金星门水道。清朝同治年间《香山县志》记载："金星山在县南一百里，二峰相峙，隐若双龙，中有小屿如珠，亦曰金星门。" 金星门水道通达港澳，鸦片战争以后，是南粤中外交通的枢纽锚地和外洋贸易的重要通道。

当年，孙中山就是借金星门水道乘船出海，到世界各地宣传革命，一生中与金星门结下了不解之缘。辛亥革命成功后，他曾在唐绍仪的陪同下考察了唐家湾，提出疏通附近水域，建设行驶万吨巨轮商港的构想，并被写进他的《建国方略》一书。

护法战争时期，孙中山又派海军司令程璧光到唐家湾考察，计划在金星门附近水域筹建军港。1920 年，就唐家建设商港问题，唐绍仪又与孙中山进行了商议。然而，世事难料，随着程璧光遇刺身亡，孙中山被迫去职，商港和军港的筹建计划都不了了之。

等到唐绍仪就任中山训政实施委员会主席时，当年雄心勃勃筹建海港的三个人，只剩下唐绍仪形单影只。曾经任职天津海关的他，深知海港、关税权益对于国家、区域经济发展的重要性，上任伊始就重提中山港和无税口岸计划。

不过，与孙中山《建国方略》中的规划相比，唐绍仪的蓝图更为宏大。

在那份《呈请国民政府辟唐家湾并设海关》的报告中，他开篇明义："以之辟作无税商港，对外开移香港之商业而置澳门于死地；对内以与滇、黔、桂各省沟通，为西南诸省出海之要道，亦即我粤自有之门户。"

报告从国防门户、对外交通、商业港口、工业运输、地区形势和国家需要等多个方面阐述了在唐家湾建设商港的理由，并提及过往伤心事：“唐家环于国防颇关重要也。先总理有见及此，曾与程故海军总长璧光拟辟为军港，正欲办而璧光先生遽遭于难。”

同时，为加强唐家湾经济中心和交通枢纽的核心地位，报告中还建议：“建筑一条铁路，同粤汉铁路联成一线。由唐家环直通汉口北平辽宁贯通西伯利亚而至于欧洲，欧洲陆上运输以唐家环为出海终点。”

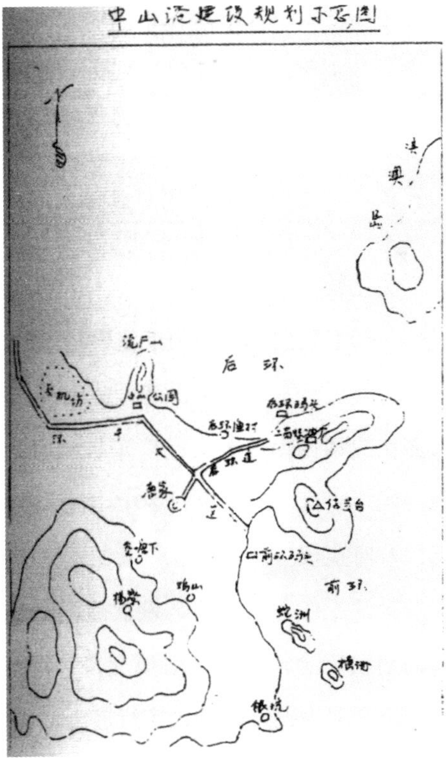

中山港建设规划示意图。唐绍仪建设中山模范县，以开辟无税商港为重点，取名“中山港”。（来源：珠海市博物馆）

最后，唐绍仪呼吁：“为粤省政府经济计，为西南诸省发展计，该环应辟为无税口岸以挽商权。”整个报告晓之以理、动之以情，读之令人动容。

一年多的苦苦等待，愿望终于达成。1930 年 5 月，南京国民政府明令公布：“兹指定广东省中山县唐家环开辟为无税口岸，以六十年为期，定名为中山港，由中山县训政实施委员会负责经营办理。”

融入世界的雄心

辟港报告一经批复，唐绍仪马上着手进入实施阶段。训政委员会制定了《中山港建设大纲》，涵盖四个方面：

兴办实业：对外开放，发展贸易，开设渔市场；

市政建设：铺设水泥马路，修建下水工程，建设水塔，改善港区生活条件；

交通设施：修建马路、码头、机场，方便交往，开拓运输渠道；

文化教育事业：兴建医院、运动场，建设群众游乐憩息之所。

一场轰轰烈烈的中山港建设运动就此展开。

为就近开发建设中山港，中山县也将治所从石岐迁至唐家湾。唐绍仪又多次提请西南政委会及广东省政府，委派政要和专家勘定中山港港界，最终确定唐家湾与翠亨村为中山港无税区范围，绘具图说，备文呈报南京国民政府鉴核。

基础工作完成之后，筹款被提上日程。国民政府不仅拨款十几万元，作为启动资金，更给予政策支持：准许税收留取 25% 归县政府支配，将唐家湾开辟为无税口岸，实行进出口免征货税等。

作为国民党元老，唐绍仪为筹款也不遗余力。他编印了数十万字的《中山县发展大纲》，广泛散发至港澳及海外。这份类似于政府背书的创业计划书，蓝图美好诱人，回报设计合理，吸引侨胞纷纷解囊，捐款高达 100 多万元。

唐绍仪的国际视野，给中山港加持了更多发展的可能性

“为中山建设计，须要水陆并重”“陆路交通，将来建成铁路，直达广州，接粤汉铁路，直通中国北部及东北部，可以联络西伯利亚到达欧洲。至于机场，将来亦有地点可以筑。”他力图通过海陆空立体化的交通网络，将中山港融入世界经济体系。

唐家环“具有天然与优美形势，背山面海，山川优美，地形雄厚，远近海湾，一览无遗，形势天成，可发展旅游事业。它具有工商业的发展

性，大船可以往来，系天然大商港，大可发展工商业。”建成后的中山港，不仅仅单一发展航运业，而是要旅游业、工商业并举，以航运带动旅游、促进工商。

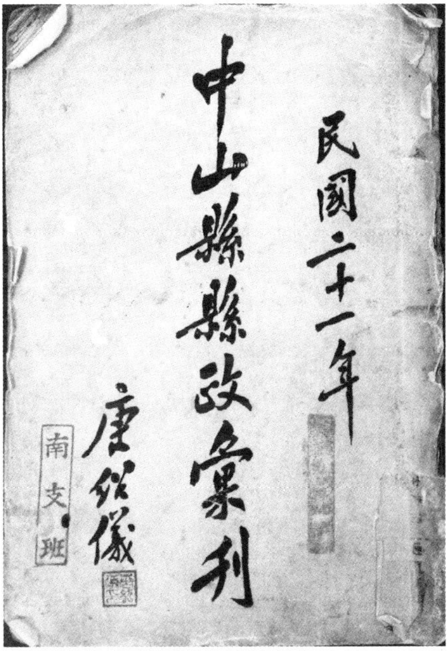

《中山县县政汇刊》，800 页刊物详尽记录了三年中山模范县建设成果，以及对未来中山模范县建设的规划构想。（来源：珠海市博物馆）

无疑，这是一个极具前瞻性和国际视野的规划引领。时至今日，当我们穿梭在珠海这座城市，会发现当年的很多设想已经变成了现实。

宏图已绘就，躬行在脚下。

1931 年 12 月，唐绍仪代表中山县政府与荷兰一家治港公司签订中山港一期工程合同，包括唐家湾前环、后环各建造两个大型深水码头；前环修建避风港和防浪堤各一条；开辟唐家村至前、后环的道路；在前环制高点建一座 50 平方米的信号台。

县政府还计划在唐家湾“设立两所关卡管理港口……一在后环即后门涌，一在前环。后环将来建筑码头货仓，前环将辟为商场及渔船、商船湾舶地点”。工程完工后，可开辟唐家湾至石岐镇、省城广州、香港、澳门，西江沿海各港口和南洋各埠的客货运航班，“巨轮可以直达外洋，与香港争吐纳毛迁之利”。

与中山港同步开启的，还有唐绍仪倾力追逐的“田园都市”梦。在唐绍仪的规划里，中山县应“纯采田园都市制，聚多数之美术家，讨论最近建筑办法。”这与孙中山在《实业计划》中所倡导的“花园都市”的理念完全一致。

于是，唐家湾的城墙、城门被拆除，“晨昏尤严启闭”的中国传统封闭式管理被打破，取而代之的是风景优美、交通便利、基础设施完备的新城，开辟了唐家至石岐、港澳的不定期航班，设立了民众实业银行、民众实业公司、农业试验场，兴办了学校、医院、报馆、图书馆，率先试行了义务教育制……

时至今日，行走在唐家湾，依然能够捕捉到昔日唐家新城的气息。当年修建的山房路和大同路，目前仍然是唐家湾市区繁忙的主干道路。遗留下来的城市排水设施，迄今依然发挥着重要作用，窨井盖为防盗而铸有“盗买与盗卖，均罚 50 元；报信或引拿，均六成充赏”字样，现在读来仍令人忍俊不禁。

夭折的理想

理想很丰满，现实却很骨感。当唐绍仪正在大刀阔斧劈出一片宏伟蓝图时，潜在的各种隐患已经暗流涌动。

1930 年 7 月，在中山港无税区域尚未勘定，章程设施尚未齐备的情况下，中山港迫不及待开港，“商人借名无税，由该港私运火水，转售内地……国税损失每月有数十万之巨”，沦为走私中心。

尽管后续迅速勘定了中山港无税区界，但为时已晚。国民政府财政部长宋子文在实地考察后大为光火，勒令暂停中山港的免税待遇，待完善之后再予以恢复。

中山县被唐绍仪经营得俨然一个“独立王国”，卧榻之侧，岂容他人酣睡？这令有“南天王”之称的陈济棠的猜忌日渐加深。

广东全境96个县，仅中山不在其控制之下。陈济棠“尝以地方不靖为名，拟派军队驻防中山县，实乃阴图分沾中山县巨额赋税之利”，也被唐绍仪婉拒。陈自然视唐为眼中钉、肉中刺，必欲驱之而后快。

唐绍仪在中山厉行改革，为政清廉，革除陋习，清查田亩，平均地权，减租减税，损害了地方豪强的既得利益，招致他们的强烈不满，“倒唐运动”频频发生。

不久，唐绍仪通电主张取消西南政委会，归政中央，彻底激怒了陈济棠。

1934年10月，在陈济棠的授意下，中山县县兵百余人由石岐到唐家湾，以“索饷”为名包围县署，软禁了县长唐绍仪。脱围后，唐绍仪愤然辞去县长职务，举家寓居上海，从此未再参与政治。

随着唐绍仪的去职，中山县的治所重新搬回石岐，轰轰烈烈的中山港无税口岸计划和“唐家新城”建设也戛然而止，再也无人问津，中山模范县的社会改革试验也以失败而告终，成为一段令人嗟叹的过往。

其实，无论是香洲开埠，还是中山港无税口岸，都因缺乏国家的强力支持和稳定的发展环境，仅仅将优惠政策作为唯一的生产力，注定摆脱不了功败垂成的命运。但是，这些敢为天下先的创新性尝试，却与20世纪80年代以来珠海特区精神高度契合。

多年以后，珠海跻身于中国改革开放前沿，筑起“一带一路”开放新高地，广珠城轨全线通车，广东自贸区横琴片区横空出世，港珠澳大桥一桥连通三地……应该算是对这段历史最好的回应。

北山村里的红色记忆

“马克思主义不仅深刻改变了世界，也深刻改变了中国。”在纪念马克思诞辰200周年大会上，习近平总书记深刻阐明了马克思主义的强大力量。

珠海市南屏镇北山村，就隐匿着一位曾经一度被遗忘的早期中国共产党最早系统传播马克思主义的先驱，他就是杨匏安，被党史界誉为“北李南杨”。

2001年6月，时值中国共产党建党80周年之际，《人民日报》刊登《开天辟地》一文，高度评价杨匏安为“华南地区最早的马克思主义传播者”。

去杨匏安故里的陈列馆里瞻仰他，时光已是80余年之后。

恭都学子，游学东瀛

19世纪末20世纪初，适逢中国社会遭遇巨变。

1896年，杨匏安出生于广东珠海南屏镇北山村一个破落的茶商家庭。

父亲早殁，母亲出身于华侨官宦之家，受过中国传统旧式教育，知书识礼，秉性刚强。

杨匏安（1896—1931），广东香山县南屏镇北山村（今属珠海市）人，笔名匏安，华南地区新文化运动和传播马克思主义的先驱。

3岁起，杨匏安就跟随母亲学习古典诗词，接受了良好的诗教。尽管家境贫寒，以针凿手艺自给，母亲还是将他送进方圆十三乡最好的恭都学堂读书。在学校里，他勤奋好学，尊敬师长，“谬以诗文词见称朋旧”，是远近闻名的神童。

1911年，小学毕业的杨匏安考进两广高等学堂附中。学堂的前身，是清末洋务派实权人物两广总督张之洞创办的广雅书院，取“广者大也，雅者正也”之意，旨在培养“知识广博，品行雅正”的人。

杨匏安秉承“广雅”意旨，勤学苦读，不仅打下了深厚的文史基础，还广泛接触到张之洞洋务派，康、梁维新派，孙中山民主革命派及刘师复无政府主义派等各种社会思潮，心里埋下了救国报国之志。

也就在同一年，孙中山、黄兴等革命党人发动广州起义，黄花岗七十二烈士英勇献身，深深地影响了中学时代的杨匏安。

从两广高等学堂附中毕业后，杨匏安为减轻母亲负担，返回家乡任教于恭都小学。尽管薪水低廉，生活艰苦，但他依然满腔热情，为人师表，诲人不倦。不久，一次冤狱让他的命运在这里拐弯。

杨匏安发现校长贪污学校公款放高利贷牟利，这让深受中国传统文化熏陶的他义愤填膺。于是，血气方刚的他和两位同事一道揭发了校长的罪行，不料却被校长勾结政府反咬一口，诬告他“图谋不轨”，被拘捕入狱。

那一年，杨匏安未满 18 岁，也是他第一次入狱。

后经许多家长联名申诉和母亲多方奔走，杨匏安才被保释出狱。这番冤狱彻底打醒了他，决心同当时黑暗、罪恶和病态的社会决裂。怀着对未来光明的向往和理想信念的追求，他收拾行囊，东渡日本，立志向学。

明治维新后的日本，是中国获取西方先进思想的重要窗口。

到日本后，杨匏安落脚横滨，半工半读，阅读了大量西方的政治、经济、哲学、文学方面的书籍，初次接触到日本早期社会主义者幸德秋水和堺利彦共同翻译的《共产党宣言》等马克思、恩格斯的著作。

杨匏安从此摆脱迷茫，开始接受马克思主义。

理论先驱，北李南杨

1916 年，杨匏安遵母命回国完婚。当时，西方帝国主义一战方酣，国内南北军阀虎狼当道，血淋淋的现实再一次深深地刺痛了他敏感的神经，他比对思索各种学说，寻求改造中国社会的道路。

1917 年，俄国爆发震惊世界的“十月革命”，为世界无产阶级革命的胜利开辟了道路。俄国革命的胜利，显示了马克思主义的伟大力量。消息传来，杨匏安深受鼓舞，更加积极学习和钻研马克思主义。

1918 年，在《广东中华新报》同人的帮助下，杨匏安举家迁往广州，受聘于时敏中学，并兼任《广东中华新报》记者。他诉诸笔端，以杂文、随笔、诗歌、小说等题材针砭时弊，激浊扬清。

这一年，国际形势风云变幻。第一次世界大战以德、奥等同盟国战败，英、法、美、日等协约国战胜而告终。作为协约国成员，中国也是战胜国之一。消息传到国内，举国欢腾，更被理论界认为是“庶民的胜利”“是劳工主义的战胜”“民主主义的战胜”。

南屏镇北山村，这里中西文化碰撞，人才辈出，杨匏安诞生于此，并度过了他的童年。

面对国人的盲目乐观，杨匏安以历史唯物主义辩证法冷静地提出质疑，并在《广东中华新报》发表编译文章《永久的和平果可期乎？》，对一战之后国际形势的未来走向，做出了准确的判断。

翌年，巴黎和会召开，决定将德国在山东的特权转让给日本，这对于国人来讲，犹如一盆冰水从头浇到尾，也印证了杨匏安的远见卓识。

继而“五四运动”爆发，各种学说思潮风起云涌，杨匏安在认真分析鉴别各种学说和冷静思考社会现实的基础上，认定只有马克思主义才能救中国：“自马克斯氏出，从来之社会主义，于理论及实际上，皆顿失其光辉，所著《资本论》一书，劳动者奉为经典。”

自1919年5月起，当陈独秀、李大钊等以《新青年》为阵地，在北方宣传马克思主义的同时，杨匏安则在《广东中华新报》设置专栏，在南方开辟了另一个传播马克思主义的中心。不同的是，李大钊主要基于日本

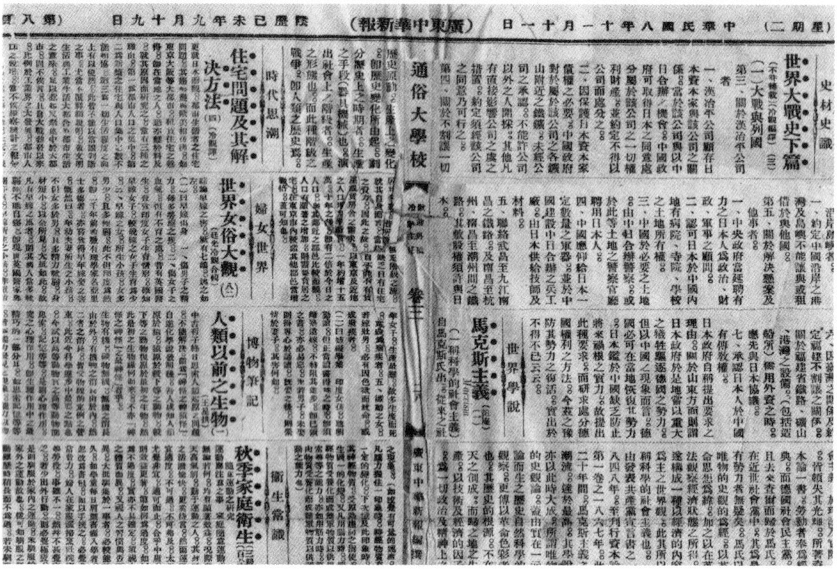

星期二　中華民國八年十一月十一日　廣東中華新報　陰歷己未年九月十九日　第八頁

史材史識

世界大戰史下篇

通俗大學校

時代思潮

住宅問題及其解決方法

婦女世界

世界女俗大觀

博物筆記

人類以前之生物

世界學說

馬克斯主義

衛生常識

秋季家庭衛生

1919 年，《广东中华新报》刊登杨匏安编译的《马克思主义》一文。（来源：珠海市博物馆）

学者河上肇的著述，杨匏安则多采用日本共产党中央委员会第一任委员长堺利彦的观点。

杨匏安潜心于日本早期共产主义者的理论，以《世界学说》为总标题，在《广东中华新报》上开辟专栏，发表系列文章 41 篇，系统地介绍了包括古代近代的唯心论、唯物论在内的西方各派哲学和各种流派的社会主义学说，大大开拓了国人的眼界。

当李大钊《我的马克思主义观 · 下篇》一文问世，几乎同时，杨匏安的《马克思主义》一文也见诸《广东中华新报》，并连载 19 天。这是华南地区最早、最系统地介绍马克思主义的文章，奠定了其在党史上“北李南杨”的地位。

据统计，仅 1919 年下半年，杨匏安就译写了 50 多篇近 10 万字的马克思主义理论著作，在中华大地上播种下了马克思主义的第一批种子。中共中央党史研究室曾编著《中国共产党的七十年》一书，高度称赞杨匏安对马克思主义在中国的早期传播“起过重要的作用”。

为官廉洁，一尘不染

在宣传马克思主义的过程中，杨匏安也逐渐从一个激进的革命民主主义者转变为彻底的马克思主义者。在给广东社会主义青年团的机关刊物《青年周刊》撰写的创刊宣言中，他写道：“我们最服膺马克思主义……社会革命四个大字就是我们先行的旗帜。”

1920 年 8 月，陈独秀在上海成立全国第一个共产主义小组。同年年底，陈独秀南下广州，经谭平山引见，杨匏安和陈独秀第一次在杨家祠见面，同为马克思主义信徒的两个人一见如故。

次年 5 月，经谭平山介绍，杨匏安加入广州共产主义小组，积极投身创党工作。他居住的杨家祠，成为早期党的活动中心，周恩来、陈延年、谭平山、张太雷、苏兆征等都曾是座上宾。

1921 年 7 月，中国共产党的第一次全国代表大会在上海召开，正式宣告中国共产党成立。建党之初，全国只有 50 余名党员，而杨匏安就是其中之一。

初生的共产党如旭日东升，而国民党内却暮霭沉沉。孙中山急需共产党输入的新鲜血液来改组渐入迟暮的国民党。1923 年，中国共产党的第三次全国代表大会正式决定同国民党合作。

受党中央委派，杨匏安被派为中共驻国民党的党团书记，参加国民党改组工作。此后的三年间，杨匏安历任国民党组织部秘书、代理中央组织部长，国民党中央第二届执行委员会常务委员，跻身九大常委之一。他以此身份积极壮大党组织，开展工农运动。

当时，身为国民党高官的杨匏安，一个月的薪金高达300多大洋，足以买田置地，但他却把绝大部分钱交给党作为活动经费，只留下极少一部分贴补家用，家人只能出去做工维持生计，日子一直过得很清贫。

1925年，“五卅”反帝爱国运动爆发。杨匏安以革命政府财政部部长兼国民党中央农工部长廖仲恺的代表身份，会同苏兆征、杨殷发动工人响应上海“五卅”罢工，担任罢工总顾问，参与领导了省港大罢工。

一次，省港罢工委员会在杨家祠发放罢工工人生活费，麻袋里遗下一枚硬币，孩子们捡到后拿着玩。杨匏安发现后，严肃地对儿子们说：“这是公家的钱，一分一文都不能要。”并让孩子们马上把硬币送还。

杨匏安全家十余口人，自己又患肺病，生活十分困顿。为补贴家用，杨匏安给家里购置了一台缝纫机，这也成为全家生活费用的主要来源。因为经济拮据，杨匏安的七个儿女中有两个因病无钱就医而早夭。

杨匏安为官廉洁，两袖清风，赢得了党内的一致赞赏。1927年，中国共产党第五次全国代表大会在当时的革命中心武汉召开，中央监察委员会成立，他当选为第一届中央监察委员会委员，并担任副主席。

这些事情，也给周恩来总理留下了深刻的印象。多年后，周恩来还对杨匏安的子女回忆说：“你父亲为官清廉，一丝不苟，称得上模范！”并时常以杨匏安的精神风范教育共产党员和各级干部。

投身革命，舍生取义

在杨匏安等共产党人的积极努力下，国民党党务迅速扩张。仅广东一省，自1925年11月省党部成立至1926年1月，短短三个月，党员人数就从1万余人激增至近5万人，新党员大多为学生、工人和农民，一改国民党以华侨为支柱的状况。

但是，自国共合作以来，国民党右派一直在伺机打击排挤共产党。1926年，杨匏安被迫辞去国民党中央组织部秘书职务。1927年，在“四·一二”反革命政变的枪声中，第一次国共合作结束，杨匏安被列入“秘字第一号令”通缉的“共产党首要”名单第八位。

面对敌人的白色恐怖，杨匏安毫不畏惧，以中央监察委员会委员的身份出席了中共中央在汉口召开的“八七会议”，并受命协助广东党组织接应南下的南昌起义部队，同时继续在国民党军队内开展统一战线工作。

当杨匏安冒着生命危险为革命事业四处奔波时，党内“左倾盲动主义”开始盛行，他被扣上了“机会主义”的帽子，并被撤销中央监察委员职务，留党察看，但他仍表示“公忠不可忘”，赴南洋工作。

1929年，杨匏安受到的不公正待遇得到纠正。他和全家迁居上海，主持党刊党报的编辑出版工作。因为党的经费有限，他不愿意给组织增加负担，白天在秘密机关编辑党报党刊，晚上译书赚取稿费贴补家用。

20余万字的《西洋史要》，就是杨匏安在这个时期编译完成的。这部具有开拓意义的世界史专著，是我国首部用马克思唯物主义观点编写的西洋史专著，影响了几代青年人。

1931年，由于叛徒出卖，特务们按图索骥抓捕了杨匏安。被捕时，特务在其身上只搜到五块钱的钞票一张，两块钱的钞票两张，眼镜一副。这九块钱，就是其一家十口仅有的生活费。

得知消息的蒋介石喜出望外，他深知曾经担任国共两党重要职务的杨匏安的影响力，几次派熊式辉、吴铁城等国民党要人向杨匏安劝降，都遭到严词拒绝。

一招不成，蒋介石又搬来杨匏安的故交国民党元老吴稚晖。老奸巨猾的吴稚晖诱劝杨匏安，只要写一份自首书或登报声明脱离共产党，保证他高官厚禄，得到的却是杨匏安的当即驳斥。吴稚晖恼羞成怒，以死威胁，杨匏安斩钉截铁地回答："我从参加革命起，早就置生死于度外，死可以，变节不行！"

劝降进行到最后，蒋介石亲自出马。他连写两封劝降信到狱中，被杨匏安撕得粉碎扔到墙上；他亲自打电话到狱中劝降，也被杨匏安愤然摔掉电话话筒。蒋介石见劝降无望，又听到共产党准备武装劫狱的消息，于是下令"就地枪毙，让他秘密消失"。

同年8月，杨匏安被秘密枪杀于上海龙华国民党警备司令部监狱，时年35岁。

临刑前，杨匏安口诵一首《示狱友》，与难友们共勉：

慷慨登车去，相期一节全。
残生无可恋，大敌正当前。
知止穷张俭，迟行笑褚渊。
从兹分手别，对视莫潸然！

1941年，皖南事变爆发，国民党顽固派掀起第二次反共高潮，中共南方局和八路军驻重庆办事处的部分同志留守重庆，坚持工作。周恩来总理引用这首诗，与同志们共勉。中华人民共和国成立后，诗人萧三将其收入著名的《革命烈士诗抄》。

为社会进步做出贡献的人，历史不会忘记他。

半个多世纪之后，杨匏安纪念铜像在珠海香洲香炉湾畔落成。他手持烟斗，眼神深邃坚毅，徐徐的海风中，衣角、围巾高高扬起。

杨匏安的故乡南屏北山村，一所以他的名字命名的纪念小学每天书声

1986 年，杨匏安塑像被安放于香炉湾畔。（来源：珠海市博物馆）

琅琅。他的半身雕像，手按经典，双目凝视远方，矗立在美丽的校园中央。

距离纪念学校不远，是青砖褐瓦的杨匏安陈列馆。近百块展板、十余件文物复制件及一部《马列火种播华南》的视频，再现了杨匏安不平凡的革命人生。

杨匏安的精神，依然闪烁着新时代的光芒，薪火相传，生生不息。

淇澳岛上的半面蚝壳墙

1929年2月25日，当人们还沉浸在元宵节的欢乐余韵，享受着合家团圆的喜悦时，刚刚带病主持完中华总工会第二次会议的苏兆征，因常年劳苦，日夜工作，旧病复发，即将走到生命的尽头。

弥留之际，这位为中国工人运动鞠躬尽瘁的杰出领袖，依然念念不忘他为之奋斗终生的革命事业。前来探望他的邓颖超，匆匆记下了他最后的声音："希望大家共同努力奋斗，大家同心合力起来，一致合作达到我们最后成功。"

时年44岁的苏兆征，如流星般划过革命的天空，刹那间绽放所有光华，虽然短暂，却绚烂如虹！

在风浪中搏击

淇澳岛，山光明媚，水色秀丽。岛上有白石街，街上有一用蚝壳、黄泥、蚝灰、糯米粥混合筑起的矮墙小院。这座极富岭南特色的建筑，青砖

苏兆征（1885—1929），原名苏吉，广东香山县淇澳岛淇澳村人（今珠海市淇澳岛人）。中国工人运动的先驱和著名领袖，中华全国总工会的主要创建人和领导人，国际工人运动活动家，中国共产党早期重要领导人之一。

灰瓦，土木结构，古朴雅致。苏兆征的童年，便是在这里度过的。

这条白石街，曾是淇澳岛人的骄傲。距苏兆征诞生半个世纪之前，淇澳岛人用自制的土枪土炮击退了意图登岛侵略的英美商船，这比广州三元里抗英斗争早了整整 8 年，也是中国近代史上反抗外辱为数不多的胜利之一。

英美侵略者被迫和谈，并赔偿白银 3000 两，被村民用来铺设了白石街，以铭记那段抵御外辱的光辉历史。自小，苏兆征就和小伙伴们在这条街上玩耍，听老人们眉飞色舞地讲起那段慷慨激昂的故事。

苏家世代务农，靠租种地主家的几亩薄田为生。为生活所迫，年幼的苏兆征也不得不去给地主家放牛，赚取少得可怜的收入贴补家用，受尽了地主家的白眼和打骂。

10 岁时，外祖母拿出自己微薄的积蓄给苏兆征做学费，他才得以读了三年的私塾。私塾师傅王步千是一位思想开明、富有良知的进步知识分

苏兆征故居，位于淇澳村东溪坊，建于清朝光绪年间。（来源：珠海市博物馆）

子，曾保释被捕入狱的苏兆征，后被反动当局迫害致死。

在王步千的教导和影响下，苏兆征学习分外努力，广泛涉猎文史知识，并开始初步了解国家大事，心智也逐渐成熟。

1903 年，苏兆征 18 岁。家乡遭灾让原本就入不敷出的家庭更加雪上加霜，他只得跟随乡亲们前往香港谋生，在一艘往来香港至南洋的“乐生”号轮船上做“侍仔”。

从此，苏兆征的人生便和中国工人运动重叠在一起。

“侍仔”的生活非常凄苦，除了繁重的劳动，还要饱受歧视和虐待，生病也只能自生自灭。有些海员难以忍受，只能跳海自杀。然而，苏兆征却并没有屈服于恶劣的劳动和生存环境，他先后辗转于“乐生”“泽生”“海檀”“海康”“塔头”等多艘英美轮船，将自己磨砺得更加坚韧不拔。

由于经常随船漂洋过海，出入世界各地，苏兆征的眼界逐渐开阔。19 世纪初，欧美各地工人运动如火如荼，1908 年英国 30 万工人大罢工，1910 年法国铁路工人大罢工运动……耳闻目睹，让他深受震动和启发。

苏兆征期待着将来有一天，中国工人阶级也能够觉醒，团结起来进行革命斗争，以摆脱帝国主义、封建主义的双重压迫。以革命改变中国社会的宏大理想，在这位年轻海员的心里萌芽了。

投身民主革命

机缘巧合，苏兆征在轮船上结识了为推翻清朝统治而奔走革命的香山同乡孙中山，并多次掩护孙中山躲避追捕，孙中山对其大为赏识。目睹了海员中蕴藏着强烈的爱国情怀和巨大的革命热情，孙中山鼓励苏兆征将海员团结起来，参加到推翻清王朝的革命运动中去。

这让苏兆征兴奋不已。在孙中山的影响和帮助下，他逐渐将个人荣辱同国家、民族的命运紧紧联系在一起。1908 年，经孙中山介绍，他加入了中国同盟会，后又转为国民党党员，成为民主革命的积极分子。他在海员中宣传革命思想，先后领导成立多个海员团体，协助孙中山等革命党人在南方发动起义。

1911 年广州起义前夕，革命党人急需一批武器运送至广州。苏兆征带领海员们将武器装箱上船，并机智地给箱子贴上达官显贵的名片，伪装成他们的贵重行李，巧妙地躲开了密探的搜捕，将武器顺利地送到革命党人手中。对于自己这位同乡加同志，孙中山曾多次亲笔写信、题词给他，以表彰他对革命的贡献。

辛亥革命成功后，部分海员领袖摇身一变，洗脚上岸成为新政府的官员。当新政府把委任状送到苏兆征的面前时，他婉拒了新政府的邀请，掉头不顾，继续回到海员队伍中，投身于维护海员自身权益的斗争中去。

然而，辛亥革命并未给中国的命运带来太多的改变。袁世凯称帝、军阀割据混战、帝国主义依然肆虐……人民依然处于水深火热之中，这让对资产阶级民主革命寄予厚望的苏兆征苦恼不已。

1914 年，因经常领导海员反抗压迫，苏兆征不断遭到轮船老板的解雇。回到故乡后，他和自己的启蒙老师王步千及村里的进步青年农民一起宣传革命思想，带领乡民反抗地主乡绅的压迫。

苏兆征等人的进步行动，遭到当地地主乡绅的仇视。他们勾结当地政府官员，将他们拘捕入狱。在狱中，王步千被折磨致死，领头的五位青年农民惨遭杀害，苏兆征也被囚一年有余方才释放出狱。

惨痛的教训，让苏兆征彻底认清了反动统治者的丑恶面目和社会的黑暗。在村外江树山脚的“义士墓”前，他含泪摔碎一个青花瓷碗，发誓“宁为玉碎，不为瓦全，为大众鞠躬尽瘁，死而后已！”

然后，苏兆征收拾行装，再度出发。

在工人运动中成熟

离家后，苏兆征再次当上了海员。历经风浪的他，已经意识到旧有的资产阶级民主革命思想已无法解决当时中国社会所面临的各种矛盾，他开始重新思考中国社会革命的道路问题。

“十月革命一声炮响，为我们送来了马克思主义。”这让苏兆征备受鼓舞。他曾随船来到东欧向苏联海员了解十月革命的前因后果，逐渐认识到十月革命划时代的历史意义。

回国后，苏兆征开始接触并研习马克思主义等理论。1919 年，五四

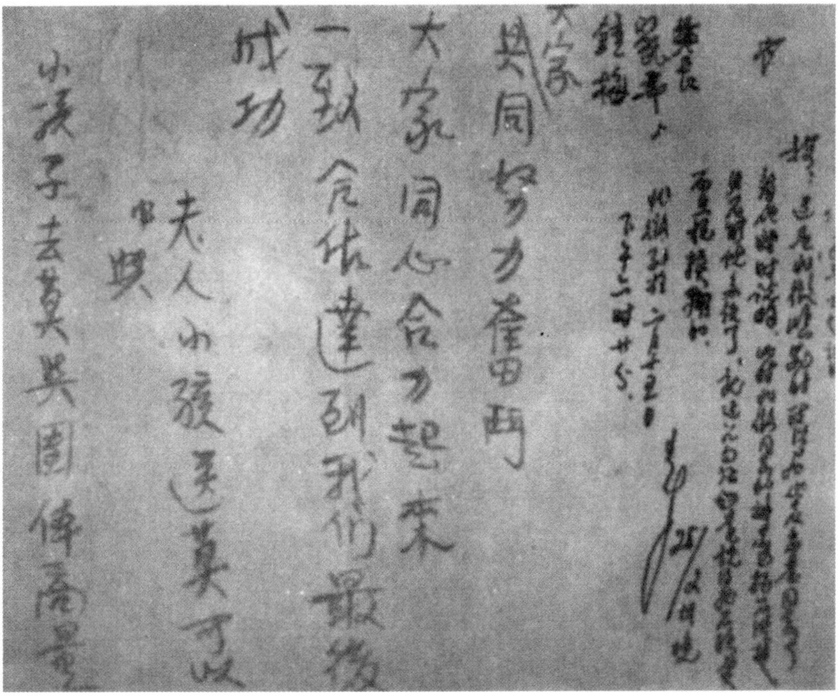

苏兆征遗嘱，由邓颖超亲手记录。（来源：珠海市博物馆）

运动爆发，打开了中国新民主主义的大门，中国无产阶级开始登上政治舞台，马克思主义在中国得到广泛宣传和强力传播。

苏兆征也开始使用马克思主义理论引导和教育船上的工友。1920 年，苏兆征目睹船上一名童工被工头打成重伤，奄奄待毙。他便发动船员“团结起来”斗争，提出严惩打人者，并联络其他船上的中国海员一起抗争，最终以资方的妥协而胜利告终。

这是苏兆征第一次领导工人运动并取得胜利。他过人的胆识、才略和睿智，赢得了海员们的一致信赖与拥戴。这也让他认识到，中国的革命，只有动员、依靠绝大多数人起来抗争，才能取得彻底的胜利。

1924年年初，为扩大广东地区革命活动范围，中共中央决定成立香港支部。苏兆征主动向党组织靠拢，并坚决表示要加入中国共产党。当时，周恩来、陈延年等已先后来到广东工作，苏兆征同他们保持着紧密联系，并多次邀请他们向海员介绍马克思主义，宣传党的主张。

翌年，由国民党左派和共产党共同推动召开的国民会议促成会在北京召开。应孙中山之邀，苏兆征作为香港工人的代表北上参会，并将他广泛搜集的香港广大工人的意见呈交促成会讨论。

在北京，他第一次见到了仰慕已久的李大钊。同为中国革命的斗士，两人相见如故，彻夜长谈。在李大钊的帮助下，苏兆征深入了解了党的纲领、党的章程等，进一步接受了马克思主义教育。后经李大钊介绍，他正式加入中国共产党，成为一名进步的无产阶级战士。

省港大罢工

入党后，苏兆征同邓中夏、林伟民等中共早期领导人并肩战斗。在他们的熏陶和影响下，他深入学习马克思主义，工人运动思想逐渐走向成熟。

1925年，上海发生骇人听闻的“五卅惨案”。消息迅速传遍全国，各地纷纷罢工罢课，声援上海人民的反帝斗争。根据中共中央举行“援沪同盟罢工”的统一部署，广东区委决定发动省港大罢工，并委派邓中夏、苏兆征具体组织罢工工作。

苏兆征一方面利用自己在海员中的声望，充分发动海员，一方面说服具有行会色彩的工会，取得他们的支持。同年6月19日，香港海员、电车、印刷工人开始罢工，继之洋务、装卸、煤炭、机器、船坞等工人加入罢工行列，打响了这次反帝反封建斗争的第一枪。

省港大罢工情景。在罢工的酝酿与发动过程中，苏兆征起到了极为重要的领导和组织作用。

大罢工开始后，工人陆续从香港撤回广州。苏兆征延续并完善香港海员大罢工的做法，成立罢工工人代表大会，作为罢工的最高议事机关，每个行业选出 50 名代表，所有大事必须经由大会投票通过。

在党的领导下，中华全国总工会成立省港罢工委员会，作为罢工的最高领导机构，苏兆征被推举为委员长，并兼任财政委员会委员长。为了保障罢工斗争的安全，苏兆征亲自领导成立了 3000 人的罢工工人武装纠察队，成为早期党领导下的武装力量。

苏兆征也意识到，罢工是一场旷日持久的战斗，必须全心全意解决好工人的吃穿住行，让他们无后顾之忧。为此，省港罢工委员会兴办了报纸、公共饭堂、宿舍、医院、学校等机构，以心换心，激发了工人们的战斗热情。

作为罢工运动的领导人，苏兆征坚持与工人们同甘共苦，事必躬亲，深受工人们爱戴和拥护。1926 年 1 月，他主持召开全国海员第一次代表大会，当选全国海员总工会执行委员会委员长。同年五月，第三次全国劳动大会上，他又被推选为中华全国总工会第二届执行委员会委员长。

苏兆征，这位曾经的放牛娃，历经艰苦卓绝的斗争，成长为名副其实的中国工人运动领袖。时任中共广东区委书记的陈延年曾盛赞他“是一个党性很强、工作很踏实，任劳任怨，不辞辛苦的十分优秀的好工人领袖”。

省港大罢工历时 16 个月，是世界工人运动史上时间最长的一次罢工，有力地支援了上海人民的反帝斗争和广东革命政权，在世界工运史上留下了光辉的一页。其间，近七千余名工人加入中国共产党，成为革命的生力军。

转战武汉

随着全国革命形势的发展，武汉成为新的革命中心，中华全国总工会也随着国民政府北迁至武汉。时任全总委员长的苏兆征，受党委派出任国民政府劳工部部长。当他达到武汉时，各革命团体和当地群众约 50 万人，为他举行了隆重的欢迎大会。

《汉口民国日报》发表题为《革命的象征》的社论，称“苏兆征同志代表全国 280 万干革命的产业工人站在我们的面前，告诉我们全国的工人阶级已经领导着，而且正在领导着，并且继续领导着中国的国民革命”。

1927 年 4 月，国民党反动派发动“四 · 一二”反革命政变，革命形势急转直下。面对国民党反动派对工农革命运动的疯狂扼杀，苏兆征旗帜鲜明地宣布：“无论付出多大的牺牲，中国无产阶级将坚持斗争到底！”

其间，苏兆征出席了中国共产党第五次全国代表大会，当选为中央政治局候补委员。会后，他又主持召开了太平洋劳动会议和第四次全国劳动大会，再次被推选为中华全国总工会执行委员会委员长。

1927年8月7日，中共中央政治局在汉口召开紧急会议。会议选举产生了临时中央政治局，苏兆征当选为政治局委员，并与瞿秋白、李维汉担任政治局常务委员，从此跻身中共中央核心领导层，如邓中夏所言："苏兆征同志从'八七'会议后，便成为中国党的中心首领之一了。"

也就在这一年，苏兆征的导师李大钊、战友陈延年先后被国民党反动派杀害。噩耗传来，他泪湿沾巾，心痛得肝胆俱裂。然而，痛定思痛之后，他化悲愤为力量，扛起革命的大旗继续战斗。

1928年2月，苏兆征应赤色职工国际之邀，出席了赤色职工国际第四次代表大会。会上，他详细介绍了中国工人阶级的战斗历程和大革命的经验教训，引起与会三十五个国家代表的高度重视，并展开专门讨论。同时，他也被选为赤色职工国际执委会委员和共产国际六大执行委员。

会后，苏兆征暂留苏联，参与筹备中共六大。1928年6月，中共六大在莫斯科召开，苏兆征对陈独秀的右倾投降主义错误进行了批判，并继续当选为中央委员和中央政治局常务委员，兼任中央工委书记。

中共六大结束不久，苏兆征就病倒了。长期的高强度工作和营养不良，摧毁了他原本强壮的身体。组织安排他在苏联治疗，未等痊愈，一心惦记革命事业的他就坚决要求回国，抱病投入到新的战斗中去。

1929年春节后，苏兆征旧病复发，被紧急送进医院治疗。不幸的是，为时已晚。在周恩来、李立三、邓小平、邓颖超等战友的守护下，苏兆征溘然长逝，终年仅44岁。逝世第二天，中共中央政治局发出通告，号召全党沉痛悼念苏兆征，"要一致地继承着苏兆征同志的精神，向前奋斗！"

苏兆征长期掌管罢工运动财政工作和党中央财务工作，却是身后萧条，清清白白，以至于中华全国总工会发出通告，号召“为苏委员长家属实行募捐……当能救济他家属暂时穷困于万一”，殊为可叹。

很多年后，人们依然会想起苏兆征。

1985年，全国政协主席邓颖超在会见苏兆征的一双儿女时透露，中共中央曾打算让苏兆征担任党中央总书记职务，只可惜他积劳成疾，英年早逝而未能实现。

2009年，中央宣传部、中央组织部等11个部门评选“100位为新中国成立做出突出贡献的英雄模范人物”，苏兆征的名字赫然在列。

苏兆征当年的遗言，早已变成现实。正如习近平总书记所说：“今天，我们比历史上任何时期都更接近、更有信心和能力实现中华民族伟大复兴的目标。”

中国工运的珠海身影

他的一生，同中国工人运动紧紧地拴在一起。中国历史上规模最大、时间最长的省港大罢工，让他的名字永远镌刻在中国工人运动史册的首页上。

但是，他并不为人所熟知。遍阅档案，也只找到他的一张并不清晰的照片和画像。近一个世纪的岁月沧桑，家乡人为他建起了纪念馆，树立了铜像。

那一天，他的铜像落成揭幕，尽管天空飘着蒙蒙细雨，人们依然从珠海的四面八方涌来，在他的铜像前肃穆鞠躬，致敬这位逝去的英魂。

珠海人都知道他的名字：林伟民。

凄苦“侍仔”生涯

时光穿梭到 1887 年，清王朝社会动荡，内忧外患，葡萄牙趁火打劫，强迫清政府签署《中葡北京条约》，正式占领澳门。这一年，林伟民出生于香山三灶岛一个贫苦的农民家庭。

林伟民（1887—1927），原名林兴，广东省香山县人（今珠海市三灶镇），曾任中华全国总工会委员长。

自鸦片战争以后，中国逐渐沦为半殖民地半封建社会，广大农民深受封建地主和帝国主义双重压迫，身在水深火热之中。林家以租种土地为生，偶尔在海边捕捞些鱼虾换些米粮，经常揭不开锅，林伟民的童年就是在忍饥挨饿中度过的。

林伟民生长的家园香山，曾经是南宋末年的古战场，文天祥、陆秀夫等民族英雄在这里上演了一出悲壮的民族史诗，林伟民从小就熟悉这些典故。然而，香山地处旧中国东南海防的最前沿，遭受帝国主义侵略也最为严重。

在这样的环境中长大，林伟民的潜意识里，自然而然地成长出一种反抗的力量。

1906年，已经十九岁的林伟民，到附近村里一家酿酒铺里做杂工。每天十几个小时的超负荷劳作，严重透支了他的身体。因太过疲惫，他的右臂不慎落入滚烫的油锅。唯利是图的老板不仅没有给他医治，反而趁机解雇了他。

得益于母亲每天冒险上山采药敷治伤口，林伟民的右手臂才逐渐好转。香山接壤澳门、香港，很多当地人都跑去那里谋生计。在同乡的介绍下，伤势痊愈的他来到香港一艘外国轮船上当“侍仔”，开启了他的海员生涯。

“侍仔”是船上最劳累、最下贱的工作。在船上，林伟民每天要连续工作十六七个小时，清洗碗碟、端菜送饭、擦洗地板……一刻都不能停歇。可是工资每月仅有 10 元，还要被工头克扣。悲惨的遭遇，在他的心里埋下了反抗侵略压迫的种子。

当时，孙中山正奔走于香港、日本、南洋以及欧美各地，为推翻清王朝的统治四处宣传革命，联络会党，筹措起义资金。乘船时，他与中国海员常有接触。同为香山老乡，林伟民也与孙中山交往密切。深受封建主义和帝国主义双重压迫的林伟民，对孙中山的革命理念非常认同。

1908 年，在孙中山的介绍下，林伟民加入同盟会。1913 年，海员组织“联义社”在日本横滨成立，林伟民成为社里的骨干分子。他和社里其他海员一起，冒着生命危险，为革命党人秘密传递消息，筹集经费，并利用“海员”的身份协助革命党人运送军火物资。

香港海员大罢工

1917 年 11 月，列宁领导的俄国“十月革命”取得胜利，极大地鼓舞了世界殖民地半殖民地国家受压迫民族的革命运动。由于经常随船进出世界各地的港口，林伟民较早得到这个消息，并深受鼓舞和启发。

当时，中国海员的生存状况惨不忍睹。据林伟民的同乡、海员领袖苏兆征回忆：“中国海员人数不下十万人……在香港、上海等处，生活特别昂贵，即房租一项每月至少也要十余元，而月薪又有包工头克扣……因而卖妻鬻子者往往有之……还有政治上的压迫，譬如到美国不许上岸。在船上受帝国主义的虐待而无路诉冤。”

1920 年，苏兆征在一艘英国轮船上领导海员发起反虐待斗争并取得胜利。这让林伟民看到了海员的力量，意识到将海员组织起来的重要性。于是，他和苏兆征一起，在海员中进行革命宣传，并积极筹建海员工会。

“中华海员工业联合总会”创办员玉照，下排右一为林伟民。（来源：珠海市博物馆）

同年3月，香港海员自己的组织“中华海员工业联合总会”（简称“香港海员工会”）成立，总部设在香港，这是中国最早的产业工会之一。凭借较高的声望和出色的表现，林伟民被选为海员工会第一届干事，并逐渐成长为其中的骨干。

四个月之后，中国共产党第一次全国代表大会召开，中国共产党宣布建立。不久，党成立中国劳动组合书记部，成为当时全国唯一的工运领导机关。在党的领导下，各地工人罢工斗争风起云涌，截止到1923年“二七惨案”为止，全国共发生罢工百余次。

受到各地工运运动的鼓舞，香港海员工会开始酝酿大罢工。恰值香港物价飞涨，海员们工资微薄，加上层层盘剥，生活困苦不堪，寄希望于增加工资来改善生活。在林伟民等海员领袖主持下，香港海员工会连续三次向轮船资本家提出增加工资、取得海员就业介绍权和废除包工头剥削等要求。

但是，对于海员们的合理诉求，轮船资本家根本不予理睬。这种蔑视的态度，彻底点燃了海员们心中积压多年的怒火。这也让他们意识到，只有强硬的斗争，才能维护自己的合法权益。他们决心通过大罢工来斗争到底。

1922 年 1 月 12 日下午，“海康轮”鸣响警笛，正式拉开香港海员大罢工的帷幕。截止到 2 月上旬，参加海员人数高达 6500 人之多，168 艘中外轮船因罢工而停运，五条太平洋航线和九条近海航线陷于瘫痪。

据当年 2 月 16 日《新闻报》报道：“此次香港船员罢工，凡用华人为船员之船，除某某一艘外，余皆在内……船上大小船员自领港至装炭之人，均停工离船。”这种形势也很快波及到新加坡、暹罗、上海等口岸。

罢工局面的迅速扩大，引起了港英政府的极度恐慌。当局宣布全城戒严，派出军警逮捕封闭海员工会会所，逮捕罢工领导人，限制海员离开香港，并采用离间、威胁和恫吓等手段，分化海员队伍。

港英当局的一系列倒行逆施，非但没有遏制住罢工的势头，反而更加激起了海员的斗志。林伟民等骨干建议对香港进行经济封锁，成立工人纠察队切断了华南各港口对香港的粮食、肉类、蔬菜等日常生活品的供应，导致香港物资短缺，物价飞涨。

为了声援海员们的正义斗争，香港各行各业的中国工人也举行了总同盟大罢工。一时间，交通阻滞、商店关门、工厂停产……整个香港成为一座死城，曾有报纸这样描述：香港昔日“入夜灯光四照，今则黑暗无生气”。

陷入绝境、走投无路的港英当局终于妥协，和林伟民等罢工代表重新坐回谈判桌前，答应海员们提出的增加工资15% ~ 30%、取消封闭海员工会的命令、抚恤死难工人家属等各项要求，林伟民等4人代表罢工海员在复工协议上签字，海员返港复工。

至此，历时56天的香港海员大罢工宣告胜利结束。作为香港海员大罢工领导人之一的林伟民，立场坚定，机智勇敢，及时揭穿对方种种阴谋，一心一意为海员争取利益，在海员中积累了很高的声望。

香港海员大罢工的胜利，成为我国工人运动史上第一次高潮的起点。在它的影响下，全国工人运动日益高涨。

根据斗争形势的需要，1922年5月，中国劳动组合书记部在广州召开第一次全国劳动大会，林伟民受邀参加。会上，他满怀深情地回忆了香港海员大罢工56天的光辉历程，深深感动了每一位与会代表，赢得他们的一致赞扬。

上海海员大罢工

位于上海虹口大名路的国际邮轮码头，是上海目前两个经营国际邮轮业务的码头之一，也是亚洲屈指可数的邮轮停靠基地。96年前，这里曾是中华海员工业联合总会上海支部所在地。

第一次全国劳动大会后，应上海海员代表的邀请和香港海员工会的委派，林伟民赴上海帮助建立统一的海员工会。当时，上海海员虽团体众多，但各自为政，难以形成罢工斗争的巨大合力，更无法与资本家相抗衡。

面对这种窘况，林伟民深入轮船或海员的住所，结合自己香港海员罢工胜利的经验，耐心地给海员们讲述团结就是力量的道理和建立统一的工会组织的重要性，鼓励大家捐弃门户之见，团结一致，为全体工人的利益而共同奋斗。

百老汇 163 号，以林伟民为首的中华海员工业联合总会上海支部办公地点（今大名路 208 号）。（来源：珠海市博物馆）

在林伟民的多方奔走和斡旋下，1922 年 7 月 2 日，中华海员工业联合总会上海支部，又称“上海海员工会”，在百老汇路 163 号（今大名路 208 号）公开挂牌办公，林伟民被推选为主任。

支部成立后，林伟民便立即着手酝酿一场增加工资、改善待遇的工人运动，锋芒直指招商局。在连续三次致函招商局无果后，1922 年 8 月 5 日，上海海员同盟罢工正式开始，范围涵盖宁绍、同裕等 20 多家轮船公司，60 余艘轮船，逾 3000 人。

罢工期间，林伟民的妻子在广东老家身患重病。尽管家人多次催促其返乡，然而，他深知罢工关系数千工人的切身利益，强忍内心的痛苦，坚持斗争。不久之后，其妻病逝，噩耗传来，他身心俱碎，悲痛欲绝。但是他以大局为重，将妻子的后事托给亲友办理，自己继续留在罢工前线。

在林伟民的科学部署和正确领导下，上海工人万众一心，同仇敌忾，招商局不得不妥协。1922 年 8 月 25 日，双方达成和议。翌日，上海海员工会举行盛大复工仪式，林伟民亲自登台演讲庆贺胜利。

第一位海员共产党员

因多次领导工人罢工，林伟民遭到上海租界当局的追缉，被迫于 1922 年年底返回香港。港英当局也将他列为不稳定分子下令驱逐出境，他只好隐藏身份，秘密留港，协助整顿香港海员工会。

1924 年春，林伟民受国际运输工人代表大会的邀请，以中国海员代表的身份，赴莫斯科出席国际运输工人代表大会。因路途遥远，其抵达时会议已经结束，但在赤色运输职工国际苏联总工会的邀请下，他留苏参观学习，并作了《实行罢工与帝国主义和反动派进行斗争的问题》的报告。

其间，旅苏中国共产党组织指派罗亦农联络林伟民。在罗亦农的帮助和介绍下，林伟民接受了党的教育，加入了中国共产党，成为第一位海员共产党员。

1924 年 10 月，林伟民从苏联回国。两个月之后，他领导了广州盐船工人大罢工并取得胜利。当时的《海员工会月刊》评论说，罢工斗争“收效之迅速，实赖林伟民君认真，而且运动机警，故能如愿以偿”。

事后，盐船工人纷纷要求加入海员工会。经认真讨论后，香港海员工会决定同意盐船工人入会，并于 1925 年 1 月成立中华海员工业联合总会广州第一支部。

同年劳动节，第二次全国劳动代表大会在广州召开，大会一致推举林伟民为中华全国总工会执委会委员长，暨中华全国总工会第一任委员长。

由此，林伟民成为全国工人运动的领袖。

1925 年 6 月，省港大罢工爆发前夕，林伟民等成立省港罢工委员会

省港罢工委员会成立，林伟民代表中华全国总工会参加。（来源：珠海市博物馆）

临时办事处，迅速筹集经费，购置粮食等日常必需品，并征用广州市内的空置房屋作为工人宿舍。罢工开始后，工人纷纷离港返回广州，得益于他的充分准备，工人们都得到了及时妥善的安排。

作为中华全国总工会的代表，林伟民位居省港罢工委员会 13 名代表之列。他亲自主持罢工工人代表大会，讨论设立工人纠察队、对港经济封锁等重大问题，后又主持召开罢工委员会第一次会议。

林伟民的腿部患有骨结核病，省港大罢工期间，旧病恶性复发。他咬牙坚持在罢工的领导岗位上，最后病情严重不得不做手术。虽然身在病床，他仍然心系省港大罢工，多方了解罢工的进展，提出自己的建议。

林伟民对工人运动的执着，感动着每一位工人。1926 年 5 月，第三次劳工大会上，代表们选举他为中华全国总工会第二届执委会执行委员。然而，林伟民的病情接连恶化，两次手术都回天乏术。

1927 年 9 月，林伟民在医院病逝，走完了他光辉而短暂的一生，时年40岁。当时，国民党反动派已发动“四·一二”反革命政变，全国陷于白色恐怖之中。广州盐船工人冒着生命危险，集资安葬了林伟民的遗体。

一尊铜像，一座丰碑，更是一种生生不息的精神。

站在林伟民铜像前，他迎风而立，飘扬的衣角透着洒脱，右手拄杖，左手插兜，双目炯炯有神目视前方……铜像之侧，是以林伟民为主题的中国早期工人运动史迹陈列馆。每逢节假日，不少游人来到这里，从一张张展板里，阅读这位工运先驱的奋斗历程，感受革命前辈创业之艰辛，汲取创造美好生活的力量。

我的眼前，又浮现出他为革命而奔走的一生：工人运动是林伟民生命的全部。正是因为有如他一般的人，信念坚定，孜孜以求，中华民族才能够炳曜千秋。

风雨岐关车路

1928 年 3 月 18 日，珠海市西南的前山镇彩旗招展，人声欢腾，岐关车路“前山通车典礼”在此隆重举行。

是日周末，阳光晴好，人们从城市的各个角落像潮水般涌来，时任中山县县长许翥、广东省公路处处长卓康成、澳门总督巴波沙、香港总督金文泰、澳门商会主席许祥等亲临现场，剪彩观礼，可谓万人空巷，盛况空前。

这是珠海境内有史以来第一条公路，标志着珠海迈出了连通岐澳百年梦想的重要一步。

岐澳古道，自古难行

民国以前，香山县山高路远，陆路交通非常闭塞。据《香山县志续编》记载：“西北诸乡，均以航行为捷；东南诸乡，则陆路交通为多。”从澳门到香山县治所石岐，自然也就没有直达的公路。

那么，香山人是怎么通过陆路走向澳门的呢？答案就是岐澳古道。

岐澳古道，顾名思义，就是连接石岐和澳门的陆上官道，分为东干大道和南干大道。如今人们口中的“岐澳古道”，多指位于凤凰山中的“南干大道”，也是通往澳门的主要通道，被誉为“香山近代的茶马古道”。

古道的前身，是当年香山人来回澳门倒腾货品，以谋生计用脚踩出来的山间小道。邻近澳门的前山等乡镇的村民，沿着这条“香山茶马古道”，将自己地里种出来的瓜果蔬菜等农副产品挑到澳门，换回生活所需的火柴、煤油、蜡烛等物品，维持日常的生活。

然而，古道的繁荣，却是到了清朝乾隆年间。

1759年，朝廷颁布《防范外夷规条》，“永禁夷商在广州驻冬，如属必要，可去澳门，次年必须返国。”也就是说，外国人不能长期居留广州，必须取道澳门中转回国，而岐澳古道却是广州陆路通往澳门的必经之路。换而言之，古道已经成为香山乃至珠三角连接中西方文明的黄金之路。

1839年，林则徐以钦差大臣、两江总督的身份南下广州禁烟，也是通过岐澳古道进入澳门，巡视澳门全境，并代表朝廷宣示对澳主权。据传，林则徐曾在古道行进途中，受村民盛情款待，写下《十无益格言》，并被后人镌刻在“许真君格言碑”上。

民国《香山县志续编》的记载，再现了香山人行走岐澳古道的盛况：“自县治南门起，十五里为桂峰茶亭，又十五里为双合山，又十余里为石鼓埗，又十三里曰沙桥，中通一径，上为平逕顶，有云径寺茶亭，良谷二都交界处，由云径寺稍北折而东至石莹桥，又二里至大南坑，又二里蚺蛇塘汛，又南行里余至驰马坡，三里许至平湖沙冈，又五十里至前山寨，又十余里至莲花逕沙堤，又六七里至澳门。”

清朝后期，随着世界海上贸易的空前繁荣，澳门逐渐发展成为远东对外贸易的中心和“海上丝绸之路”的中转港。作为连接粤澳两地的陆上通

在公路开通之前，岐澳古道是香山通往澳门的唯一陆路通道。

道，岐澳古道一度成为“海上丝绸之路”的重要节点。

到了清末民初，岐澳古道的意义已不局限于商业。作为往返香山、澳门的重要陆上通道，它成为香山早期“开风气之先”的人物走向世界的通道。容闳沿着这条路出走澳门，辗转美国，拉开中国学生海外留学的序幕；孙中山也曾经这条路由澳门前往南洋、日本及欧美诸国宣传革命。

然而，岐澳古道并不好走。尽管曾经多次修缮拓宽，这段用青石条铺就，宽约 2 米、长约 70 千米的古道仍多崎岖不平，逶迤难行。香山境内的民众前往澳门贸易谋生，经岐澳古道，只能徒步或小车推拉，需要耗时一天方能抵达，费时失事。

当地近代诗人郑彼岸曾有诗云："长江过后要穿山，此时行路最艰难。山程约莫三塘汛，三个钟头行不尽。山路崎岖最恶行，忽然斜迳忽深坑。沙𡾰时时伤脚板，石头又揗了哥青。"当地方言，以"十里"为一"塘汛"，"了哥青"指胫骨前部。短短五十六个字，道尽行路之艰难。

筚路蓝缕，以启山林

曾有人预测，若开辟一条从石岐直达澳门的公路，从石岐乘坐汽车出发，只需仅仅两个小时便可到澳门，汽车既可搭载客人，也可运送货物，这对于加快当地经济发展，促进岐澳民间交流往来，都不无裨益。

民国初期，广东兴起民办公路之风，岐关车路也就顺势而生。

1927 年 6 月，乡人郑芷湘痛感于中山公路交通不畅，毅然辞官，说服同乡黄昌垣、吴梅一、郑礼卿等人发起筹建岐关车路公司，这也是中国第一家路权产权自主经营的民营车路公司。

经广东省建设厅公路处核实获准立案，公司获颁"路字第 1 号及第 4 号建筑执照"。郑芷湘等在广州成立"中山县岐关车路有限公司"筹备办事处。几个月后，办事处迁往澳门，悬挂牌匾上书"竹庐"二字，取谐音"筑路"之意。

作为民营车路企业，公司要做的第一件事是招商募股，筹措资金。成立之初，郑芷湘等 6 人，每人认缴 200 元为优先股，共筹集 1200 元，其余采用民间集股。然而，第一年的募股效果并不理想，款项不及工程总预算的三分之一。

在《岐关车路有限公司续招新股小引》中，详细地记述了起步时的艰难："粤自民十六年秋……开始集资筹建岐关车路，其时各乡民智未开，难与图始，投资者寥若晨星，筚路蓝缕，停辛伫苦……"

作为创始人和总经理，郑芷湘不落窠臼，创造了多种方式招股。

岐关车路有限公司发行的股票。

游说当时的军政要员及侨商，尤其是香山籍人士认股，每股股金5元。时任国民政府常务委员的孙科认购2040股，大新公司的创建人、“百货大王”蔡昌880股，宋子文、香翰屏各280股。这些人虽然股份不多，但名人的虹吸效应显著，吸引了不少人入股投资。

以农田入股。凡是土地被公路占用的田主，可以以占用土地折价入股，作为筑路股金。此法可谓一举两得，即解决了筑路中的征地问题，又减轻了所需的资金压力，实现了双方的共赢。

设置优先股，优先于普通股获取公司盈利。规定凡投资1000元，并另为公司募集股本2000元者，给予“优先股”40股作为酬劳，列入“创办人”名单，并享有免费乘车及分取花红的权利。

以年利息一分的高回报吸引各方入股，这在当时的民国已属高利率。加之当时东线车路已经全线贯通，经营得当，利润可观，周边县人士、海外华侨、港澳同胞和侨胞自然也慷慨解囊，纷纷入股。

截止到1934年年底，公司共募集股金112.81万元（毫银），其中现金股207456股，股值103.71万元；田亩入股18208股，股值为9.1万元，30多人被列入创办者队伍，为岐关车路的顺利兴建提供了充足的资金流。

为保障投资者的收益，公司以类似于今天股份制的方式进行经营管理。

馆藏档案《民办岐关筑路行车有限公司组织系统图》显示，公司设立股东大会，下有创办人大会与监察员，董事会、总司里都由股东大会选举产生。公司内设总务股、车务股、修车厂、路务工程处及会计股，均由总司理任免，颇具浓厚的现代经营管理意识。

连通岐澳，百年梦圆

1927 年 10 月，岐关车路正式动工。

据《岐关车路路线图》记载，整个工程分五期，按东、西两线修筑：第一期由前山至古鹤，第二期由古鹤至下栅，第三期由下栅至崖口，第四期由榄边至石岐，此为东线；第五期修筑西线，又分西、北两路，西路由萧家村—三乡—深湾—石岐，北路由石岐华佗庙至北台。

当第一期工程筑至翠微时，为加快资金周转，岐关车路公司决定从香港购买并改装美式“雪佛兰”旧汽车经营，边筑路、边行车营业。1928 年 3 月，岐关车路公司在珠海前山举行了盛大的通车典礼，也就出现了开头的那一幕。

前山通车典礼后，翠微与澳门之间正式通车，路线设翠微、前山、北岭和拱北关闸四个上下站，运营客车四辆，每天每辆客车往返 19 次，一举填补了香山至澳门没有直达公路的空白。

其后，各期工程按原计划推进。

1936 年年底，历时九年，岐关车路全线通车。

据相关数据显示，整条公路全程 99.98 千米，其中开山筑路占 26.41 千米，征用农田 758.6 亩，占 69.04 千米，路面均宽 7.7 米，有钢筋混凝土桥 52 座，木桥 39 座，涵洞 272 处，总投资额 30.16 万元。

不足一百千米的公路，却耗时九年，过程不可谓不艰难。现在看来，几乎每筑一节，都会经历新旧文化的激烈交锋。

工程之初，仅筑至距离关闸不远的北岭村，就遭到村民的强烈反对。他们要求更改路线未遂，便请托上海广肇公所北岭村籍商绅，以“毁坟灭骨、侵占尝田”的罪名，以公所名义向广东当局施压。幸赖广东当局全力支持，筑路工程方能继续进行。

岐关车路线路图。

其后的工程，也屡屡遭到乡民以“破坏风水”为由阻挠筑路。九年里，大大小小的“抗筑”风波竟达十数次之多。岐关车路公司为避免纠纷，选线甚为谨慎，并给予合理赔偿，才得以将矛盾一一化解。

最终，先进战胜了落后，文明战胜了愚昧。一条北起石岐直抵澳门火船头的岐关车路建成并登上了近代交通史的舞台。连通岐澳的百年梦想，一朝梦圆。

民办专营，成效显著

创办之初，岐关车路公司就取得了政府承诺的“永远通车营业之权利”。岐关车路《章程》第十二条，以明确的文字标明：“本公司自奉到官厅核准立案之日起，得享受……地方人民集股筑路办法规定，应有永远通车营业之权利。”

营运分为客运和货运，客运由岐关车路公司专营，货运则由良友货运车行代理运营，岐关车路公司每月收取500元养路费。1928年8月，岐关车路公司又以1.28万元购得澳门市政厅汽车运输专利权，其客车可进入澳门市内行驶，每年每辆车另缴纳管理费250元。

车路通车后，公司持续购买汽车投入运营。截至1933年，公司上路车辆已由1928年的4辆增加到大小客车97辆，自由车21辆；后备大小客车8辆，后备自由车9辆；各种工程车10多辆，总资产达到190多万元。1936年，岐关车路全线通车，公司又陆续购置了“宾士”“道奇”牌新柴油客车，替换从香港购回的二手客车。

据《岐关车路有限公司车票价目表》显示，岐关车路全线设有上落站38个，直达班车每天两次，单程票价为2.5元。由于定价合理，方便快捷，很受岐澳两地民众的欢迎，营业额也逐年大幅度攀升，1929年仅为1.98万澳门元，到1931年已猛增至64.8万澳门元。

岐关车路，成为20世纪三四十年代全国唯一的“奉准永远专利权”的民办公路。

正当岐关车路形势一片大好时，1937年，驻华日军悍然发动“卢沟桥事变”，中国抗日战争全面爆发。随着战事的持续扩大，岐关车路营业额剧烈下降，1937年仅为20.9万澳门元，1939年受粤中官僚巨贾逃往港澳的影响，又增至31万澳门元。

1939年，中山全境沦陷。面对日寇的威逼利诱，岐关车路公司从抗战全局出发，以民族利益为第一要务，停止岐关车路一切客货运输业务，并将公路全程分段破坏。抗日战争胜利后，岐关车路于1946年全线修复通车。

中华人民共和国成立后，岐关公路在人民的手中继续发挥着重要作用，被誉为“继南满公路（沈阳至大连）之后，中国大陆第二条符合标准

抗战初期，岐关车路公司乘车券。（来源：珠海地情网）

的沙土公路”，并在 1950 年和 1951 年的全国土路评比中连续荣获第一名。

20 世纪 50 年代以后，岐关公路焕发新的生机，由石岐延伸至广州，成为“广中公路”。1979 年珠海市设立，又改称“广珠公路”。直到今天，我们依然能够看到一辆辆印有“岐关车路有限公司”字样的豪华舒适大巴穿行在这条公路上。

德国人文地理学家 F. 拉采尔曾说：“交通是城市形成的力。”

风雨九十载，岐关公路见证了香山与港澳、乃至西方国家经贸、文化交往与融合，成为珠港澳三地人流、物流及信息流“三流合一”的通道，在交通史、交流史上留下了不可磨灭的印记。

如今，随着“一带一路”倡议的深入推进、粤港澳大湾区方案的呼之欲出及港珠澳大桥的通车，珠海应该站在全新的高度、更广的视野、更高的格局，超前谋划，布局更加快捷的水、陆、空、铁立体化联运的交通体系，打造高质量发展的“一带一路”桥头堡。

这是机遇，也是使命。

狮山浩气

所谓“山不在高，有仙则名。”

狮山，虽名为山，却并非山河险要、形胜之地，无群峰叠立、林海苍郁，亦无名胜古迹。然而，它却因香洲兵变而闻名，因英雄喋血而传世。

这里有革命的传统，无数先烈赴汤蹈火；这里有悲壮的回忆，多少忠魂长眠于此。他们的精神、理想、信念，如日月照千秋，江河万古流。

多年以后，这里松柏掩映，绿树成荫，风景幽邃，位列“珠海十景”之一。人们亲切地称呼它为——狮山浩气。

当历史穿越到 90 多年前……

香洲建营练兵

20 世纪 20 年代初，民国已经走过了十余年的光景，经历了袁世凯复辟、护国运动、护法运动、同盟会改组成国民党等一系列政治风波，孙中山领导的资产阶级民主革命已经困难重重、举步维艰。

此时，作为用先进思想武装的新生政治力量——中国共产党向他伸出了橄榄枝。1923 年 6 月，中共三大决定共产党员以个人身份加入国民党，展开国共合作，建立民主统一战线，共同进行国民革命。

多年的革命生涯，让孙中山意识到建立革命军队的必要性。在共产党的帮助下，孙中山在广州创办黄埔军官学校。1924 年 6 月，又统一改编各路粤军，建立粤军第二师，由张民达任师长，叶剑英任参谋长。

为壮大基层军事骨干力量，孙中山决定在粤军第二师成立独立营，经廖仲恺推荐，由叶剑英出任中山县县长兼独立营营长。

旧式军队的招兵，就是简单粗暴直接抓壮丁。叶剑英深知这种做法的弊端，在师长张民达的支持下，他抽调师部的精干力量，组成征兵小组，深入到阳江、电白等粤西贫困地区，宣传革命宗旨，动员农村青年参军。

在大革命精神的感召下，有志的青壮年纷纷前来投军报效国家。不到两个月的时间，就已经招募到了 900 余人，分编为 8 个连。叶剑英又从粤军第二师严格挑选了一批立场坚定、军事素质过硬的军官，充实到各个连队担任教官和连长，并统一配发苏式装备。1924 年 9 月，这批新兵被带到香洲进行设营整训，香洲独立营正式成编。

为什么选择香洲作为独立营的驻地？是叶剑英率领征兵小组在香山县调查后经过深思熟虑才决定的：首先，香洲距离孙中山的故乡翠亨村不远，群众革命基础比较好；其次，香洲位于香山县最南端，濒临南海之滨，三面环水，背靠狮山，陆路闭塞，水路通达，粤军第二师海上力量雄厚，加之缉私营驻守前山，互为掎角，能有效避免反动军阀的袭扰，保护新生的革命力量。

到达香洲后，独立营修建了简易营房，并迅速投入到训练中。叶剑英吸取了辛亥革命以来军事斗争的经验教训，并借鉴黄埔军校的理念做法，确定了独立营军事训练与政治训练并重的方针，首次提出“军以党化，党以军成”的建军思想，强调军人要服从党和革命的需要，宣传党的主张，贯彻党的决定，杜绝军阀作风，维护百姓利益。

不久，随着独立营的新兵数量不断增加，建制远远超出了一个营，于是和驻守前山的缉私营合并，扩编为香洲新编团，叶剑英兼任团长。

为了迅速提高官兵的军事素质和政治素质，新编团的训练格外严格。叶剑英常以身作则，在练兵场上与新兵一起摸爬滚打，手把手讲解示范，传授军事技巧。同时，深入开展政治教育，使官兵们懂得“非革命不足以图存，非建造有主义、有组织、有力量之党不足以严革命”的道理。

大革命时期，广东农民运动一直走在全国前列，香山则是广东农民运动发展最早的地区之一。新编团的官兵十分注意联系和发动群众，他们经常走访乡村，了解民生疾苦，讲解国内外形势，宣传国共合作的革命主张。在他们的帮助下，香洲、东坑、前山及湾仔等地相继组织建立了农民协会，召开农民代表大会，农民运动蓬勃开展。

在叶剑英及进步官兵的共同努力下，香洲新编团逐渐成长为大革命中的一支骨干队伍，军纪严明，思想进步，战斗力强。至今，不少香洲老人依然对当年的事情赞不绝口：“当年叶参谋长在香洲的队伍不打人，不骂人，不拉夫，不勒索，纪律严明，买卖公平。那样好的军队在当时是很少见的。”

兵变血染香洲

革命，从来都是你死我活的斗争。香洲新编团的日益壮大，让盘踞周边的反革命势力惴惴不安，他们视这股革命的力量如洪水猛兽，必欲除之以绝后患，一个巨大的阴谋在悄悄滋长。

这股反革命势力在香洲附近组建了一个反动民团以对抗香洲新编团，

香洲凤凰路上、狮子山之阳，27 位“香洲兵变”中遇难的烈士长眠于此。

并勾结香洲、前山当地的土豪劣绅、地主恶霸，收买新编团中的司号长等革命意志薄弱、贪图享乐的官兵，密谋叛乱，企图一举消灭新编团。

1925 年年初，大革命进入高潮，叶剑英离开新编团随粤军第二师开始第一次东征，并在东征胜利后出任梅县县长。这股反革命势力认为新编团群龙无首，是消灭它的大好时机，于是内部策反、杀害新编团革命官兵的恶毒计划诞生了。

正当叶剑英在梅县励精图治时，同年 4 月，粤军第二师师长张民达在前线牺牲的噩耗从潮州传来。作为自己在战斗中结下的生死之交，叶剑英悲痛至极，星夜赶往潮州，处理张民达的后事。

探知消息的反动势力觉得叛乱的时机已经成熟，他们秘密联络新编团中的内奸，决定于当月 26 日晚 12 时行动。

当晚，新编团的官兵像往常一样，带着一天训练的疲惫沉沉入睡。突然，一阵连续紧急的军号声划破寂静的夜空。原来，作为内奸的司号长吹响了起床号。令行禁止的新编团官兵闻号立即穿衣起床，冲出营房集结。

这正中了敌人的诡计。趁新编团官兵立足未稳之际，埋伏在营地四周的叛乱分子趁机发起了攻击，整片营区顿时枪声大作。许多官兵甚至来不及隐蔽，更别提组织有效的反击，就倒在了血泊中。

惨烈的兵变，也震动着香洲百姓的心。看着血流成河、尸体遍地的凄惨场面，他们痛心不已，冒着生命危险，在营地里搜寻幸存者，轻伤员抬回本地医院抢救，重伤员则组织船只送往澳门医院治疗。

香洲兵变的消息传出，一时间南粤震动。闻听噩耗的叶剑英，连夜乘船赶回香洲，一边安抚群众，追捕凶手，一边整顿部队，收殓遇害烈士遗体。据资料记载，香洲兵变中，共有陈雨荣、李公剑等 27 位优秀军官、士兵遇害，刚运到的军饷也被叛匪劫走。

兵变的罪魁祸首，过湾仔逃往香港和澳门。经过与澳门当局联系协商，几天之后，11 名凶手被分别从香港和澳门缉拿归案。叶剑英主持召开公审大会，当场将罪犯明正典刑，财产一律充公，香洲群众拍手称赞，大快人心。

为了纪念兵变中牺牲的烈士，新编团和香洲群众将 27 位烈士的遗骸安葬在狮山之阳。同时，成立崇义社狮山保管委员会，入社之人每人每股 3—5 元大洋，香洲群众几百人入会，款项被用来兴建烈士墓和植树绿化。

狮山英雄埋骨

香洲兵变善后事宜处理结束后，前线战事又起。滇、桂系军阀杨希闵、刘震寰发动叛乱，叶剑英奉命火速率粤军第二师日夜兼程，配合黄埔军校教导团击溃了杨、刘叛军，平定了叛乱。

1925 年 8 月，战事稍息，适值香洲烈士墓即将竣工，应狮山保管委

叶剑英同志在香洲烈士陵园瞻仰革命烈士。（拍摄：李国怀）

员会之邀，叶剑英亲自为墓园中的“赍志亭”撰写《赍志亭碑记》，铭刻于亭中正面石梁之上。

碑记中，他痛陈香洲兵变之始末，高度赞扬死难之烈士：“死难之士，皆吾党英俊杰出之才。其志趣之高尚，气概之雄迈，操守之坚贞，精神之伟壮，诚难能而可贵者。”今日读之，仍感振聋发聩，犹有金石声。

1925 年 10 月，“赍志亭”完工。叶剑英和香洲各界人士一起，为香洲兵变中遇难的烈士举行了隆重的追悼大会，驻香洲全体官兵、群众、学生 600 余人出席。他勉励大家，要化悲痛为力量，继承先烈遗志，革命到底。

会后，叶剑英悲愤难当，挥毫以“满江红”词牌填词一阕，回忆昔日

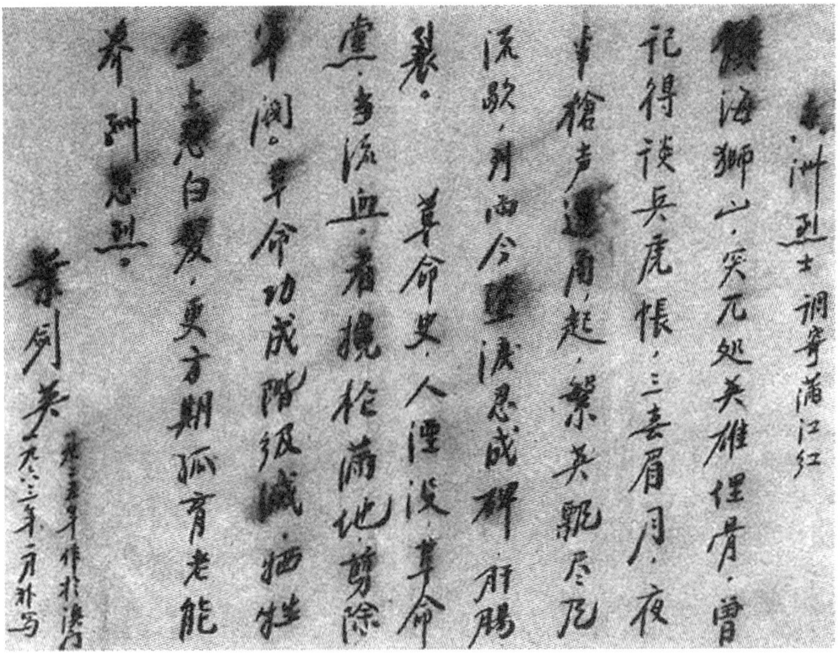
香洲烈士调寄满江红
镇海狮山，突兀处英雄埋骨。曾记得谈兵虎帐，三春眉月。夜半枪声连角起，繁英飘尽风流歇。到而今堕泪忍成碑，肝肠裂。革命史，人湮没。革命党，当流血。看枪满地，剪除军阀。革命功成阶级灭，牺牲堂上悲白发。更方期孤育老能养，酬忠烈。
叶剑英

叶剑英手书《香洲烈士调寄满江红》，沉痛哀悼香洲兵变中死难的同志。（来源：珠海地情网）

之战友情深，陈述悼念之切，被刻于“赍志亭”下方面向烈士墓的瞻仰台正面。词曰：

镇海狮山，突兀处，英雄埋骨。曾记得，谈兵虎帐，三春眉月。夜半枪声连角起，繁英飘尽风流歇。到而今堕泪忍成碑，肝肠裂。

革命史，人湮没；革命党，当流血。看枪满地，剪除军阀。革命功成阶级灭，牺牲堂上悲白发。更方期孤育老能养，酬忠烈。

1950 年，叶剑英任广东省政府主席，每年都会去凭吊香洲烈士墓。

晚年 80 岁高龄时，他还曾健步登上狮山，祭拜“赍志亭”。在烈士墓前，他用微微颤动的双手，为每一位战友敬献上鲜花，并向同行者一一介绍烈士的生平事迹，久久不愿离去。

香洲兵变半个多世纪之后，香洲烈士墓被当地政府修葺一新，开辟为珠海烈士陵园，花园、牌楼、拜祭台、陵墓、赍志亭、壁雕，各自傍山而立，其间以石阶连通，搭配和谐自然，一副对联“热血染香洲，流芳万载；悲泪沾狮山，景仰千秋”，基调慷慨悲壮，读来荡气回肠。

狮山山巅，庄穆古雅的“赍志亭”成为大革命时期的一个象征。亭后默立的巨幅岩石上，一幅宽 38 米、高 4.5 米的浮雕壁画，栩栩如生地刻画了 103 位活跃在革命时期的英雄人物，向人们展示着珠海革命进程的惊心动魄与波澜壮阔。

距离烈士陵园不远，就是珠海最繁华的凤凰路。宽阔的街道上，人潮如织，熙熙攘攘，商铺林立，热闹非常。汽车的马达声、人们的欢笑声、商贩的叫卖声……让每一个平凡的日子变得升腾。

如今，早已不见硝烟弥漫与战火纷飞，当年的杀身成仁、舍生取义的豪情，也已经转变为新时代的奋发图强、开拓进取的热情。我想，长眠地下的烈士们应该会为这个他们生前艰苦缔造的地方——人们生活富裕、幸福，感到欣慰和高兴。

梅花村后中山亭

建筑，是一座城市岁月的见证，就如以“中山”命名的公园、亭子、道路之于国内的城市。

曾有人说，中国有多少城市，就有多少以“中山”为名的纪念建筑。虽言稍过其实，但据《广东省志 · 孙中山志》记载，全球确有孙中山各种纪念设施615处。我走过的城市，大多也有类似建筑，如北京、如上海、如武汉……

当然，珠海也有一座以“中山”命名的建筑，即位于前山镇东北梅花村后山坡上的中山亭，这是中国唯一由孙中山先生亲自持锄奠基的纪念建筑物。自1912年建成，百余载岁月，中山亭和它所处的这片土地，如一位耄耋老人，淡然地坐看时代风云变幻。

前山烽火

中山亭的故事，要从它旁边的珠海市前山中学谈起。

20世纪初，前山中学叫前山镇恭都学堂。那时，前山还没有中山亭，珠海尚称香山，还是孙中山的故里。孙中山奔波于南洋、日本、欧美等国，宣传革命，致力于推翻清王朝的统治。在家乡香山，他的革命事迹广泛流传，令人振奋。

此时，国内起义此起彼伏，清朝的灭亡不过是时间问题。

1910年2月，因广州新军与当地警察局发生冲突，中国同盟会会员倪映典乘机率新军起义，攻击广州城。遭到清政府武装的疯狂镇压后，起义军溃退，除阵亡和被捕外，其余人等撤至香港，起义失败。

这等于打了清政府一记响亮的耳光。编练新军，是晚清军事改革的重要组成部分，“习洋枪，学西法”，完全使用西式军制、训练以及装备，由德国人为主的洋人教习，史称“新军”，全称“新建陆军”。

作为清朝花大力气编练的正规军，竟然屡屡被孙中山领导的革命党人策反，这不能不说是滑天下之大稽。为了防范新军哗变，各地有各地的招，比如限制新军的弹药供应，实行枪、弹、栓分离，比如不断地调防，丝毫不给部队长久驻扎的机会。

鉴于广州的沉痛教训，清政府将驻扎广州的部分新军近三千人换防到了香山县前山镇，殊不知，香山的革命思潮早已暗流汹涌。

早在1904年，同盟会会员刘思复、郑彼岸等就已经深入香山，先是在治所石岐设立演说社，编印《扬州十日记》《嘉定屠城记》等揭露清政府的滔天罪恶；1905年，他们又先后在香山境内创立多所学堂、女校，并以之为阵地吸收有志青年，暗中进行革命活动。

与此同时，香山同盟会的机关报《香山旬报》创刊，大肆抨击清政府的昏聩腐败，宣传资产阶级民主革命思想，积极为贫苦大众发声，鼓吹人民起来革命。前山的恭都学堂，成为革命党人的主要活动阵地。

新军调防前，同盟会就已经在距离前山不远的澳门成立起义指挥部，

中山亭坐落在前山东北梅花村后山，始建于1912年，为我国最早纪念孙中山的建筑物之一。（来源：珠海地情网）

筹划起义事宜。1911年10月，武昌起义的星星之火迅速烧遍全国，各省纷纷宣布独立，清政府这座大厦瞬间崩塌，孙中山指示同盟会组织在香山发动起义。

起义成败的关键，在于掌握武装力量，前山新军成为他们争取的首要目标。刚刚经过战斗洗礼的前山新军，思想普遍激进，加之前去策反的同盟会会员与新军军官多是同学，使得他们绝大部分倾向于革命，成为后来前山起义的主力。

同时，同盟会还争取了香山著名的绿林首领梁义入会，其所率绿林武装成为起义的重要力量；清朝海军“广福”舰管带（舰长）盛怀愉、“安香”号轮管带也被成功策反，率领兵舰为起义运送军火和人员。

起义前夕，经过秘密活动，同盟会的革命党人已经控制了前山大部分武装。剩下的，不过是等待一个机会。

1911年11月2日，革命党人率先在小榄发动起义，一路势如破竹，顺利占领小榄。翌日，驻守前山的协镇率部前去小榄镇压，前山兵力空虚，无人主持防务。革命党人觉得起义时机成熟，召集起义骨干在恭都学堂召开动员会议，定于 11 月 5 日举行武装起义。

5 日傍晚，随着骤起的枪声响彻香洲的夜空，前山新军起义。起义军猛攻前山寨，守军抵挡不住，纷纷溃退，守城的军官惊慌翻越前山城墙，逃向澳门，前山寨被攻克。随后，前山新军乘坐游轮前往石岐，欲同其余各路起义军会合，直取香山县城。

小榄失守后，香山守将仓皇逃往广州求援，守城官兵群龙无首，稍作抵抗便弃城而逃，香山县知事知大势已不可挽回，只得乖乖奉上县衙印信，束手就擒。起义军所向无阻，控制县城，万众欢呼："沦亡于清王朝二百六十余年之县境，遂告光复。"

接到求救后，清政府迅速调集军队镇压。9 日，兵舰开赴香山。眼见起义军声势浩大，严阵以待，清军不敢贸然登陆强攻，双方对峙整整一天。傍晚，前山新军抵达石岐城郊，清军恐腹背受敌，只好仓皇撤退。

是日夜，起义军在高家祠召开军事会议，将前山新军和其余各路起义军合兵一处，定名为"香军"，于次日誓师北上，进驻广州西关，成为最早进入广州的一支起义军，香山也成为广东第三个光复的县级政权。

百年古亭

前山新军起义，加速了清政府在广东统治的土崩瓦解，但是也未能改变辛亥革命失败的历史宿命。1912 年 4 月，孙中山正式辞去中华民国临时大总统，由袁世凯接任，辛亥革命的胜利果实被窃取。

早年，孙中山致力于种族革命和政治革命，随着清帝退位，建立民国，实现共和，种族革命和政治革命的任务基本完成。辞去大总统职务的孙中山，开始将精力转移到社会革命，彻底解决中国的民生问题。

于是，孙中山开始周游全国，考察铁路和实业，宣讲其建国方略，所到之处，社会各界夹道欢迎。

1912 年 5 月，孙中山游历南方四省，由南京取道香港、澳门，返回家乡香山翠亨村省亲，沿途视察香洲等地。这也是孙中山自 1895 年告别家乡，为民主革命奔走呼号 17 年，第一次回乡。

作为“首创民国”的大功臣，孙中山返乡的消息在家乡引起了巨大的轰动，大家都想一睹伟人的风采。5 月 24 日，孙中山抵澳，受到澳门中葡知名人士 100 多人的热烈欢迎，逗留两天后，于 26 日离澳。

前山距澳门仅几公里，是经关闸陆路回香山的必经之路，也是第一站。为了表达对这位革命领袖的敬意，经前山籍同盟会会员刘希明、香港富商刘伴樵等组织，香山民众决定在前山为其举行盛大的欢迎会。

5 月 27 日上午，澳门至前山的道路上，早早地聚集了来自香洲、山场等附近村镇的乡民近万人，在人山人海、摩肩接踵的迎接队列里，人们一边激动地互相交谈，一边翘首以待孙中山的到来。

“中山先生来了。”不知道谁先喊了出来，人群一阵哗然涌动。只见孙中山身着黑色西装，头戴圆顶大礼帽，右手执手杖，乘坐一辆黄包车，偕同十余随行人员经过拱北关闸，徐徐来到前山。

顿时，前山的道路上鞭炮齐鸣，人们纷纷涌上前去，争着和孙中山握手，向他问好：“欢迎孙先生光荣归里”“孙先生好”……致意声此起彼伏。见到这么多热情的群众，孙中山忙摘下礼帽，走下黄包车，频频向人群挥帽答礼：“乡亲们好！”“大家好”……

欢迎会在恭都学堂举行。

在同盟会会员、恭都学堂校监刘希明及刘伴樵等人的引导下，孙中山来到恭都学堂。欢迎会上，刘希明代表家乡父老对孙中山的返乡表示热烈欢迎，并对其十数年如一日投身革命、缔造民国的不世之功给予了高度赞扬。

受到现场热情的感染，孙中山即兴发表演讲。据民国版《孙中山轶事》对此事的记载，“先生志气高大，以安定国家为己任之大伟人”。他和乡亲们分析了当前国内局势，高度赞扬了前山新军起义，阐述了自己“社会革命”和民生主义的主张，并号召大家万众一心，实现共和，建设国家。

演讲热情洋溢，鼓舞人心，一扫人们心头的疑云。大家都被孙中山审时度势，保护革命成果的高风亮节、赤诚磊落而感动，不时报以热烈的掌声。会后，孙中山与全体师生和随从人员合影留念。

为了彰显孙中山“首创民国”之功，也为了永志这次盛事，刘伴樵提议集资兴建一座凉亭，得到大家的一致赞同，孙中山也欣然应允。于是，在人们的簇拥下，孙中山来到鸡屏山林附近的土坡，亲自持锄动土，为该亭奠基。

随后，在人们的欢送声中，孙中山同人们挥手作别，告别香山，继续踏上了他的富民强国之行。两个月之后，一座砖木结构的四柱亭在孙中山锄土的地方拔地而起，现存照片显示，当时亭前还安置了两条嵌有石狮的华表，四周种有几株榕树。

这是全国最早的中山纪念亭，也是中国唯一由孙中山先生亲手持锄奠基的纪念亭。不幸的是，1913 年秋，中山亭毁于台风。地上的中山亭虽然倒了，但人们心中的中山亭却还依然挺立。

1925 年 3 月，孙中山病逝于北京东城铁狮子胡同 5 号行辕，前山的士绅乡民殷殷垂念“国父丰功伟烈”，复有重修凉亭之议。未几，一幢钢筋混凝土结构的亭子在原址重建，并被正式命名为“中山纪念亭”。

三年之后，岐关车路开筑，在保持原貌的基础上，中山亭被迁至现址重修，旁侧增设《总理遗嘱》碑文一块。然而不久，日军侵华，中山沦陷，中山亭惨遭战火荼毒，只剩下断壁残垣。1949 年，中华人民共和国成立前夕，前山民众通过演剧筹款，重修该亭。

1986 年，迎来孙中山先生诞辰 120 周年，珠海市人民政府将中山亭全面修缮，蓝色玻璃盖瓦、“天下为公”景观墙、郁郁葱葱的花木……令中山亭焕然一新。亭北，一尊孙中山铜像巍然耸立。他一身西装，左臂上搭着大衣，右手持圆檐礼帽，脚穿大头皮鞋，目光坚毅，昂首挺胸阔步前行……

中山亭和它脚下的这片土地，自清末以来百余年，见证了珠海众多历史事件的倾情上演，也伴随着珠海的蜕变与进步而饱经风雨，历尽沧桑。时至今日，它依然坚强屹立，沉淀为一个时代的符号。

或许不久，我还会再来。中山亭，这本厚厚的书，值得再次阅读。

The biography of Zhuhai

珠海传

第五章

新丝路扬帆·南海边的春天

“1979年，那是一个春天，有一位老人，在中国的南海边，画了一个圈。神话般地崛起座座城……”一首《春天的故事》，也是一首改革开放、写满奋斗与理想的史诗，传唱至今，经久不衰。

也是在那个时候，珠海，这个建县仅25年，建市也才不足两年的边陲小县城，被划进了南海这个圈，成为中国最早的改革开放试验田。聆听着改革开放的号角，沐浴着习习的春风，珠海开启了一段激情燃烧的岁月。从此，改革开放成为这座城市的根和魂。

日子如白驹过隙，38年转瞬即逝，当年“摸着石头过河”的珠海经济特区已年近不惑，南海边的小县城也成为“一带一路”的桥头堡。当我们重新翻过一页页艰辛而温暖的旧时光，不只为感怀，更为激发“特区精神”，续写特区发展新篇章。

潮起珠海

1980年，对于珠海来说是个具有划时代意义的年份。经第五届全国人民代表大会常务委员会第十五次会议批准，在深圳、珠海、汕头、厦门设置经济特区，改革开放的春潮在南海之滨涌起。

当时，珠海的陆地面积仅有364平方公里，不足现在的四分之一，一块6.81平方公里的区域被单独划出，被人们称之为“经济特区”。这块崭新的土地，被允许“大胆地试、大胆地闯，杀出一条血路来”。

于是，一个承载着机遇和使命的种子在这片小小的土地上生根发芽，并以锐不可当之势，茁壮成长。

改革的前夜

1978年，中国的命运在这一年发生了转折。

经历了十年“文革”的浩劫，中国的经济几乎达到了崩溃的边缘。重回领导岗位的老一辈领导人如邓小平等，已经意识到，发展经济才是中国当时最正确的选择。

人们发现，时代的风向变了。

3月，当选全国政协主席的邓小平，在全国科学大会开幕式上石破天惊地提出了“科学技术是生产力”的论断，并强调科学与生产的关系越来越密切，科学技术作为生产力，越来越显示出巨大的作用。

这让全国人民，尤其是知识分子的精神为之一振，仿佛看到了科学的春天。

两个月之后，《光明日报》刊发本报特约评论员文章《实践是检验真理的唯一标准》，并被新华社、《人民日报》全文转载。这篇对中国社会未来发展产生深远影响的政治檄文，犹如在平静的湖面投入了一块巨石，迅速在全国掀起了关于真理标准问题大讨论的巨大波澜。

这场全国性的马克思主义中国化的思想解放运动，被认为是中国改革开放的前奏，也成为后来开展经济体制改革，建立经济特区的理论基础。

也是在这一年，中国外事交往异常活跃。

据日本《读卖新闻》相关报道显示，截至当年9月，共有31位中国党政领导人出访西欧等资本主义发达国家，15个国家的政府领导人到访中国。对比前一个十年，中国从未以如此开放的姿态来融入世界。

这种破天荒之举的背后，隐藏的是深层次的经济意义。诚如一位驻港的日本记者在文章中所言：“近来，中国加强同外国的经济关系的活动令人目瞪口呆……不言而喻，这种门户开放政策的目的在于引进先进技术。”

不难看出，向发达国家学习，寻求经济复苏强劲动力的发展战略正在发酵。

然而，变化还在持续。

11月27日，一篇名为《群众创造了加快养猪事业的经验》的文章刊登在当天的《人民日报》第三版。无独有偶，12月8日，《人民日报》头版

1979 年 3 月，珠海撤县设市，图为市人大、市政府挂牌。（拍摄：李志均）

头条刊文《农民热爱这样的社会主义》，点名表扬华西村的村办五金小作坊。

作为党和国家的喉舌，《人民日报》是中国经济、政治、文化发展和变革的“风向标”。它一改昔日革命、阶级斗争的粗犷文风，出人意料地代之以接地气的“养猪”“小作坊”等，让改革大潮的第一批弄潮儿们敏锐地捕捉到中国这艘巨轮的航向。

半个月之后，“实现了中华人民共和国以来党的历史的伟大转折”的中国共产党第十一届三中全会在北京召开。会议高度评价了关于真理标准问题的大讨论，并做出把全党的工作重点转移到社会主义建设上来的决定，全新的经济发展伦理开始萌芽。

中国发展的主线，终于实现了从“以阶级斗争为纲”到“以经济建设为中心”，实行改革开放的彻底转变。

年底，在中央的一次工作会议上，邓小平第一次提出："让一部分城市先富起来。"当时，他一口气列举了十几个城市，珠海赫然在列。当时的珠海，还只是南海边上一个默默无闻、贫穷落后的小县城。

经济特区破茧而出

珠海真正叫"珠海"的历史，可追溯到 1953 年设立珠海县。到 1978 年，珠海建县已经 25 年，却依然"很小、很穷、很落后。"

据《中国经济特区的建立与发展 · 珠海卷》一书中的数据显示，1978 年，珠海工农业总产值仅 8000 多万元，财政收入不足 700 万元，建筑总面积仅 36 万平方米。珠海县城所在地香洲，只是仅有一条街的边陲小镇。

"一个警察，一盏红绿灯，一条马路。猜中国大陆一个城市。"这条谜底为珠海的谜语，曾风靡于 20 世纪六七十年代的港澳。"一条马路"，就是香洲的凤凰路。据说，那时候招待客人，想找个像样的吃饭的地方都很困难。

最令人头疼的，是防不胜防、屡禁不止的百姓偷渡到香港、澳门事件。

自 1951 年封锁边界以后，珠江三角洲的偷渡风潮就从未停息。偷渡的动力，就是两岸巨大的经济落差。1978 年到 1979 年，偷渡风潮最为猛烈。仅 1978 年年底，就发生偷渡事件 9.7 万人次，逃出人数高达 1.8 万。1979 年，尽管边境设立了 70 多个哨站，逃港、逃澳的人依然如潮水般源源不断地涌向边防哨卡。

涂俏所著的《袁庚传》一书，透过袁庚之口，再现了当年偷渡的悲惨画面："大陆偷渡逃港过来的人，被这边遣送回内地，男男女女戴着手铐，都是一些年轻力壮的，那种画面看了叫你欲哭无泪。"

1977 年 11 月，刚刚复出的邓小平南下广州视察。针对偷渡狂潮，时任广东省主要领导将偷渡事件定性为“严重的政治事件”，汇报到邓小平那里。据说，邓小平沉默良久，意味深长地说了两句话，一句是“这是我们的政策有问题”，另一句是“此事不是部队能够管得了的。”

然而，现在看来，这些不顾生命危险的偷渡者，从某种意义上来说，客观上加快了国家经济改革的步伐。

1978 年 4 月，由国务院促成，国家计委和外贸部共同组成经济贸易考察组，对港澳经济进行了深入细致的考察。在呈给中央的报告中，考察组建议充分利用港澳的经济优势，就近将毗邻港澳的广东宝安、珠海划为“出口贸易基地”。

当国家全新的顶层设计方案逐步酝酿出台时，珠海也在穷则思变，谋求改革。

1979 年 4 月 5 日至 28 日，中央工作会议在京召开，集中讨论和解决国民经济和思想理论工作方面的一些重大问题。会议期间，时任广东省委第一书记的习仲勋代表广东省委，提出希望中央给点权，允许广东在对外经济活动中实行特殊政策、灵活措施。

习仲勋还建议，在广东的深圳、珠海和汕头各划出一块地方，单独进行管理，按照国际市场的需要组织生产，让广东充分发挥自己毗邻港澳和华侨众多的优势，在“四化”建设中先行一步，初步定名为“贸易合作区”。

广东的建议与中央的精神不谋而合，邓小平非常赞同广东富有超前意识的想法。在谈到新区域的名称时，他联想到陕甘宁边区，提出：“办一个特区，过去陕甘宁就是特区嘛，中央没有钱，可以给些政策，你们自己去搞，杀出一条血路来！”

这是邓小平第一次提出办特区的主张。

随后，一系列的工作紧锣密鼓地展开。

会后，中央派出分管特区工作的中央书记处书记、国务院副总理谷牧

1980 年，中共中央政治局委员习仲勋视察珠海经济特区。（拍摄：李国怀）

带领工作组赴广东、福建考察，研究试办经济特区的事宜。

1979 年 1 月 23 日，中共广东省委决定将珠海县改为珠海市，实行省和佛山地区双重领导，并成立中国共产党珠海市委员会。3 月，国务院正式批复珠海撤县建市。11 月，广东省又将珠海市升格为省辖市。

城市行政等级的升格，也引发人们纷纷揣测：珠海将有大动作。

1980 年 5 月 16 日，中共中央、国务院批转《广东、福建两省会议纪要》，将“特区”的名称正式定为“经济特区”，明确提出：“广东首先集中力量把深圳建设好，其次是珠海。”并确定珠海经济特区范围为 6.81 平方千米。

8 月 26 日，经国务院提请，第五届全国人大常委会第十五次会议审议并通过历经 13 次修改的《广东省经济特区条例》，中国的经济特区正式诞生。从此，中国改革开放的洪流以排山倒海之势，一泻千里。

《广东省经济特区条例》通过两个月后，即 10 月 28 日，“广东省经济特区管理委员会珠海办事处”正式挂牌。在水湾头甴坑山下的一座木质树皮小楼里，特区管理机构与经营机构的第一次联席会议低调召开，标志着珠海经济特区正式开始运作。

这一天，也被人称为珠海经济特区正式成立的纪念日，载入了珠海经济特区的史册。

珠海经济特区好

毛泽东说：“一张白纸，没有负担，好写最新最美的文字，好画最新最美的画图。”珠海经济特区，正是基于这样一张“一穷二白”的白纸而诞生的。罗马不是一天建成的。无论对于主政者，还是弄潮儿，一场“摸着石头过河”的大戏开唱了。

珠海经济特区成立后，特区规划被提上日程。其实，早在 1979 年建市之初，珠海就已经着手城市总体规划。特区规划，是结合全市总体规划进行的。1980 年 10 月，珠海城市总体规划出炉，并得到广东省政府批复实行。

这部规划期远至 2000 年的城市发展路线图，汲取了新加坡等国家城市化进程中的经验和教训，将生态环境保护放在首位，全力将珠海建成“南海海滨花园城市”，彰显一座城市规划者的国际化视野，为珠海留住了珍贵的“珠海蓝”。

这是珠海史上第一个城市总体规划，也是当时全国四个经济特区城市第一个完成的城市总体规划，更奠定了珠海之后以前瞻性规划引领城市长远发展的思路。在城市总体规划的引导下，珠海特区的各项事业驶入了正轨。

1983 年，位于水湾头的珠海经济特区管理委员会办公地址原貌。（拍摄：何华景）

“大胆地试、大胆地闯”成为这座城市精神的底色，香洲毛纺厂、石景山旅游中心等明星企业筑梦珠海，百万重奖科技突出贡献者如惊雷响彻大地……彼时的珠海，每一个创新的举动，都焕发出巨大的生机与活力，令外界瞩目。

然而，任何一次改革，都会有阻力，珠海特区也未能幸免。最深层的阻力，是来自思想的不解放。一部分人的眼界和思维，还囿于保守的旧观念、僵化的旧模式、传统的旧方法，视特区为洪水猛兽，甚至攻讦特区为资本主义性质的“租界”。

1982 年上半年，上海《文汇报》以醒目的标题，刊登了《旧中国租界的由来》一文，从旧中国租界的形成谈起，将经济特区与旧上海的租界相提并论，借古讽今，影射特区是“租界”的复辟。围绕特区的性质，支持者与反对者争论长达 4 年之久。

时任广东省委书记吴南生回忆道：“到 1982 年年初，‘寒流’滚滚南下，明枪暗箭，纷至沓来，对广东，尤其对经济特区的压力，发展到极为严重的地步。”连当年分管特区工作的国务院副总理谷牧也不禁感慨，1982 年上半年，“很有些‘秋风萧瑟’的味道。”

此时，亟须中央明确而坚定地表态，对经济特区发展中的许多问题做出定性与定量的解答，统一思想，扫除障碍。于是，1984 年 1 月 22 日至 2 月 5 日，邓小平开始了改革开放以后的第一次南方视察。

1 月 26 日，邓小平从深圳乘坐海军炮艇到达珠海，在时任珠海市委书记梁广大的陪同下，依次参观了拱北海关、珠海度假村、九洲港、直升机机场等地，并对香洲毛纺厂及狮山电子厂进行了仔细的考察。

四天的珠海之行，给邓小平留下了难以磨灭的印象。当他即将离开珠海时，珠海的同志请他为珠海题词留念。他思考片刻，伏案挥毫，在洁白的宣纸上留下了“珠海经济特区好”七个遒劲有力的大字。

题词虽短，却字字重如千斤。其背后蕴含的深刻含义，也只有经济特区的亲历者们才能洞察：这不仅是对珠海经济特区建设成绩的全盘肯定，也是对所有经济特区，乃至对中国改革开放政策的有力声援，更是对质疑、攻击经济特区的各种不良论调的正面回应。

如今，这七个意义非凡的大字，被镌刻在人流密集的拱北口岸广场最醒目的位置，不时会有旅客与之合影留念。

邓小平的题词，等于给珠海经济特区吃了一颗“定心丸”。一个多月以后，特区工作会议召开，中央明确提出：“特区不是收不收的问题，而是放不够的问题。”邓小平还要求：“特区干部的思想要解放一些，胆子要大一些，步伐要快一些。”

从此，珠海经济特区甩掉了思想包袱，轻装上阵，以更大的勇气和激情投入到改革开放的伟大事业中去。1983 年 6 月，珠海经济特区扩大为 15.16 平方千米；五年之后，又扩大至 121 平方千米；21 世纪的第一个十年，珠海全境成为经济特区。

1984 年 1 月，邓小平同志第一次视察珠海，高瞻远瞩挥笔题下“珠海经济特区好”。（拍摄：李国怀）

这是动力，也是压力；是机遇，也是挑战。

岁月有声，经济特区已经成为那个时代最显著的特色。

当年经济特区改革开放的激情，已经转化为珠海这座城市凝固的建筑：它们是迎宾大道、九洲大道等城市主干道；它们是九洲港、电厂、水厂；它们是南山工业区、吉大“三角圈”。它们是……默默地记忆在城市巨大的肌体里。

它们，让我们时时想起那段波澜壮阔的经济特区开拓史，感受到改革开放给经济特区带来的刻骨铭心的巨变。唯有坚持改革，方能促进发展繁荣；唯有坚持开放，方能拥有不竭动力，这就是特区的使命和担当。

香洲毛纺厂的前世今生

在珠海吉大景山路和白莲路交界，有一处闹中取静的社区公园，花团锦簇，绿树成荫。每天，都会有老人在绿荫里品茶手谈，休闲身心，偶尔也会有年轻人闲庭信步，放松心情。

然而，很少有人会知道，这片如今看来毫不起眼的地方，曾经有着一段辉煌且悲壮的过往。40 年前，中国首家中外合资企业，也是首个“三来一补”投资项目——香洲毛纺厂在这里诞生。

它首开吸引外资的先河，成为中国最早“吃螃蟹”的企业之一。以此为开端，改革开放的浪潮从南海之滨席卷中华大地。

40 年之后，我们再次翻开那一页尘封的记忆……

“针字第一号”协议

1978 年，中国终于从狂热的革命激情中醒来，春回大地，万物复苏。

也是在这一年，《中华人民共和国中外合资企业法》经全国人大批准实行，引进外资有法可依；中国民航集团联合香港最大的餐饮企业之一美心集团，共同投资成立中国第一家合资企业北京航空食品有限公司……

中国，以前所未有的速度和“摸着石头过河”的勇气，不断向外释放着改革开放的积极信号。然而，早在这一切发生之前，人们还未搞清楚什么是“合资企业”“三来一补”时，香洲毛纺厂已经被珠海提上日程。

那是1978年5月，距离党的十一届三中全会的召开还有半年时间，主政者们还正在探讨中国未来的走向。不断解冻的政策、纠偏的做法……让有“世界毛纺大王”之称的香港商人曹光彪敏锐地意识到，内地将爆发出巨大的发展活力。

趁着在北京探亲的机会，曹光彪会见了自己的同行也是好朋友，时任中国纺织品进出口总公司总经理陈诚忠等人。在会谈中，陈诚忠提议曹光彪帮助中国纺织品进出口总公司，向外国市场推销国产毛衫，多为国家创汇。

但是，曹光彪并未答应。因为他太熟悉内地的情况：工厂技术落后，管理僵化，工人工作积极性不高，导致国产毛衫花色陈旧，质量低廉，在国外几乎没有市场。要想改变现状，他提出一个大胆的想法：由他在国内出资办厂。

改革开放之初，内地摸不着门，外资犹豫观望，这无疑是个令人振奋的提议，得到了当时国家外经贸部的积极回应。

回港后，曹光彪亲自动笔，在一周之内迅速草拟了一份合作意向书。在意向书中，他提议，在毗邻港澳的珠海投资兴建一家现代化的毛纺厂，并对合作双方的权利与义务进行了初步的明确：内地负责提供土地，香港永新公司负责提供机器设备、厂房图纸、建筑材料和人员培训，机器设备费用以加工费作为补偿；工厂专门加工生产羊仔毛、兔毛，香港永新公司负责原料进口和产品外销；合作期五年……

1979 年，香洲毛纺厂在吉大开工建设。这是中国改革开放引入的第一个外商投资企业。（拍摄：李志均）

这份内容翔实、权责分明的合作意向书，被送往北京，交陈诚忠呈送国家决策层。北京方面反应异常迅速，三个星期之后，曹光彪就得到了国家的肯定答复，同意以补偿贸易的形式在珠海兴建毛纺厂。

1978 年 8 月，“香洲毛纺厂”的签约仪式在澳门南光贸易公司举行。中国纺织品进出口总公司广东省公司与香港永新企业有限公司分别在“筹办毛纺定点厂协议书”，即“针字第一号”协议上正式签字，工厂选址在当时的珠海县香洲，命名为香洲毛纺厂。

经历了“文革”创痛的中国内地，终于迎来了第一家中外合资、“三来一补”企业。

几年之后，“合资企业”“三来一补”才出现在改革开放的日程表上。

邓小平曾在接受电视采访时，特意谈道："改革开放刚开始，有一位香港资本家给中央写了信，表示要到内地来投资设厂，我们同意了……"这个厂，就是香洲毛纺厂。

特区速度

海纳百川，兼容并包，是珠海城市文化的显著特质。这一次，珠海更是当仁不让，以"敢为天下先"的果敢，敞开胸怀，迎接了这家中国内地首家中外合资企业。按照协议规定，由内地负责提供土地和厂房建设。

协议签订不到三个月，香洲毛纺厂就在今景山路与白莲路交汇处西侧破土动工。他们不分昼夜奋战在一线，塔吊高速旋转，马达日夜轰鸣，仅仅两个月的时间，就完成了厂房主体工程的建设。

在珠海特区的第一批建设者眼里，"时间就是金钱，效率就是生命"。尽管这句口号一年之后才被竖立在深圳大南山脚下的时间广场，但是，珠海却以本土建筑史上史无前例的速度，充分印证了这句口号。

与厂房建设同步展开的，是工厂骨干员工的培训。

香洲毛纺厂第一批招进了10名年轻人，作为未来的骨干员工，被派往澳门学习工厂管理和技术。根据安排，他们要在4个月之内将工厂的各种管理理论、机械操作全部弄懂。时间紧，任务重。

令人欣慰的是，这批年轻人不负众望，从零起步，以特区人的坚韧不拔，克服了一个个难啃的"硬骨头"，顺利地通过了各种考核。学成归来后，他们活跃在毛纺厂的各个重要岗位，迅速成长为管理精英和技术骨干。

翌年1月，香洲毛纺厂两条生产线开始安装。6000多平方米的厂房里，摆满了从世界各个国家进口来的机器，梳毛机购置于波兰，空调来

1979 年 9 月珠海市引进第一家外资企业——香洲毛纺厂开工仪式。（拍摄：李志均）

自于美国，还有日本、西德以及英国等，人们戏称，这几乎算是“联合国”了。

为配合香洲毛纺厂建设，拱北海关特事特办。

起初，海关派员监管机器设备及原料进口，继而通关程序简化，转为为企业制定审核合同，深入工厂核查，重点抽查，逐渐形成了海关对加工贸易“前期管理、现场监管、后续管理”三结合的监管模式，这也是早期加工贸易管理的雏形。

同年 5 月和 8 月，两条生产线先后进入试产阶段。

珠海对毛纺厂的支持力度和速度，令合作方深受鼓舞。当时，外方负责香洲毛纺厂筹建事宜的是曹光彪的女儿曹其真。

在她的回忆文章《香洲毛纺厂》里，她写道：“我们每天都有大批工作人员由澳门跨境过去珠海工作，虽然工作时间都相对较长、工作强度也较大，但同事们的工作热情都很高，因为大家都深深地意识到我们的工作是为建设祖国作贡献的，是非常有意义的工作。”

无疑，这是对珠海、对特区最好的肯定和褒奖。

11月，距离正式签约不足一年，香洲毛纺厂正式落成投产。作为改革开放之后诞生的第一家中外合资企业，它的问世，足以轰动世界。

那天，风和日丽，时任珠海市委书记吴健民到场庆贺，逾百位中外工商界知名人士、外国驻港领事及中外记者出席。几十家海外媒体以《香洲毛纺厂——中国改革开放的标志》为题，将珠海经济特区及中国改革开放的强烈信号，传播到了世界的各个角落。

据相关数据显示，建成后的香洲毛纺厂，厂区占地面积29671平方米，建筑面积10963平方米，拥有职工239名，机器设备为全套进口，主要产品为8—16支纯羊毛纱和羊兔毛混纺纱。

最令人惊奇的是，全厂只有管理人员24人，与同类规模的国企动辄上百人的行政人员队伍相比，可谓是精干高效。投产后，引得国内同行的高度关注，上海第三毛纺厂、北京清河毛纺厂等纷纷慕名前来参观学习。

艰难18天

中外合资企业，在内地还是很新鲜的事物。中国是公有制、计划经济，投资方是私有制、市场经济，不同的经济体制、迥异的资本构成。尽管两个世界走在了一起，但矛盾也慢慢显露出来。

工厂的工人，大多是来自附近农村的农民，进厂后被陆续分配到工作岗位。然而，无论是思想观念还是个人素质，都与现代产业工人相差甚远。他们缺乏纪律观念，思想松懈，很多时候，工人成群结队聚在一起谈笑聊天，操作机器的工人却寥寥无几。

同时，工厂实行固定的八级工资制度，无论个人出产多少，大家都拿一样的工资，工人积极性普遍不高，甚至正常上班时间，有人游泳、回家睡觉或去干私活，加之工人不熟悉工序、操作，严重影响了生产质量。

最严重的是，当时，国内还未正式宣布改革开放，深圳、珠海特区尚未成立，很多政策也尚未落实，国人思想上普遍对境外资本家持不信任和怀疑态度。

曹其真在其回忆文章中曾讲道，他们曾就生产上不去、工人操作技术不过关和纪律松散等问题与中方商讨解决办法。在激烈的争论中，中方告诉她："你们的报表数据他们没有兴趣看，他们也不可能相信我们的数据。因为资本家唯利是图，没钱赚你们是不会去投资的。"

无奈之下，香港方面一边向中国纺织品进出口总公司通报了上述情况，一边向《人民日报》撰文，阐述他们在中国境内办厂遇到的种种困境，表达了他们的不满。不久，《人民日报》将这篇文章全文登载，并发表社评，严厉指出要从香洲毛纺厂的争端中汲取教训。

有资料显示，投产初期，毛纺厂产品质量合格率仅为87%，月平均产量仅完成生产指标的58.8%。投资方曾致函广东省纺织品进出口分公司和中共珠海市委、市人民政府，称香洲毛纺厂的生产"始终处于不正常状态""非但产量没有达到应有的数量。更严重的是，质量始终没有达到用户可以接受的水平"。

特区之特，重在解放思想，实事求是，解决问题，积累经验。中方深入调查后发现，香洲毛纺厂的主要症结在于体制不合理，无法与国际化的现代企业管理接轨。于是，珠海下定决心解决这些问题，

1980年9月，香洲毛纺厂全面停产整顿，历时18天。这是中国改革开放史上亘古未有的18天，也是开天辟地的18天。

其间，在用工制度上，过去由劳动部门分配职工，改为放权毛纺厂自主选用人才，调出不称职、不合格的职工；在分配制度上，打破不合理的

“大锅饭”分配制度，以生产数量和质量作为工人收入的衡量标准；在管理制度上，推行“厂长责任制”，厂长具有经营和管理的决策权。

这些如今看来司空见惯的制度，在当时却是需要冒着极大的政治风险。在珠海市委市政府的全力支持下，这些改革措施得以在香洲毛纺厂破冰，先行先试，为以后改革开放中的企业人事制度、分配制度改革积累了宝贵的经验。

广东省政府也对香洲毛纺厂给予了积极支持，破例准许毛纺厂工人前往澳门，和当地工厂的工人一起工作，边做边学。厂方也多次组织毛纺厂领导层到澳门、上海等地接受工艺和工厂管理培训。在双方的共同努力下，无论是领导层，还是一线工人，素质都得以全面提升。

制度一旦将结果和责任、利益联系在一起，激发出的力量将是无穷的。冲破了原有制度的藩篱，毛纺厂出现了可喜的变化。

相关数据显示，整顿后，毛纺厂月产量较整顿前增长了18.8%，工人出勤率达到99.8%，设备利用率平均每天90%。工资实行“集体定额计件，超额按比例提成”，一些业绩突出的车间主任，月工资能拿到三四百元，远远高过厂长的工资。

1984年，邓小平视察珠海，第一站就是香洲毛纺厂。毛纺厂当年建厂、当年投产，速度之快，效益之好，得到邓小平的充分肯定。也就在这一年，毛纺厂还清了全部投资本息740万港元、55万元人民币。此时，距离毛纺厂建成投产还不满5年。

落幕

“三来一补”的经济贸易合作模式，在改革开放之初很大程度上解决了国家吸引外资、技术引进及生产制造工艺提升的问题。但随着改革开放的深入和中国制造业的逐步成熟，已经不能适应企业的发展。

1986年，在来料合同到期后，香洲毛纺厂终止了和投资方的合作，走上了自营生产销售的路子。它以技术创新为引擎，在羊毛纺纱的基础上，大量使用档次更高、国内供应丰富的兔毛纺纱，占据海外市场，迎来了发展史上的“黄金期”。

当时，香洲毛纺厂员工人数高达400多人，比建厂投产时翻了将近一番，年均创汇500万美元，人均创汇约1.1万美元。放眼珠海，乃至广东全省、全国，都是不多见的，堪称一面旗帜。1988年，在珠海科学技术奖颁奖大会上，香洲毛纺厂更以721高比例兔毛纱技术夺得了一等奖。

然而，20世纪90年代，我国国有纺织行业生产能力严重过剩，国家将纺织行业压锭、减人、增效作为企业改革的突破口，全国掀起了声势浩大的“压锭行动”，既压沿海，也压内地。

作为改革开放的排头兵，香洲毛纺厂也未能幸免，命运急转而下。1993年，香洲毛纺厂停产搬迁，并更名为“珠海市大环山毛纺集团公司”。三年的“阵痛”之后，香洲毛纺厂与香港华凌公司合资，组建香凌轻纺公司，转产“千惠牌”妇女用品。

2003年5月，香凌轻纺结业注销，“香洲毛纺厂”在中国改革开放的历史舞台上正式落下帷幕，永远成为历史。

香洲毛纺厂，循着改革开放的先声破土而出，随着改革开放的深化而寿终正寝，可谓“其兴也勃焉，其亡也忽焉。”

作为全国最早的境外投资企业，顶着多个“第一”的光环，香洲毛纺厂在我国工业化乃至现代化进程中，有着独特的历史地位。其对中国改革开放进程的推动，对打破深层次思想禁锢，破解时代发展难题，都有着不可估量的影响。

如今，当我们每天匆匆经过当年香洲毛纺厂的厂址，依然能够看到当年遗留下来的几块大石头，孤零零地躺在那里，默默地守候着这片不大的土地上曾经演绎的传奇。

石景山旅游中心再破茧

石景山，观山望海，怪石嶙峋，绿意深幽，目及之处，思凡湖畔青松绿柳，九洲洋面波光帆影。徒步山顶，“渔夫海鹏”肃然矗立，与香炉湾畔婀娜多姿的“珠海渔女”相映生辉，让如画的美景平添了几分唯美浪漫。

38 年前，在石景山山麓，中国第一家中外合作旅游企业——石景山旅游中心平地而起。从此，石景山不再仅仅是珠海的一个地理符号，更成为珠海特区 38 年波澜壮阔发展史的亲历者，中国改革开放 40 年大潮中一朵引领时代的浪花。

一次糟糕的住宿经历

1979 年，党的十一届三中全会已经召开，国家的发展车轮开始从意识形态的激进主义过渡到全民经济建设上来，政治趋于稳定，经济开始复苏，改革开放之门逐渐打开，各种现代经济观念和意识开始萌芽。

1979 年 2 月，珠海第一家外资旅游企业——石景山旅游中心奠基典礼。（拍摄：李志均）

这一年，有报纸开始讨论酒店是不是可以进行企业化管理；56 岁的香港商人霍英东提出与广东省政府投资合作兴建中国第一家中外合作五星级宾馆——白天鹅宾馆；在广州等地，服务公司出现了，旅游业开始起步。

然而，珠海刚刚撤县建市，人口仅仅十多万，海岛渔民和边境居民各占一半。海岛渔民以捕捉鱼虾为生，边境居民则以小农耕作、挑担贩卖农副产品到澳门为生。经济上的一穷二白，自然带来了城市基础设施的严重落后。

据老一代珠海人回忆，当时珠海的酒店业，拱北只有一间侨所，香洲也只有一间招待所。这也在某种程度上影响了珠海引进外资的倾向——政策对重点投向城市基础设施建设和改善投资环境方面的外资项目进行倾斜。

内地的广播里，邓小平的声音时常响起，要以经济建设为中心，欢迎外商到中国投资。澳门商人吴福经常来往于内地与澳门，自然对这个声音耳熟能详。为了招徕外资，珠海曾在《澳门日报》上登报招商，吴福开始把投资的目光投向珠海。

当时，珠海成立特区已被提上日程，无论是招商引资，还是旅游观光，高档、成熟的酒店都是一座城市现代化和国际化的标志。吴福的第一个念头，就是在珠海投资一家包括餐饮、娱乐在内的现代化酒店。

然而，一次糟糕透顶的住宿经历，更坚定了吴福的这个念头。

受广东省交通厅之邀，吴福陪同一位葡萄牙桥梁专家赴粤考察珠海至广州沿途渡口的建桥问题。到达珠海之后，他们原本计划在此过夜，第二天启程去广州。可是，当他们在香洲招待所入住时，却发现客房窄小，设备简陋，甚至没有卫生间。

这样的酒店，怎么能招待贵宾？万般无奈之下，吴福只能带着葡萄牙专家返回澳门住宿一晚。这次经历，对吴福触动很大，他曾在多个场合谈到这次经历对他的影响。这也让他找到了投资的突破口——在珠海建立一家现代化酒店。

吴福的理想很宏大：一家高品质酒店，既能够营造良好的招商引资氛围，又可以吸纳更多人就业，还会带动装修、建材、交通等多个产业发展。最重要的是，他想为改革开放中的珠海酒店业打造一个样板。

沙滩上诞生合作协议

1979 年 9 月，入秋的珠海依然骄阳似火。一辆小车从拱北海关出发，沿着凹凸不平的公路，一路驶进了珠海市引进办公室，车上走下来的就是西装革履的吴福。

尽管党的十一届三中全会已经确定了中国未来数十年的发展路线，但

合作兴建的石景山旅游中心。（拍摄：何华景）

囿于历史的教训，人们对待外商的态度依然非常谨慎。为保险起见，珠海方面把每次会谈的地址都做了巧妙的安排，有时在香炉湾的沙滩上，有时在原市政府办公地点的石桌上。

吴福提出建设酒店的想法，得到珠海市的大力支持，双方一拍即合，马上展开合作谈判。可是，大家都是“摸着石头过河”，不知道怎么谈股份制，怎么谈合资，内地的相关法律也只有同年 7 月颁布实施的《中华人民共和国中外合资企业法》，共 15 条。

最关键的是，珠海没有钱，但根据中央要求，所有中外合资、合作企业，中方必须要占 51% 的股份。尽管过程还算顺利，但作为改革开放以来国内第一家中外合作经营的旅游企业，双方都秉持审慎的态度，条分缕析，陆陆续续谈了一个多月。

1979 年 10 月，坐在海边的沙滩上，珠海市与吴福签下了珠海经济特区第一份中外合作协议，创建石景山旅游中心。根据协议规定，珠海方面提供建设用地，澳门商人吴福等提供资金，包工建设，负责管理；合作年限 12 年，不还本不付息；纯利润三七分成，珠海占三成；合作期满，全部资产归珠海市所有。

今天看来，这是一次可以载入特区史册的合作。按照当时国家相关法律规定，土地严禁流转，更何况是把土地提供给澳门资本家。然而，珠海率先采用“我方提供土地，外商负责资金”的合作经营方式，不能不说是一个大胆的创举。对此，曾有国家领导人高度评价：“珠海的发展是从石景山旅游中心开始的。”

九年后的 1988 年 4 月，国家正式出台《中华人民共和国中外合作经营企业法》。

石景山麓，一块傲然矗立的大石上，镌刻着国务院原副总理陆定一的题词：“南天一景”。1980 年 2 月，石景山旅游中心在这里破土动工。当时，这里一片荒凉，荆棘遍地，杂草丛生，乱石掩映。考察后，吴福放言：“这地方眼下是荒凉之地，未来必是繁华之城。”

半年之后，国家正式宣布珠海成为共和国最早的特区之一。消息传来，濠江两岸，群情振奋。酒店的建设，更是以惊人的速度推进。1980 年 10 月，历经 9 个多月的艰苦奋战，一座崭新的现代化、国际范儿的酒店在石景山麓展露身姿。

新落成的石景山旅游中心，以西班牙六角形建筑为主体，灰色的马赛克外墙与青黛色的石景山交相辉映，原来的鱼塘，被改造成了“思凡湖”，客房配以罕见的大落地窗，山景、湖景、花园浑然一体，景致尽收，令人心旷神怡。

后来，国务院特区办将之称为“石景山速度”。

石景山旅游中心的开幕，不仅开启了珠海的外资时代，也掀起了珠海酒店业的热潮。

同年，珠海市旅游公司与澳门拱北旅游发展公司合作兴建了“拱北宾馆”；翌年，澳门海外投资有限公司与特区发展公司合作兴建了“珠海度

石景山旅游中心合作期满后于1995年动工改建，1996年10月竣工营业。（拍摄：何华景）

假村”，何贤、霍英东与珠海市旅游公司合作兴建了“珠海宾馆”……

一时间，珠海酒店业异军突起，领跑全国。

制度也是生产力

硬件设施齐备了，管理必须跟得上。

特区的本质，不仅仅在于引进资金，更需要吸收先进的技术、现代化的管理经验等。

首先要避免的，是计划经济下企业机构臃肿、人浮于事、效率低下这些存在已久的老大难问题。遵循国际酒店业管理惯例，结合中国国情，石景山旅游中心实行董事会领导下的总经理负责制，总经理以下职能部门只设正职，力求人员精干，决策迅速。

全国首家推行劳动合同制。计划经济时代，招工指标需要劳动部门批准。经过投资方的努力争取，石景山旅游中心得以自主公开招考、择优录用新职工。

中心开业前夕，按照工作需要，准备招收60名服务人员，要求仪表端庄、身材适中、作风正派、口齿伶俐、高中毕业、年龄在20岁以下、略懂英语。招工启事一经登出，立刻在社会上引起了轩然大波。

有群众向劳动部门投诉，认为这是资本主义的一套，招工必须论阶级出身，录用上山下乡三年以上政治条件过硬的人员。招工负责人顶住多方压力，严格把关，最终从600多名报名的知识青年中，择优选择了60名，录取比例接近10∶1。

劳动合同明确企业和职工双方的权利和义务，配套劳动管理、工资管理及福利、保险措施等制度。凡对企业有贡献者，按贡献大小给予各种形式的奖励。此举，等于破除了计划经济一贯的因人设岗、“终身制”“铁饭碗”的弊病。

大胆实行浮动工资制度。纠正干多干少一个样的“大锅饭”现象，将员工的收入同本人的工作能力挂钩，真正实现了“按劳分配”。有资料显示，基层员工转正后，工资达到100元以上，是20世纪80年代初国企工人工资的两倍。

1981年，中心又创造性地采用了结构工资，由基本工资、浮动工资、奖金、职务津贴、伙食费等几部分构成，月末根据员工的业务能力、技术水平及纪律表现等多个方面确定当月的浮动工资和奖金。

这一切，无异于在铁桶般的计划经济体制上赤裸裸地撕开了一条口子，成为后来的“石景山经验”。

制度的激励，带来的是人和企业发展的内生动力。

1980年10月，石景山旅游中心开始试营业。由于酒店依山傍水而建，环境优美，客房、服务高端大气，配套服务设施齐全，一经推出，就受到游客们的热捧。试营业的两个多月，就已经实现了收支平衡。

正式开张后，中心一路高歌猛进。当年的统计数据显示，第一季度就实现纯利润70多万港元。开业仅7个月，就已经接待海内外游客15万人次，实现营业总额 600 多万港元，纯利润高达 150 多万港元。

后来，石景山旅游中心扩大规模，先后增建了多栋别墅、高档客房及游泳池、健身房、歌舞厅等多种服务设施，功能进一步完备。

在老一代珠海人的记忆里，石景山旅游中心是珠海人心中的胜地。在那里住宿一晚，能向身边人炫耀很久，像出国一样风光。当时，普通的招待所住一晚仅需 3 元，石景山旅游中心的标准间的价格就高达 168 元，放眼全国也是凤毛麟角。尽管如此，客房依旧几乎天天爆满。

“西洋玉宇堂皇美，陈设雅致灯饰辉。民族风味八方珍，服务温馨万客醉。四风湖畔仙女众，欢歌劲舞迎春晖。英才力创宏图业，四星拱照景祥瑞。”一首本土诗人的七律，道出了无数珠海人和旅客的心声。

仅仅六年时间，石景山旅游中心就收回了全部投资。

石景山旅游中心的成功，让它迅速占据各大报纸的显眼位置。《羊城晚报》报道：“这家合资酒店第一次让中国的老百姓感受到‘服务’”；日本时事新闻社评价：“此处设备一流，服务最佳，值得向朋友们广作介绍”……翻阅这些已经泛黄的报纸，满满都是赞誉。

落寞的背影

1990 年，珠海市以 2000 万元港币购得吴福所占的股份，石景山旅游中心完成中外合作企业的使命，成为市属国有企业。

六年之后，按照国际五星级酒店的标准，石景山旅游中心展开改造升级。主体建筑采用法国宫廷风格，佐以轴线、水池、放射状道路及模纹绿毯草组合而成的法式广场，充满了浓郁的欧陆风情。

然而，随着国家形势的变化，多数国有酒店企业都面临着不同程度的经营困境甚至数额巨大的负债。石景山旅游中心也未能“独善其身”，曾经显赫的风光渐渐远去，日子一天天萧条。

至于原因，众说纷纭。

有人说，是市场的激烈竞争，毕竟珠海酒店业经历了十余年的飞速发展，高品质酒店数量可观，市场的动态平衡不允许一家独大的局面长久存在。

有人将之归结为制度的倒退。澳资撤出后，中心收归国有，原本灵活的管理和机制又趋向僵化，“大锅饭”“铁饭碗”卷土重来，成本得不到有效控制。

不论原因如何，石景山旅游中心越来越不景气，入住率也降低至三四成。2003 年，突如其来的非典（SARS）疫情肆虐全国，无疑更是雪上加霜，曾经宾客盈门的酒店变得门可罗雀，几乎无人问津。

从 2000 年起，珠海开始尝试国有资本全面退出一些竞争性领域，国有酒店业率先试行。2003 年 7 月，石景山旅游中心以 5800 万元为底价被拍卖转让。然而，令人吃惊的是，竟因没有投资者交纳保证金而流标。

同年 12 月，在第二次拍卖中，香港华城行以 4910 万元成交价成功入主石景山旅游中心。历经 13 年国企身份之后，中心再度成为一家中外合资的股份制企业。

不过，与 20 世纪 80 年代不同的是，经历了二十余年改革开放的洗礼，人们早已抛弃了阶级斗争的门户之争，思想空前解放。在他们的意识里，合理利用外资把企业办好，以坦诚合作的方式实现共赢，才是最终的王道。

石景山旅游中心走过的轨迹，是中外合作企业发展的一个剪影，更是珠海酒店业第一个十年腾飞的一个缩影。作为历史的参与者，它见证了改革开放从初步萌芽到遍地开花，亲历了珠海特区打破以往枷锁，勇于探索创新，走在开放前列，也为后来者树立了标杆。

尽管，在新世纪的曙光里，石景山旅游中心逐渐走向了落寞，但是，新的历史机遇，让它焕发了新的生机。从辉煌到落寞，再到新生，这是历史唯物主义的螺旋式上升。始终熠熠发光，恒定不变的，是改革的力量在激荡。

科技重奖响惊雷

1992年3月9日，对于中国科技界和广大知识分子来说，是个值得纪念的日子。这一天，珠海释放了一枚重磅炸弹——一批有突出贡献的科技人员，受到了中华人民共和国成立以来最大的物质嘉奖。

高级轿车、近百平方米的房子、数十万元钞票……在一个“重精神，轻物质”的时代，珠海特区又一次为天下先，以“百万重奖”这种直接的方式，表达了对知识分子及知识价值的尊重。即使在经济发达的今天，如此丰厚的奖励也并不多见。

在那个人均月工资不过几百元的时代，“珠海百万重奖”无异于三春惊雷滚过天际，轰动了中国，也震惊了世界。

科学技术是第一生产力

时间回拨至20多年前，珠海科技重奖前夕。

经历了价格闯关失败及1989年的政治风波，中国的经济再一次陷入低迷。尽管改革开放走过了十余年，已经不像刚起步时那样充满迷茫和畏惧。但是，意识形态领域里，却弥漫着改革开放、经济特区是姓“社”还是姓“资”的硝烟。

1991年，曾被上海《解放日报》刊文称为“改革年”。在事关改革开放和特区命运的关键节点，需要强有力的精神指引，来重新唤起人们对改革的热情和经济特区建设的激情。于是，1992年的春天，改革开放的“总设计师”邓小平开始了他的第二次南方视察。

凡是对政治敏感的人，都把目光聚集在了邓小平的这次南下。

1月23日，在视察了武昌、深圳之后，邓小平一行乘船来到珠海。这一次，他在珠海停留了七天。这七天，他发表了一系列影响中国未来发展的讲话，荡涤了久聚人们心头的阴霾，鼓舞了特区建设者们的士气，为改革开放、经济特区发展指明了方向。

然而，有一句话，邓小平一再坚定强调：“科学技术是第一生产力”。

1月24日到26日，邓小平不顾舟车劳顿，马不停蹄，先后视察了珠海特区生化制药厂、亚洲仿真系统工程有限公司和江海电子股份有限公司等科技企业。在视察中，针对科技对发展的重要性，他发表了不少真知灼见。

至今，特区当时的主政者对那些振聋发聩的讲话依然难以忘怀。

听取完亚洲仿真系统工程有限公司的汇报后，邓小平问道：“‘科学技术’是第一生产力的论断，你们认为站得住脚吗？”公司负责人游景玉答道：“我认为完全站得住脚，我们是用实践来回答这个问题的。”邓小平点点头：“就是靠你们来回答这个问题，我相信它是正确的。”

在生化制药厂，邓小平强调：“在科学技术方面中国应有一席之地，你们这个厂（生化厂）的发展成果就是一席之地的一部分，中国应该每年都有新东西，每一天都有新东西，这才能占领阵地。”

鲜花和欢笑献给珠海经济特区首届科技重奖的获奖人员。（拍摄：何华景）

参观完之后，邓小平准备离开，时任珠海市委书记的梁广大向他透露，珠海准备对有突出贡献的科技人员给予重奖，奖励包括汽车、房子和数十万元甚至上百万元现金。话音未落，邓小平就竖起右手大拇指说："我赞成！"

由此，珠海在全国率先开启了"科技重奖"的先河。

一石激起千层浪

邓小平离开两个月之后，珠海举行了"1991 年度科技进步突出贡献奖励大会"，宣布重奖科技人员。那一天，珠海市影剧院鼓乐喧天，鲜花如海，游人如潮。广场中央，三辆崭新的黑色奥迪小轿车，披红挂彩，格外引人瞩目。

当珠海生化的迟斌元、珠海通讯的沈定兴和丽珠制药厂的徐庆中依次从颁奖嘉宾手中接过获奖证书、轿车钥匙、房子产权证和支票时，台上台

珠海市的迟斌元发明了新型止血药“凝血酶”并用于生产，获得一套住房、26 万多元人民币和一辆小轿车作为奖励，成为名副其实的“科技富翁”，图为给“科技富翁”留影。（拍摄：何华景）

下掌声雷动，欢呼声一浪高过一浪，上百家海内外媒体拍下了领奖人眼角泛起的点点泪花。

这是在全国首次对有突出贡献的科技人员实行重奖，也是一个开端。

为什么是珠海？

因为特区已经走过了十年，单纯依靠政策、区位和人缘优势的“劳动密集型”产业，已经不能满足特区经济高层次发展的需要。唯有依靠科技进步，发展高新技术产业，才能提升发展层次。然而，科技要发展，人才是核心。

最关键的是，珠海是特区，允许打破常规，大胆实验。

然而，要做前所未有之事，必然承受前所未有之压力。

多年以来，人们已经习惯了“不患寡而患不均”的“大锅饭”。即便当时国家重奖，也不过一两万元而已，珠海却动辄百万元，底气在哪里？起草方案时，甚至有国家部委领导提出质疑，珠海也很忐忑。

1992 年 3 月 9 日，全国政协副主席叶选平在珠海影剧院为珠海经济特区首届科技人员颁奖。（拍摄：何华景）

邓小平南巡的一锤定音，让珠海坚定了科技重奖的决心。

颁奖大会上，时任全国政协副主席叶选平对珠海的做法盛赞不已："今天珠海这样的奖励精神和办法，我觉得就是一个突破。我希望能够……起到'一石激起千层浪'的作用……打破在奖励问题上的那种'小脚女人''死水一潭'的局面。"

确实，如叶选平所料，当"珠海重奖科技"的重磅新闻飞一般传遍中国的大街小巷，巨大的多米诺骨牌效应迅速显现。

从南到北，中国掀起了重奖科技人才的浪潮。广东为"星期六工程师"正名，使得他们能够正大光明地兼职；江西规定科技人员可以凭借技术与所在企业分成，所得不低于 50%；辽宁、山东、江苏、安徽等省，也纷纷效仿珠海，以现金、轿车、住房奖励当地有突出贡献的科技工作者。

一时间，“重奖科技”成为尊重知识、尊重人才的代名词，“知识就是财富”成为与“效率就是金钱”相得益彰的宣传口号。

孔雀东南飞

“栽下梧桐树，引得凤凰来”，这句出自《庄子·秋水》的典故，又简称“筑巢引凤”，用来形容珠海“重奖科技”之举，恰如其分。

百万重奖科技，让全国的科技工作者们读懂了珠海求贤若渴的急切和真诚。一夜之间，珠海成为人们向往的就业创业的乐土。1992 年一整年，珠海“重奖科技”都是中国舆论界热议的话题。

珠海，引爆了改革开放以来第一波科技人才的爆发，创新人才纷纷涌入。如今，我们耳熟能详的很多创业英雄，就是在那时来到珠海，在大时代的风云变幻中抢抓机遇，攫取了人生的第一桶金。

那一年，已经在深圳风生水起的史玉柱在珠海创办了巨人科技集团；小米的创始人雷军走出大学校门，成为珠海金山公司的第 6 名正式员工；有“中国企业女性风云人物”之称的董明珠，只身南下，成为格力集团一名业务员……

梳理当时的媒体报道发现，重奖科技大会后短短一个多月，两百余封寻求合作开发科技项目的信函如雪片般飞往珠海；二百多人次携电子、信息、医药等近百个项目前来洽谈；多家国内实力雄厚的科研机构南下珠海。

在重奖科技的激励下，珠海人才洼地效应凸显，一度成为国家人才政策的风向标。据相关数据显示，此后的三年里，共有两万余名科技人员，八百余名海外留学人员到珠海就业创业，吸引科技成果四百多项，投资八亿多元人民币。

这为珠海高新技术产业发展注入了新鲜的血液，增添了新生活力。

当进入20世纪90年代后期，随着国内城市各种科技重奖计划的争相出台，珠海人才政策已经不能独占鳌头，科技重奖也已风光不再。然而，作为特区，珠海并没有停滞探索寻求新路径的脚步。

1999年7月，七易其稿的《珠海市技术成果入股与提成条例》经市五届人大三次会议审议通过，这在全国是首次将“技术入股”写进地方法规。条例规定，技术成果入股的比例可“由双方约定”，而同期的国家法律将公司无形资产的出资比例限定为不得超过20%。

这一条例的问世，有效地将科学技术作为生产要素参与分配落到了实处。实施短短五年间，珠海就有52家企业实行了技术入股，总金额约合人民币5.49亿元。最令人欣慰的是，珠海的条例促进了中国企业法的修改。

2003年，在“科技突出贡献奖”（科技重奖）和“科技进步奖”之外，珠海增设归国科技人员创业奖，鼓励海外留学人员回到珠海创业就业。

从科技重奖到条例的出台，改变的是物质奖励的形式，不变的是对知识价值的认可，对人才地位的尊重，也昭示着我们：知识经济的时代已经来临。

重新抢滩人才高地

二十多年风云变幻，时代变迁。

当年的重奖获得者在后来的日子里各自有了不同的人生际遇，闻名而来的科技工作者们也如铁打的营盘流水的兵，轰动一时的科技重奖也逐渐成为一段往事。人们的心里不禁会泛起丝丝涟漪：珠海，还能迎来昔日人才的蜂聚吗？

历史总是惊人的相似。

2018年，也是一个春天，南粤草长，鸢飞唳天。酝酿已久的“珠海英才计划”，一如当年科技重奖，裹挟着轰隆隆的滚滚春雷，石破天惊，横空出世。26年，珠海神奇地走了一个轮回。

这项被誉为有史以来含金量最高、综合力度最优的人才政策，犹如当年科技重奖，让珠海振臂一呼，重新站在了引才引智的舞台中央。计划的16条措施，57个政策点，可谓保障力足、针对性强、覆盖面广、亮点满满，诚意连连：

新引进创新创业团队最高资助1亿元，5年将拿出67亿元用于政策兑现；

顶尖人才给予“200万元奖励+600万元住房补贴”合计800万元支持；

一类高层次人才“奖励+住房补贴”标准由原来的150万元提高至300万元；

二类和三类高层次人才奖励、补贴标准由30万元和20万元分别提高至200万元和130万元；

支持港澳青年人才在珠海市创新创业，新引进港澳本科以上学历等人才，可享受珠海市新引进青年人才租房和生活补贴政策。

……

然而，仅有政策还不够。

作为人口和经济活动的聚集地，城市的形成和发展依赖产业集聚的推动，因此，人才的流失，不仅仅在于人才政策的优厚与否，更在于这座城市有没有让人才留下的“厚土”——更多承载人和产业的平台。

这一点，珠海机会满满。

2017 年 8 月，广东省企业联合会、广东省企业家协会联合发布 2017 年广东企业 500 强榜单，珠海企业 14 家入围；截止到 2017 年年底，珠海高新技术企业总数已突破 1400 家，在孵企业超过 1300 家；横琴落地 84 项制度创新措施，粤港澳紧密合作示范区建设加快……

这背后，是珠海一大批高新企业正在快速做大做强，创新机制正在逐步取得突破，区域合作正在趋于深化。

随着中国经济从高速度发展转向高质量发展，人才成为驱动创新的第一资源。同时，“一带一路”深入推进，港珠澳大桥全线通车，粤港澳大湾区方案呼之欲出，珠海即将迎来资金流、物流、人流等流量红利，未来的宏伟蓝图，需要更多的人才来书写。

这些，为珠海人才聚集，打造创新之城带来了新的产业优势和发展机遇。

回首“科技重奖”带来的深刻变革，到“英才计划”的雷霆出击，一脉相承的是珠海将科学技术转化为第一生产力，以海纳八方英才实现创新驱动发展的实干精神和打造全球创新高地的雄心。

古语云：“千里一贤，谓之比肩。黄金累千，不如一贤。”站在新时代的历史起点，新一轮人才“争夺战”在全球范围内展开，高质量发展需要高素质人口集聚，我们期待，“孔雀东南飞”的热潮再一次在珠海蔚然大观。

中国航展二十年

2016年11月，珠海湛蓝色的天空上，从来不乏澎湃的激情与热烈的欢呼。

11月1日，在全世界航空爱好者炙热的目光注视下，伴随着发动机的轰鸣声震撼着大地，中国新一代隐形战斗机歼－20双机编队呼啸而过。它们狭长的身姿，轻盈飘逸地在蓝天飞舞，喷出的气画出一道道优美的弧线，渐渐消失在深邃的天际。

第十一届中国航展开幕了。

这是中国航展在珠海走过的第二十个年头。二十年，中国航展从无到有，年已弱冠；二十年，风雨兼程，逐梦蓝天；二十年，辉映中国，光耀世界……

梦想启航

航展最早映入珠海的眼帘，可以追溯到20世纪80年代。

1983年，第35届巴黎航展在布尔歇国际机场开幕。这一年，梁广大被任命为珠海市委书记，乘坐一辆借来的二手丰田车到珠海走马上任。谁也未曾想到，就是这看似偶然，毫不相干的两件事，竟然催生了此后20多年提升珠海城市软实力、推动中国航空航天事业发展、影响世界航空航天产业格局的中国航展。

据资料显示，那一届巴黎航展，布歇尔国际机场云集了来自26个国家的31万名观众，1124家航空航天制造商。当长70米、载重330吨的波音747驮着企业号航天飞机从天而降时，坐在电视对面的梁广大被深深地震惊了。

当时，一个连自己都吓了一跳的大胆念头在梁广大的脑海里浮现：珠海能不能办航展？当时，珠海经济特区成立已三年有余。作为改革开放最早的窗口城市，正在经历从南海小县城向现代化国际大都市的痛苦蝶变。

此后的几年，航展的念头一直在梁广大的脑子里挥之不去。

1992年，梁广大率团访问加拿大苏里市。当时，珠海正在与苏里市缔结为姊妹城市，双方进行了积极有效的会谈，其间梁广大提到，珠海将要展开大铁路、大港口、大机场、大桥等大型城市基础设施建设。

会谈休息时，在市政厅里的会客厅咖啡室，一位名叫马文·亨特的议员向梁广大建议，珠海在建设机场时，可以把航展的功能考虑进去。作为一个很大的商业项目，对地区、对国家发展都大有裨益。

航展的设想，穿越几千里时空得到了印证，达成了共识。其实，共识的背后，隐藏着珠海寻求城市快速发展路径的强烈愿望。

20世纪90年代，世界发展日新月异，珠海特区也走过十余年的发展历程，单纯依靠低端的“三来一补”已经不能与世界同步接轨。如果能够以航展为平台，将融合了众多高精尖先进技术的航空航天产业引入珠海，不仅能够改变珠海落后的产业链条，也能让中国在新一轮全球化进程中占

2016 年，第十一届中国航空航天博览会飞行表演。（拍摄：程霖）

据一席之地。

苏里市，位于加拿大西南角，拥有1900公顷的公园和绿地，被誉为“花园城市”，也是加拿大发展最快的城市之一。每年，久负盛名的加拿大航展会将这里变成激情的海洋，来自全球15个国家的300多家航空航天企业参展。随着节奏感强、热情奔放的霍尔兹的旋律，各式各样的飞机在苏里市的上空翩翩起舞。

据测算，这个北美最大的国家航空航天博览会，苏里市每支出1倍投入，就能从交通、餐饮、住宿等方面获得9倍的收益。珠海与苏里市同为海滨小城，城市面积、人口规模都相差无几，航展强烈的溢出效应，对于珠海来说，自然有着不容小觑的吸引力。

代表团回到珠海后，梁广大将出访情况立即向珠海市委市政府做了汇报，并阐述了在珠海举办航展的想法，得到珠海市委市政府的一致赞同。1993年的最后一天，经珠海市政府常务会议批准，航展正式进入市政府议程。

国之大事

《左传》曰：“国之大事，在祀与戎。”

1992年，珠海与航展的距离在一步步接近。5月，国务院和中央军委批准将空军机场改建为民用机场；四个月之后，机场平面规划图获得民航总局批准。经多年酝酿，几经波折，珠海机场终于尘埃落定，选址于三灶岛。

12月28日，伴随着一万两千吨TNT炸药的连锁式爆炸，三灶岛上高200余米、体积约1200万立方米的炮台山被瞬间爆破。伴随着相当于日本广岛原子弹炸药量60%的“亚洲第一爆”，中国航展的母体——三灶

1992 年 12 月 28 日，珠海机场炮台山 1.2 万吨 TNT 炸药定向爆破，被称为“亚洲第一爆”。（拍摄：张振翼）

国际机场改扩建工程破土动工，也吹响了珠海向航展进军的嘹亮号角。

当时，别说是珠海，即使是中国，在世界航空航天产业的版图上，都找不到自己的位置。1986 年，中国航空工业才首次将国内战斗机和航空武器的模型摆上英国范堡罗航空博览会的展台；6 年后，也是在英国范堡罗航空博览会，中国第一次有了自己的展位。

中国航展，全称中国国际航空航天博览会，因举办地在珠海，又被称为珠海航展，是以实物展示、贸易洽谈、学术交流和飞行表演为主要特征的国际性专业航空航天展览会，这是官方对中国航展最权威的定义。

然而，当珠海最早提出要办航展时，对航展的理念、元素及规则缺乏基本的认知，更没有任何经验可以借鉴，而且珠海本身并非航空航天产业重镇，唯独有的是敢为天下先的勇气、把航展办好的决心和满腔热情。

1994 年 1 月，珠海市政府正式向国务院提出申请，希望国家允许在珠海举办中国国际航空航天博览会。按照梁广大的设想，只要珠海对航展上下一心，形成共识，再经民航总局批准，航展就可以提上日程。

然而，当珠海一头扎进航展时，才明白其中的曲折和复杂。

据梁广大的回忆文章披露，航展的报批，几乎牵扯到整个国家系统：除与航展密切相关的航空工业部、民航总局等航空、航天部门，还涉及国务院办公厅、中央军委、国家计委、对外经贸部、海关、外交部、总参谋部、国防科工委、空军、空管局等数十个部门。

尽管困难重重，但珠海并没有退缩。那一年，梁广大带着珠海的同志们奔波于珠海与北京之间，挨个部委去陈述申办理由。认识到航展是利国利民的好事，各部委都表示支持。然而，到了国防科工委时，却碰到了最大的困难。

按照国际惯例，航展的飞行秀不论是军用飞机还是民用飞机，一律以公开为原则。外国军机、军品等来华参展，事关领空开放、国防机密，甚至牵涉到国家关系和安全。事关重大，国防科工委无权批复，他们建议珠海方面请示国家最高领导人。

斟酌良久，珠海决定向时任中共中央总书记、军委主席江泽民求助。在呈给国家最高领导人的报告里，珠海详细陈述了举办航展的初衷、航展的筹备情况及所遇到的种种困难，很快获得了七点批复。

1995 年 5 月，国务院总理办公会议讨论决定，将航展定为国家行为，明确将中国航展命名为中国国际航空航天博览会，每逢双年在珠海举办，通过并成立了航展组委会。此时，距离梁广大履职珠海、航展梦萌芽已经过去 12 年。

砥砺风雨

得到了国家的首肯，中国航展开始步入了快车道，分秒必争，全力冲刺。

1996年11月，第一届中国国际航空航天博览会开幕，图为竖立在展馆外的长征二号捆绑式运载火箭。（拍摄：何华景）

民航总局、空管在一星期之内完成了珠海机场的校飞、试飞、验收等工作；当时的中国航天工业总公司、中国航空工业总公司、中国贸促会等企业与部门抽调骨干，与珠海一起组成联合招商办公室；国防科工委、总参谋部、总装备部等协调现役主力装备参展；中央军委、外交部出面邀请飞行表演队……

用梁广大的话来讲，似乎一夜之间，几乎整个国家系统都开始为航展高速运转。

1996 年 11 月，当代表中国航天技术世界先进水平、体现中国综合国力的长征二号捆绑式运载火箭主体被平稳地安放在珠海机场宽阔的停机坪上时，第一届中国国际航空航天博览会的序幕被绚丽开启。

也许是因为等得太久，珠海这座面朝大海、安逸舒适的海滨小城，从未如此沸腾。

短短 6 天，来自全球 25 个国家和地区的 400 余家航空航天企业齐聚珠海；7 个国家的军政代表团、32 个国家的驻华使馆莅临展会；70 多万名观众涌入会场；1500 余名中外新闻记者现场报道；一向车少人稀的珠海大道，排起了长达 30 多公里的车龙……

二十年弹指一挥间。

1998 年第二届，国产歼轰 –7，又名“飞豹”，首次公开亮相，并成为以后中国航展上的常客；

2000 年第三届，按照国际惯例划分专业观众日和普通观众日，标志着中国航展进一步走向国际化和专业化；

2002 年第四届，国产 FC–1 轻型超音速战机崭露头角。日后，它被命名为“枭龙”，并代表巴基斯坦空军参加了第 50 届巴黎航展；

2004 年第五届，实现了中华民族千年飞天梦的“航天英雄”杨利伟和“神五”飞船返回舱齐聚展场，国家力量再次彰显；

2018年10月20日，“鲲龙”AG600——中国自主研制的大型水陆两栖飞机首飞成功。图为AG600进行高速滑行试验。

2006年第六届，中国航展跻身世界第五大航展。从此，世界航展的地图上，有一个国家叫中国，有一个城市叫珠海；

2008年第七届，中国空军强势加盟，第三代战机“歼-10”华丽现身，在世界航展史上开启了一个战略性军种为航展倾心倾力的先河；

2010年第八届，参加国庆60周年阅兵的空军机型悉数亮相，151架各种机型翱翔在珠海的蓝天，扬我国威，壮我军威；

2012年第九届，超过25种不同型号的中国无人机参展，中国航展成为中国航空航天事业展示“中国制造”最耀眼的舞台；

2014年第十届，中国空军现役装备首次成体系亮相，“鹘鹰”一飞冲天，中国成为继美国、俄罗斯之后第三个步入第四代战机行列的国家。

2016年第十一届，恰值中国航天创建60周年，也是中国航展创办20

周年，中国航展 2.0 升级版隆重问世。

国际上，已经有人开始思考中国航展对世界到底意味着什么。

“中国航展等于‘energy（活力）+ technology（科技）+global perspectives（全球化视野）’。”波音金融公司总裁、前波音中国公司总裁马爱仑在自己的微博“@小马哥爱 747”上这样评价。

在参加完第十一届中国航展后，德国《世界报》网站报道表示，珠海航展的举行正值中国航空航天业强势发展阶段。据估算，中国将在今后 10 年内取代美国成为全球最大的航空市场。

百年航展

目前，世界上唯一的百年航展，是巴黎航展，创办于 1909 年，是世界上规模最大、最负盛名、历史最悠久的国际航空航天展览会，也是世界航空航天产业的风向标，业内都以能参加巴黎航展为荣耀。

尽管，中国航展起步较晚，展会规模、展商数量等都还与世界著名航展有着较大差距，但这丝毫不影响珠海要办百年航展的宏伟梦想。

珠海是有这份自信的。

航展，鼓励的是冒险文化。正是靠着永不停歇、不顾一切的冒险精神，莱特兄弟才可能将世界上第一架飞机送上天空，人类航天航空史就此拉开了帷幕。百余年来，人类伟大而充满激情的冒险精神在航天航空史的沉浮中不断生长。

珠海，几千年海洋文化的孕育，冒险精神从未缺席。挑战不可能，已经成为珠海城市的一种精神。

与巴黎航展、范堡罗航展相比，珠海对航展有着近乎极致的偏执。也许，只有偏执，才能成功。

航展动员大会，已经成为珠海的一种制度。航展前，珠海的每一个部门都以航展为中心高效运转。从气象服务到海上救援、从海关通关到交通出行、从医疗卫生到安全保卫……事无巨细，悉究本末，确保万无一失。二十年来，中国航展从未出过一次事故。这个纪录，只有新加坡航展才能媲美。

珠海对梦想付出了多少，可能连珠海都算不过来。如果只算货币的话，那这个数字大概是数百亿。第一届航展筹备时，整个机场建设费用，加上土地折价，高达六七十亿元。当时，珠海的年财政收入不足二十亿元。

过去的二十年，珠海主动承担场馆建设、道路配套、水电交通等大型工程建设，多达几十项。仅室内展区净面积，就从最初的8600平方米，增加到3.5万平方米，翻了两番。加上数十万市民对航展的志愿服务，珠海的付出，无疑更多更大。

这种无私的付出，未来还将继续。

最重要的是，从第一届航展开始，航空产业就在珠海这片土地上生根发芽。

亚洲最大的发动机维修中心——摩天宇、亚洲最大的民航飞行培训机构——翔翼分别落户珠海；中国107个拥有通航产业的城市，珠海位居第二；企业公务机制造、管理、维护能力和规模，珠海名列第一；中国通航飞行学院前10名，珠海排名第五……

2008年，珠海航空产业园隆重开园。这所分为“一轴两翼三核四区”，面积近100平方千米的航空产业园，被国家定位为“航空产业国家高技术产业基地”“国家新型工业化产业示范基地”。

在这场世界航空航天产业的重组中，珠海已经抢占先机。

二十年，中国航展从零起步，不忘初心，砥砺前行，不仅是一场全球航空企业争相竞技、先进航空技术融合展示的饕餮盛宴，也是展现珠海改革开放成果，城市国际化水平的窗口，更是树立中国和平崛起形象，让世界读懂中国的舞台。

历史是现实的一面镜子！ 2018 年，中国航展又将再度华丽起航！

海相连，桥相通，心相印

盛夏的珠海，碧空如洗，海风习习。远远望去，伶仃洋面波平如镜，气势恢宏的港珠澳大桥宛如蛟龙出海，横卧在山海间。

作为举世瞩目的“大国工程”，港珠澳大桥是世界建筑史上里程最长、投资最多、施工难度最大的跨海大桥，被誉为“世界桥梁界的珠穆朗玛峰”，英国《卫报》称之为“现代世界七大奇迹”之一。

随着港珠澳大桥通车在即，借助与港澳陆路相连的独特区位，珠海，又一次站在了历史的重要节点……

搁浅的大桥

港珠澳大桥横跨伶仃洋海面，这里是世界上最繁忙的水道。400 多年前，就已经成为全球贸易的最前沿，见证了虎门销烟、两次鸦片战争等沉重的历史屈辱。沧海桑田，潮起潮落，这片广阔的洋面，数百年如一日，默默地滋润着珠江三角洲、香港和澳门。

1996 年，作为伶仃洋跨海大桥辅助的引桥工程，淇澳大桥建成通车。（拍摄：何华景）

跨海大桥的想法，最早发轫于民间。

1983 年，香港商人胡应湘首次提出修建跨珠江口连接香港与珠海的跨海大桥。这位 1958 年毕业于美国普林斯顿大学的土木工程专家，深知综合性立体互联互通的交通网络对于建设全产业链平台、打造产业集群的价值。

在他撰写的《建设内伶仃洋大桥的设想》一文中，胡应湘的路线规划是由香港屯门烂角咀经内伶仃岛，横跨伶仃洋，穿越淇澳岛，直至珠海唐家湾。他的目的很直观："为了缩小内地与香港的收入差距，看到珠江三角地区的发展”。

此时，梁广大已经就任珠海市委书记。

在梁广大的视野里，凡是世界上发达的大城市和经济区，都会拥有港口、机场、铁路、大桥等成熟的城市基础设施，依靠四通八达的交通，与世界各国展开经贸交流与合作。于是，一连串决定珠海长远发展的“命运工程”与“奠基工程”相继开工。

然而，珠海的交通无法对接香港，导致港商直接忽略了这个交通严重不便的特区。有资料显示，从珠海运送集装箱到香港，要先运往广州，再转道东莞、深圳，最后才到香港，一个集装箱的运费要比深圳贵2000元港币，时间约需6～7个小时。

于是，许多港商将投资更多放在了珠三角东部。当珠江东岸的东莞、深圳和广州一片热火朝天时，珠海却显得冷冷清清。主政珠海的梁广大，深谙跨海大桥对珠海发展的重要性。他曾说：“一桥拉动，珠三角西部的棋子全盘皆活。”

这与胡应湘提出的修建连通香港与珠海的跨海大桥的设想不谋而合。1987年年底，珠海市委、市政府做出一项重要决策：打通对外开放通道，建设伶仃洋大桥。1989年，在春节外乡联谊茶话会上，珠海对外公布了建设伶仃洋大桥的战略构想。

规划中的伶仃洋大桥，从珠海金鼎出发，经过淇澳岛和内伶仃岛，直达香港屯门，全长27公里，桥面双向6车道。建成后，大桥将会成为珠海与香港，港澳与内地来往的交通主动脉。香港的人流、物流和资金流，也将会绕过深圳，直达珠三角西部，从根本上改变珠海等珠江西岸诸城市被动的经济地位。

经过历时8年的反复论证，1997年12月，伶仃洋大桥项目被国务院正式批准立项，一度被认为是世界级的跨世纪工程。然而，伶仃洋大桥工

1997 年 12 月 30 日，国务院批准伶仃洋大桥项目建议书，珠海市委、市政府召开新闻发布会。（拍摄：何华景）

程可行性研究报告出来后，并未得到香港和澳门的热烈响应。

港英政府反应冷漠，香港回归后，特区政府则援引“新跨境通道可行性研究”成果，认为现有的跨界通道可以满足至 2020 年的跨界交通需求；澳门则担心自己没有港口，有被“边缘化”之虞；广东省对建桥带来的生态和环保问题持怀疑态度。

在各方之间的拉锯和质疑中，伶仃洋大桥方案被搁浅了。在此之前，作为伶仃洋大桥的积极推动者，珠海市已经设立建桥指挥部，并先行动工修建了一段，也就是今天连接唐家湾和淇澳岛的淇澳大桥 。

虽然出师未捷，但是，跨海大桥的涟漪已经荡起。

复苏的动议

又是四年的沉寂，历史也迎来了一个新的千年。

2001 年，经过 15 年的艰苦谈判，中国终于正式加入世贸组织，标志着我国经济将进一步融入世界经济版图，迎来新一轮的腾飞。也是这一年，兴建跨海大桥的动议再次升温，发起人仍然是胡应湘。

2002 年，胡应湘再次向香港特区政府提议修建跨海大桥。出人意料的是，香港竟然一反常态，从特首到香港各界态度都出奇地热情。同年，香港主动向中央政府提出修建港珠澳大桥的建议。

年底，时任国务院总理朱镕基访港，明确表示中央政府支持兴建港珠澳大桥。广东方面迅速做出回应，表示支持建设从香港通往珠海的桥梁或隧道，重点发展珠三角西部地区。澳门也表态，只要有利于珠三角建设将积极支持。

粤港澳三地前后态度的巨大反差，隐藏着复杂的经济真相。

1997年亚洲金融风暴之后，香港经济增长明显放慢，宏观经济环境恶化。2001年“9·11”事件爆发，波及全球经济市场，更令疲弱不堪的香港经济雪上加霜。彼时，香港寄希望于以基础设施建设激发经济活力，建设港珠澳大桥即是最重要的举措。

对岸，作为中国改革开放的先行地区，珠三角经过二十年的发展，形成了以外向型为主的区域经济特征，经济同期平均增长速度，已经高于“亚洲四小龙”经济起飞阶段的平均增长速度，成为亚太地区最具活力的经济区之一。

亚洲金融风暴中，内地的强力后援，尤其是《内地与香港关于建立更紧密经贸关系的安排》（简称CEPA）签订之后，港澳要稳定繁荣，必须与珠江三角洲和祖国内地加强联系，成为越来越多港澳各界人士的共识。

2003年，粤港澳三地政府联合成立港珠澳大桥前期工作协调小组，就港珠澳大桥正式展开磋商。港珠澳大桥，历经民间热情鼓吹、珠海全力推动到中央和粤港澳三地强烈响应，终于从设想转入筹划阶段。

此时，距离首次提出兴建跨海大桥计划已过去了20年。

然而，跨海大桥路线规划的背后，是城市间利益的权衡与博弈。每个城市都希望自己成为大桥经济带的重要节点，从这座世界第一长的跨海大桥中分得一杯羹，让大桥带来的巨大流量红利惠及自身。

因此，关于大桥选址和建设方案，两岸三地一直存在着不同声音。据不完全统计，20年间，从民间到官方，先后有10多个大桥建设方案问世。随着粤港澳三地的共识越来越多，方案逐渐集中在“单Y”与“双Y”之上。

单Y：东岸从香港起始，即将到达西岸的珠海、澳门时，在附近海域修建人工岛，桥面一分为二，一条通往珠海，一条通往澳门。这个方案，在寻求地区之间利益平衡点的基础上，将澳门兼顾在内。

双Y：将深圳囊括进来，东岸连接香港、深圳，西岸连接珠海与澳门，形成一桥挑起两个特别行政区和两个经济特区，有利于港澳、珠三角互联互通，形成“大珠三角”区域经济，实现“四赢”的局面。

2005年，在城市间的相互角力中，跨海大桥方案最终确定单Y桥型和港珠澳三地为落脚点，得名“港珠澳大桥”。被排除在外的深圳，眼睁睁地看着自己与大桥擦肩而过，望桥兴叹之余，只能另外建设一条去向中山的通道，就是后来的“深中通道”。

2009年12月15日，几经波折却备受瞩目的港珠澳大桥在珠海宣布开工。

大国工程

2017年的最后一天，港珠澳大桥历时九年，主体工程宣告基本完工。那一夜，广阔的伶仃洋面上，港珠澳大桥犹如长虹卧波，五彩缤纷的灯光照亮了漆黑的夜空，勾勒出粤港澳一体化协同发展的轮廓，也惊艳了世界的眼球。

港珠澳大桥，与其说是“桥”，不如说是一个跨海集群工程。大桥全长55.6千米，由主体工程“海中桥隧”、海底隧道、东西人工岛及连接线组成，是目前世界上最长的跨海大桥。数十年期待的美丽愿景，得以梦想成真。

中国，自古以来就有“桥的国度”之称，遍布中华大地的各种桥梁，构成了四通八达的交通网络，连接了空间，也沟通了时间。港珠澳大桥，

港珠澳大桥西人工岛，位于珠海侧，以彰显时代感、气魄感的海上大邮轮形象，与东人工岛遥相对望。（拍摄：李建東）

承载了几千年来国人在桥梁方面积淀的实践经验与精神文化。

伶仃洋海面，处于全国密度最高的港口群，施工中不仅要避开每天高达 4000 艘的货船，还要保证施工的质量、安全与速度。

作为世界上最大的钢结构桥梁，港珠澳大桥仅主梁部分就用掉了钢材约 42 万吨，用量相当于 60 座埃菲尔铁塔，或 10 座鸟巢，抑或 7 座迪拜塔。

为保证建成之后能够通行 10 万吨级甚至 30 万吨级的货轮，港珠澳大桥设计了世界上最长、埋深最深、滴水不漏、呼吸通畅的沉管隧道。全长约 6.7 千米，由 33 节沉管对接而成，每一节长 180 米，排水量约 75000

吨，比满载的“辽宁号”航空母舰排水量还要多7500吨。

由于采用全新的高性能混凝土，港珠澳大桥预计使用寿命120年，远超世界上著名的跨海大桥普遍使用寿命100年。经过严格的风洞测试，它更可抵御16级台风，能避免塔科马海峡大桥悲剧的重演。

三个通航桥造型独特：青州航道桥一对巨大的“中国结”东西相望，暗喻港珠澳三地一体同心；九洲航道桥“风帆”塔迎风矗立，寓意扬帆“海上丝路”；江海直达船航道桥“海豚”栩栩如生，喻示人与自然和谐统一。

港珠澳大桥的施工区，是有“海上大熊猫”之称的中华白海豚的最大栖息地。设计与施工，为中华白海豚保留了最美家园。蓝天白云之间，中华白海豚来回游弋，自由嬉戏，与“大国工程”相互守望。

……

当港珠澳大桥一点点在伶仃洋面上崛起，类似的奇迹数不胜数。它创造了七项世界之最、400多项新专利。每一项之最、专利的背后，都承载着一段故事。每一段故事，都荡气回肠、催人奋进，震撼心灵。

一桥牵手三地

唐人陈润曾有诗云：“轮势随天度，桥形跨海通”，如今正在成为现实。港珠澳大桥通车后，将首次实现珠海、澳门与香港的陆路对接，并将港珠澳三地的陆地通行时间从4小时缩短至半个小时以内，实现粤港澳“一小时生活圈”。

2017年，粤港澳大湾区被写入政府工作报告和党的十九大报告。粤港澳大湾区有多“大”？

据官方数据披露，湾区面积近5.6万平方公里，人口约6600万，

如一条巨龙腾跃在伶仃洋上空，港珠澳大桥飞架三地，粤港澳半小时超级城市群经济圈加快形成，世界级大湾区加速起航。（拍摄：朱泽辉）

2017年贡献了国民生产总值的近12%，是全国经济最活跃的地区。未来，将成为比肩美国纽约湾区、旧金山湾区和日本东京湾区的又一个世界级的经济板块。

港珠澳大桥一桥飞架的三地，目前已经成为粤港澳大湾区的核心腹地，粤港澳大湾区迈入了大桥时代。不久前，粤港澳大湾区建设领导小组首次会议召开，港澳特首第一次被纳入中央决策组织，标志着粤港澳大湾区建设进入新的阶段。

经济学家们形象地将港珠澳大桥称为粤港澳大湾区互联互通的“脊梁”，认为港珠澳大桥连通三地，将会促进湾区内人流、物流、信息流、资金流的高效便捷流通，推动湾区经济一体化，打造国际一流湾区、世界级城市群和产业集群。

对于珠海而言，港珠澳大桥建成后，珠海将成为国内唯一与港澳陆地相连的湾区城市，改变珠海长期处于珠三角交通运输末梢的不利地位，一跃成为珠江西岸交通枢纽、物流中心和航运中心。

在大桥的辐射带动下，辅以珠海机场、广珠铁路及珠海港等组成的立体化交通网域，珠海将会深度融入粤港澳大湾区，并借助湾区打造国际科技创新中心的契机，对接全球高端创新资源，建成粤港澳大湾区创新高地。

“人之相知，贵在知心”。港珠澳大桥拉近了三地的物理距离，也拉近了人心。

人心相通，是最根本、最牢固、最紧密的互联互通。如今，越来越多的港澳青年人前来珠海就业创业。仅位于横琴自贸区的澳门青年创业谷一地，就吸引了超过1500名的港澳青年创业者。

在出台不久的“英才计划”中，珠海新增港澳人才发展支持计划，着重解决港澳人才就业的后顾之忧。随着港珠澳大桥的落成，它也将成为三地人才交流往来的通道，推动珠海成为国际创新人才高地。

在不远的将来，港珠澳大桥就会全线通车。

在一望无际的伶仃洋面上，它是一座飞架南北的桥；在复杂的桥梁工业领域里，它是一个无法超越的高峰；在历史的滚滚洪流中，它是一个时代砥砺奋进的象征；在“21 世纪海上丝绸之路”上，它是刚刚崛起的新地标。

未来，港珠澳大桥、粤港澳大湾区、珠海，故事还将继续……

横琴：且行且歌

珠海，“百岛之市”。大大小小146个海岛，如一颗颗璀璨的明珠散落在珠江口西畔。其中面积最大者，为横琴岛。

相传，七仙女迷恋人间美景，沐浴海边，拨琴而歌，踏浪而舞，巧遇出海归来的渔夫。惜别依依，仙女赠大琴小琴；浪涛翻卷，化为大、小横琴。

经岁月更迭，横琴一如古琴般肃穆典雅，历久弥新，横卧南海之滨，奏响天籁之音。

大器晚成

横琴地处珠海南部，面积约106.46平方公里，与澳门仅一水之隔，最近处仅187米。

人们认识横琴，大多源自那场惨烈的十字门海战。

公元1279年，南宋朝廷南逃，元兵一路紧追。当行至伶仃洋面，时值隆冬，风寒水急，南宋君臣被迫驻跸在大小横琴一带水域。彼时，元兵追至，双方鏖战，血染横琴。虽宋军骁勇得胜，然终不免亡于十字门外的崖山。

拥有这样悲壮的历史，横琴这片土地注定不平凡。然而，从默默无闻的海边小岛到炙手可热的“一带一路”枢纽，横琴等了快20年。

算起来，横琴开发也是几起几落。

1992年，广东省政府批准成立横琴经济开发区，横琴岛成为省级扩大对外开放的四个重点开发区之一。同年，横琴经济开发区管委会挂牌。

1998年，横琴岛又被确定为珠海五大经济功能区之一。翌年，珠海建议将横琴开辟为旅游开发协作区，珠海原市委书记梁广大曾把横琴岛称为“黄金宝岛”。

2004年，为适应“泛珠三角”区域合作发展要求，广东提出将横琴岛创建为“泛珠三角横琴经济合作区”，并于次年完成了《泛珠三角横琴经济合作区的项目建议书》。

但是，由于种种原因，无论是计划，还是建议，都迟迟未能落实。随着当年激情满怀，意气风发的开拓者来了又走，横琴岛又渐渐归于沉寂。

2008年，对于中国来说是极不平凡的一年，中国成功举办第29届夏季奥运会，神舟七号载人航天飞船升空，实现中国历史上第一次太空漫步……令世界为之侧目。也是这一年，横琴岛开发重新进入国家的视野。

国家发展改革委员会颁布《珠江三角洲地区改革发展规划纲要(2008—2020年)》，首次使用了“横琴新区”的说法。看似简单的四个字，却传递出一个重要的政策信号：国家对横琴战略任务和使命的定位。

2009年8月，国务院正式批准并实施《横琴总体发展规划》，横琴成为继上海浦东新区、天津滨海新区后的第三个国家级新区，承担起“一国两制”下探索粤港澳三地合作新模式的新使命。12月，横琴新区成立，

1992 年，横琴岛通过科学论证与规划，开展大规模围海造田。（拍摄：何华景）

正式吹响了横琴大开发的号角。

从此，横琴的命运一路开挂逆袭。

2011 年 8 月，国家允许横琴新区实行“比经济特区更加特殊”的优惠政策，以构建粤港澳紧密合作新载体，重塑珠海发展新优势，促进澳门经济适度多元发展和维护港澳地区长期繁荣稳定。

在国家政策的框架下，如何将政策用好、用到实处，考验着珠海和横琴。同年 11 月，珠海公布《珠海经济特区横琴新区条例》，立足与港澳法制互通互融，就横琴的发展定位、管理体制、产业发展、法制保障等予以明确。

2014 年，澳门回归祖国 15 周年，原横琴口岸正式闭关，告别一段值得铭记的历史，横琴新口岸投入使用，开启了永远不会关闭的大门。

2015年，横琴挂牌成立自贸试验片区，进入自贸区时代。

从新区到自贸区，从荒草鱼塘、地广人稀到高楼林立，车水马龙，横琴处处澎湃着开放的大潮，洋溢着热情和勇气，涌动着机遇和希望。

双城故事

葱绿秀美的横琴山下，是澳门大学横琴校区。静谧的校园内，经典的普罗南欧风格与极富岭南特色的建筑错落有致，与周围的湖光山色相映成趣。海底，一条长约1.5公里的人工隧道，穿越几百年时空，将横琴校区与澳门大学连在了一起。

走在情侣街上，人们还会时不时指着旁边澳门大学的围墙，谈起那条

澳门大学横琴校区，大气开放且富理想化的书院式环境，犹如一处生长在岭南水乡中充满诗意的风景。（拍摄：李建东）

“翻越澳门大学围墙属偷渡行为”的横幅，笑称其为“世界上最难翻的校墙”。如今，我们再也不用借助梯子，就可以徜徉在澳大的中央湖畔，感受浓浓的人文气息和学术氛围。

澳大横琴校区，是横琴“一岛两制”的成功范本，也是澳门与横琴趋向同城化融合的缩影。

澳门，人均GDP名列亚洲前茅，全球最发达、最富裕的城市之一，面积却仅有横琴的三分之一。然而，澳门经济整体同博彩业捆绑，如同将所有鸡蛋都放在一个篮子里，结构相对单一，经济体系脆弱。

“经济适度多元化”，规避博彩业“一家独大”的经济风险，已经成为各界的共识。然而，作为世界人口密度最高的地区之一，澳门已经没有发展空间了。借助横琴开发，与珠海、与内地实现资源互通互融，无疑是澳门寻求发展的最佳选择。

澳门与横琴，打造双城命运共同体也由此开始。从 2009 年横琴新区宣告成立开始，一个以政策沟通、设施联通、贸易畅通、资金融通、民心相通等“五通”为主体内容的同城化局面正在形成。

税收是衡量同城化的重要指标。

“港人港税，澳人澳税”，打造趋同港澳的个税环境。港澳居民在横琴创业就业，可以享受与港澳相同的个人所得税税率。拆解了“个税墙”，有助于粤港澳三地人才的自由流动，尤其对港澳青年在内地就业创业极具吸引力。

2016 年 9 月，横琴首创的 V-Tax 远程可视自助办税系统正式上线，这也是全国首个“直通港澳”的跨境便利办税系统。港澳纳税人可以“像视频聊天一样”，在港澳本地 100% 办理涉及横琴的所有税项。

半小时交通圈，成为开启同城化的关键钥匙。

历经八年、近百次的艰难磋商，澳门单牌车入境政策终于尘埃落定，澳门单牌车可自由出入横琴，来往两地的单程时间被缩减在半小时以内。

这个“一国两制”下的汽车跨境试验，加上横琴口岸 24 小时“不关门”，影响不少澳门市民开始重新调整自己的投资和生活计划。驱车在横琴的道路上，不时会有挂着澳门牌照的车辆飞驰而过。

自贸时代，横琴的探索在继续加速。

澳门致力于打造“世界旅游休闲中心”，产业趋向多元化发展。横琴则定位重点发展旅游休闲、商务服务、金融服务、文化创意、中医保健、科教研发和高新技术七大产业，拓展澳门的生存空间，成为其经济适度多元发展的绝佳支撑。

横琴，已经成为吸引澳门创客们的“创新工厂”。

作为珠三角最具“互联网 +”思维的创业新高地，横琴 · 澳门青年创业谷已经迎来它的第三个生日。按照“空间载体（众创空间 + 孵化器 + 加速器全链条）+ 创业生态（创投资本 + 创业项目 + 孵化服务 + 创新协作资源）+ 运营机制（共享 + 互助 + 社群）”的企业孵化链条，创业谷为来自港澳及全球的青年创业者提供一站式服务。

“勇于探索合作模式，着力进行体制机制创新，为深化粤澳合作，保持澳门长期繁荣稳定做出贡献。”六年过去了，习近平总书记踏上横琴时的嘱托言犹在耳。每一天，各种看得见和看不见的变化依然在悄悄地发生。

一国两制，珠澳同城，协作发展，合作共赢……横琴，已经成为很多澳门人另外一个“家”。

世界之门

“相知无远近，万里尚为邻”。

2017 年，中国—拉美国际博览会在横琴举行。来自 24 个拉美国家和 33 个“一带一路”沿线国家和地区的 523 家企业和机构，共飨了这场专门面向拉美和加勒比地区举办的综合性博览会。

其间，总投资 25 亿元、总建筑面积 24.4 万平方米的中拉经贸产业园正式揭牌。产业园位于自贸区核心区，园内涵盖合作园、研发办公楼、高级公寓、配套商业及展示中心等设施，成为中拉合作的重要载体。

中国—拉美国际博览会，是横琴落实“一带一路”倡议，积极打造开放之岛，走向世界的成功实践。横琴的目光，不仅仅局限于港澳，还有更为广阔的世界，诚如其有一句口号：“面向世界、优先港澳。”

与澳门一河之隔的“横琴·澳门青年创业谷”，为港珠澳合作提供了空间。（拍摄：李建東）

随着“一带一路”建设的深入，这片“内地开放度最高、体制宽松度最大、创新空间最广”的土地，正在依托区位、环境和政策优势，构筑“一带一路”支点，徐徐打开那扇通往世界的大门。

早在16世纪下半叶，澳门就已经由古丝绸之路与拉美国家展廾双边贸易。顺应“一带一路”倡议，横琴与澳门隔水相望，珠海正在借助横琴自贸区，与澳门联手探索成为中拉经贸合作的先行区。

除中拉经贸合作园外，横琴与巴西共同打造了中国—拉美跨境全融合服务平台，借助搭建“线上电商平台”和整合“线下服务贸易资源”为依托的双核心跨境贸易协同商务渠道，打通与整个拉美和南美地区的经贸

横琴临澳街区变身海岛风情小镇。（拍摄：李建东）

合作。

在国外企业“走进来”的同时，横琴“走向世界”的步伐也在加快。

中国香港、新加坡、泰国等“一带一路”沿线国家和地区，都有在横琴境外投资备案企业的足迹。横琴设立的经贸代表处和联络点，遍及美国、德国、法国、西班牙、墨西哥等欧美及拉美国家，以此撬动、吸引世界高科技企业落户。

同时，经国家工商行政管理总局授权，“一带一路”商标注册申请服务中心在横琴成立，为企业走出去完善跨境商标注册、保护和服务机制。

除了经贸合作，文化更拉近了横琴与世界的距离。

从珠海 WTA 超级精英赛到珠海莫扎特国际青少年音乐周，从中国国际马戏节到中国横琴 WDC 标准舞／拉丁舞国际邀请赛，系列文化活动在横琴层出不穷、目不暇接。借由这些赛事，横琴搭建了与世界对话交流的平台，也不断将自己的文化软实力和国际影响力投射到港澳、“一带一路”沿线国家和地区，乃至全世界。

随着对外开放合作由“紧密”转为“深度”，国际组织开始将触角伸向横琴自贸区。

中国—葡语国家经贸合作论坛，澳门最具影响力的与葡语国家经贸往来平台，每 3 年举行一届部长级会议；澳门国际贸易投资展览会，多边区域性经贸会展平台，强调澳门的葡萄牙背景和与中国的经济互补特性。

然而，无论是中葡论坛，还是 MIF 展览会，每届都会安排半天时间到横琴参观考察。

记得 2011 年，巨人网络创始人史玉柱曾在微博上撰文，预言：“珠海横琴岛，政策如此优惠，位置如此优越，投资如此巨大，列为国家重要战略规划，横琴岛五年后必有好戏。”

横琴，全面开放新格局绘就亮丽图景，完美地印证了史玉柱的话。

横空出世，琴鸣大卜！

站在横琴山顶俯瞰整个横琴岛，我们已经很难想象，眼前的横琴，昔日是何等的荒凉与冷清。被纳入珠海经济特区范围、自贸区制度创新、“一带一路”深度推进、粤港澳大湾区升级为国家战略等机遇叠加，使横琴已经成为一片举世瞩目的热土。

2018 年，“港珠澳大桥时代”即将来临，横琴、保税区、洪湾片区一体化已经启动。新蓝图已经绘就，又将是一轮“世事如棋局局新”。未来的横琴，必将任重而道远，凝聚力量，扬帆起航，茁壮前行，书写更华彩的篇章。

The biography of Zhuhai

珠海传

尾声

以文化为媒，架起珠海通往世界的桥梁

六千余年沧桑，三十八载风雨，珠海，已不复相认。

无论是徜徉在浪漫温馨的情侣路，顶着风浪与“渔女”来一张亲密合影，还是穿行在日新月异的西区，一路风驰电掣在宽阔笔直的珠海大道；无论漫步在时光悠悠的唐家湾，在大街小巷中寻觅历史的点点滴滴，还是是登临水清石奇的外伶仃岛，品味“人生自古谁无死，留取丹心照汗青”的悲壮……

行走在珠海，呈现在眼前的是熠熠生辉的前世今生，传递的是生生不息的生命活力。这座城市的执着和信念，随着时光的沉淀而愈发成熟厚重。过去的珠海，正以这种强烈的文化自信，在历史的标杆上，留下了自己的刻度。

2018 年，珠海，中国改革开放的先行者，又迎来了一个灿然的春天。跳出珠海看珠海，图景已然明了：

“一带一路”倡议深入实施，粤港澳大湾区规划方案呼之欲出，港珠澳大桥时代即将来临，国际化创新型城市积极推进……战略机遇前所未有；广东省副中心城市、粤港澳大湾区创新高地、“21 世纪海上丝绸之路”战略支点、“保十琴”一体化……国家定位、省级布局、全市规划多重叠加。

逢此非常之时，亟须非常之为。城市的发展，其实是个哲学问题，只有明白了自己从哪里来，才能知道自己要到哪里去。从历史的脉络中，寻求珠海城市发展的定位，不仅深刻影响着珠海的现在，更决定着珠海的未来。

曾几何时，珠海依靠特区优惠政策推动、固定资产投入拉动以及外贸出口带动，迅速实现了城市的发展腾飞，成为领跑一个时代的标志。然而，令人唏嘘的是，尽管中国经济30多年高速增长，但珠海却几度沉浮，相对沉寂。

这背后，却教训深刻。

当中国经济进入新常态，单纯依靠传统制造业和土地、劳动力等要素拉动经济增长已经成为过去式，高质量的集约型取代了高速度的粗放型，创新驱动取代大规模投资拉动，上升为城市发展的第一动力。

可惜，在经济发展动力轨道转换的过程中，珠海慢了半拍。当历史的大河奔腾到新时代，珠海又该如何抓住机遇，成为下一个时代的领跑者？

答案就是文化。

文化，是一座城市的根脉。作为“近代中西文化走廊”，珠海中西文化交融、历史底蕴厚重。

石溪摩崖石刻群、宝镜湾遗址、唐家湾古镇、斗门古街、杨氏大宗祠等人文景观，沙田地区的疍家文化、斗门水上婚嫁、装泥鱼、三灶鹤舞等民俗民风，以及博物馆、艺术馆、大剧院等文化设施，都是珠海文化的具象。

它们，不仅满足了珠海的文化自信与自尊，也塑造了珠海城市文明的高度，更带来了珠海城市发展的新契机。

因此，珠海应该在布局产业、城市、交通三大发展格局，大力发展港口、科技、金融、先进装备制造等产业外，另辟蹊径，大力发展文化经济，创造新供给，提供新需求，拉动新消费，拓展新空间，谋求新增长。

具体而言，即深耕“中西文化”内涵，用文化创新和文化影响力，探索出新的经济模式和新的经济增长点，驱动珠海由“生产之城”转型成为

“消费之城”，以独具魅力的文化经济助推珠海在中国新一轮发展大潮中勇立潮头。

“一带一路”，既是开放之路，也是经济之路，更是文化之路。

历史的经验证明，开放是珠海最大的优势，也是珠海城市的特质。作为中国的南大门和经济特区，珠海应该站在国家利益的高度，构建更广范围、更深层次的开放新格局，为国家和民族的繁荣昌盛担当重任，建功立业。

然而，对于开放而言，文化恰恰是最合适的纽带和桥梁。

珠海可以以文化互通、互动、互融为手段，进行软合作，带来硬发展、硬融合，让丝绸之路承载的“和平合作、开放包容、互学互鉴、互利共赢”精神，通过珠海这座“近代中西文化走廊”薪火相传。这也是中国和平崛起的题中之义。

机遇稍纵即逝，发展时不我待！

珠海，已经“处处是创造之地，天天是创造之时，人人是创造之人。”我们期待，新时代，新起点，珠海将焕发当年逢山开路、遇水架桥的闯劲与滴水穿石的韧劲，冲破重重阻碍，再造新特区，重塑新未来。

The biography of Zhuhai

珠海传

附录

史海钩沉

史前

距今6000年前，人类已经在珠海地区劳动、生息、繁衍。

先秦

春秋战国时期，珠海所在地区属南越。

公元前218年，秦灭六国，设南海郡，珠海所在地区属南海郡番禺县地。

汉朝

公元前206年，南海郡尉赵佗建立南越国，珠海所在地区属南越国南海郡番禺县地。

公元前111年，汉朝平定南越，珠海所在地区属汉南海郡番禺县地。

三国

公元229年，东吴孙权称帝，建立吴国，珠海所在地区属吴国南海郡番禺县地。

两晋

公元280年，西晋灭吴，珠海所在地区属晋南海郡地。

公元331年，东晋将南海郡分出东官郡，珠海所在地区属东官郡宝安县地。

南北朝

公元420—589年，南朝历经宋、齐、梁、陈4个朝代，珠海所在地区属南朝东官郡宝安县地。

隋朝

公元589年，隋朝灭陈，珠海所在地区属东官郡宝安县地。

次年，东官郡撤销，宝安县划归广州，珠海所在地区属广州宝安县地。

唐朝

公元627年，全国分为十五个道，珠海所在地区隶属岭南道东莞县。

东莞县在香山岛设置文顺乡，是香山地区最早的行政机构。同时，在文顺乡驻地濠潭（今山场村）设置香山镇，为军事单位。

宋朝

公元1082年，香山镇升格为“香山寨”，归东莞县管辖。

公元1152年，“香山寨”升格为香山县，隶属广州府，治所为石岐，下辖南海、番禺、东莞、新会县岛屿。

公元1272年，中国历史上最大规模的海战——十字门海战在横琴岛十字门爆发。

元朝

珠海隶属江西行省。

明朝

公元1553年，葡萄牙人窃取了在澳门的居住权。为防范居澳葡人入侵内地，明朝“建关于莲花茎”，这就是后来的拱北口岸。

公元1621年，明朝在前山设立“前山寨”，驻兵防守。

清朝

公元1833年，淇澳村村民击退英美联军入侵，并用赔款修建了白石街。这是中国屈辱近代史的第一次胜利，比广州三元里抗英早了整整七年。

公元1909年，以香洲港为中心的香洲商埠正式营业。

中华民国

1925年，为纪念中国革命先行者孙中山先生，香山县改名为中山县。

1929 年，改中山县为“模范县”，直隶中央政府。

中华人民共和国

1952 年，珠海所在地区设立渔民县，县政府所在地为唐家镇。

1953 年，渔民县正式更名为“珠海县”，下辖中山县中山港乡、东莞县万顷沙及珠江口外附近三灶、大小横琴、淇澳等 100 多个海岛。

1979 年，珠海县升格为珠海市，属省辖市建制。同年，国内首家“三来一补”企业香洲毛纺厂投入生产。

1980 年，珠海经济特区正式成立，成为中国改革开放前沿。同年，中国第一家中外合作旅游企业——石景山旅游中心开业。

1991 年，珠海科技重奖首开国内“科技重奖”的先河。

1996 年，第一届中国国际航空航天博览会在金湾机场举办，如今已经举办十一届，成为珠海最亮丽的城市名片。

2009 年，横琴新区正式挂牌，成为国内第三个国家级新区。

2013 年，“一带一路”倡议实施，珠海成为“一带一路”桥头堡。

2015 年，广东自贸区横琴片区正式挂牌，珠港澳走向融合发展。

2017 年，珠海跻身广东副中心城市。

2018 年，港珠澳大桥通车在即，第十二届中国国际航空航天博览会即将登场……

参考文献

史、传、志类

[汉]司马迁.《史记》.商务印书馆.1936

[汉]班固.《汉书》.商务印书馆.1936

[汉]刘安.《淮南子》.[汉]许慎注.上海古籍出版社.2016

[汉]刘向.《说苑》.商务印书馆.1937

[晋]陈寿.《三国志》.商务印书馆.1936

[晋]郭璞.《山海经传》.池阳郡斋刻本.宋淳熙七年

[宋]欧阳修、宋祁等.《新唐书》.中华书局.1975

[宋]朱熹.《诗集传》.中华书局.2011

[元]脱脱.《宋史》.中华书局.1977

[明]宋濂、王祎.《元史》.中华书局.1976

[清]张廷玉等.《明史》.艺文印书馆.1956

[唐]欧阳询.《艺文类聚》.上海古籍出版社.1965

[元]马端临.《文献通考》.商务印书馆.1936

[清]孔颖达.《尚书正义》.中华书局.1985

[明]郭棐.《粤大记》.书目文献出版社.1960

[清]屈大均．《广东新语》．中华书局 .1985

[清]阮元．《广东通志》．道光二年刻本

[明]邓迁修、黄佐．《香山县志》（嘉靖）．书目文献出版社 .1991

[清]申良翰、暴煜、李卓揆等．《香山县志》．乾隆十五年刻本

[清]祝淮、黄培芳等．《香山县志》．道光八年刻本

[清]田明曜、陈澧等．《香山县志》．光绪五年刻本

[清]印光任、张汝霖．《澳门纪略》．成文出版社 .1968

研究著作类

李平日等．《珠海三角洲一万年来环境演变》．海洋出版社 .1991

谭棣华．《清代珠江三角洲的沙田》．广东人民出版社 .1993

李世源．《珠海宝镜湾岩画判读》．文物出版社 .2002

方志钦、蒋组缘．《广东通史》．广东高等教育出版社 .1996

陈兆复．《中国岩画发现史》．上海人民出版社 .1991

李世源、邓聪．《珠海文物荟萃》．香港中文大学出版社 .2000

[英]李约瑟．《中国科学技术史》．科学出版社 .1990

[日]田中芳树．《海啸》．姚远译．黄山书社 .2012

[德]黑格尔．《历史哲学》．王造时译．上海书店出版社 .1999

杨永生、刘蜀永．《揭开淇澳历史之谜——1833 年淇澳居民反侵略斗争研究文集》．中央文献出版社 .2002

[英]马克 · 奥尼尔 .《唐家王朝 ：改变中国的十二位香山子弟》. 三联书店（香港）有限公司 .2015

容闳．《西学东渐记》．中州出版社． 1998

容闳．《容闳自传：我在中国和美国的生活》．石霓译．百家出版社 .2003

唐绍明．《清华校长唐国安：一位早期留美学生的报国之路》．清华大学出版社 .2016

柳亚子．《苏曼殊年谱及其他》．上海科技出版社 .2014

李国荣等．《晚清国际会议档案》．广陵书社 .2008

胡波．《被误读的群体：香山买办与近代中国》．广东人民出版社．2007
祝春亭、辛磊．《大国商魂》．花城出版社．2010
徐润．《徐愚斋自叙年谱》．江西人民出版社．2012
张泽川．《檀香花环》．中国电影出版社．2014
费成康．《澳门四百年》．上海人民出版社．1988
杨智友．《海关密档：民国海关事件掠影》．浙江大学出版社．2013
黄珍德．《官办自治：1929—1934年中山模范县的训政》．文物出版社．2009
黄明同、张俊龙．《启蒙思想家·革命家：杨匏安》．广东人民出版社．2008
何虎生、覃艺．《中国工运历史人物传略·林伟民》．中国工人出版社．2012
何虎生、覃艺．《中国工运历史人物传略·苏兆征》．中国工人出版社．2012
《叶剑英传》编写组．《叶剑英传》．当代中国出版社．1995
中共中央文献研究室．《改革开放三十年重要文献选编》．中央文献出版社．2008
涂俏．《袁庚传》．作家出版社．2008

本土文献类

珠海市地方志编纂委员会．《珠海市志》．广东人民出版社．2013
珠海市博物馆、广东省考古研究所、广东省博物馆．《珠海考古发现与研究》．广东人民出版社．1991
广东省考古研究所、珠海市博物馆．《珠海宝镜湾》．科学出版社．2004
政协珠海市委员会．《珠海人物传》．广东人民出版社．1992
政协珠海市委员会．《珠海文化遗产图集》．珠海出版社．2008
珠海市地方志办公室、珠海市档案馆．《珠海历史回眸》．2006
珠海市文物管理委员会．《珠海市文物志》．广东人民出版社．1995
中共珠海市委党史研究室．《珠海英烈传》．珠海出版社．2004
中共珠海市委党史研究室．《历史的足迹》．中国文联出版社．2002
珠海市文化体育旅游局．《旅游文化系列之人文珠海·风雨历程》．广东教育出版社．2015
珠海市文化体育旅游局．《旅游文化系列之人文珠海·风流人物》．广东教育

出版社 .2015

珠海市地名志编委会 .《珠海市海岛志》. 珠海市地名志编委会 . 1987

珠海市档案馆、珠海市前山中学 .《百年香洲》. 广东教育出版社 .2014

黄晓东 .《珠海简史》. 社会科学文献出版社 .2011

黄晓东、刘中国 .《中国留学之父：容闳》. 珠海出版社 .2006

徐炜、刘云德 .《华侨第一位百万富翁——陈芳》. 珠海出版社 .2007

肖一亭 .《先秦时期的南海岛民——海湾沙丘遗址研究》. 文物出版社 .2004

肖一亭 .《南海探古：肖一亭文物考古文集》. 文物出版社 .2016

肖一亭 .《珠海沙丘遗址研究》. 珠海出版社 .2006

何志毅 .《珠海风物录》. 广东旅游出版社 .1992

何志毅 .《唐家湾镇志》. 岭南美术出版社 .2006

陈义 .《珠海之最》. 广东人民出版社 .2014

《唐家湾镇志》编撰委员会 .《唐家湾镇志》. 广东人民出版社 .2015

珠海市政协文史资料委员会 .《珠海文史》. 广东人民出版社 .2017

[美] 勒法吉 .《中国幼童留美史》. 高宗鲁译 . 珠海出版社 .2006

黄金河 .《珠海水上人》. 珠海出版社 .2006

赵艳珍 .《珠澳关系史话》. 珠海出版社 .2006

黄鸿钊 .《香洲开埠史料辑录》. 珠海出版社 .2010

政协广东委员会文史资料研究委员会 .《广东辛亥革命史料》. 广东人民出版社 .1981

罗祖宁 .《珠海百年》. 珠海出版社 .2006

珠海市档案馆 .《解密珠海》. 珠海出版社 .2008

中共珠海市委党史室 .《中国经济特区的建立与发展 · 珠海卷》. 中共党史资料出版社 .1996

珠海市新闻工作者协会 .《历史的足迹》. 珠海出版社 .1996

梁广大、黄龙云 .《跨世纪的珠海发展之路》. 广东人民出版社 .1996

珠海经济特区研究会 .《前所未有的道路》. 金城出版社 .2011

珠海经济特区研究会 .《邓小平两次南方视察捍卫并推动中国改革开放大业走向辉煌》. 香港文汇出版社 .2012

后 记

岁月如斯，时光静好。

《珠海传》杀青，我们并无些许释然，反而更添淡淡怅然。这本书之于我们，不仅是一段颇不宁静的心路历程，更多则是对珠海这座城市昨天、今天的总结与明天的思考。

一年半的写作，潮涨潮落，花开花谢，内心曾一度惶恐不安，尽管身心疲惫，但精神是富足的。

在我们之前，已经有许多珠海本土学者对珠海历史进行著书立说。他们的名字，已经列入参考文献，就不在此一一列举。如果说《珠海传》的面世，能够让世人更深入地了解珠海，得到大家的肯定，那是因为我们站在这些巨人的肩膀上。

珠海市地方志办公室，围绕政治方向、历史事实等各方面提出诸多真知灼见，让我们受益匪浅，写作多有启发；珠海市博物馆，为全书提供了大量具有历史、文化价值的图片，大大丰富了书籍内容的外延。

诸位挚友，也为全书的写作提供诸多支持与便利，令人感动。《珠海特区报》摄影部原主任记者何华景，《珠海特区报》摄影记者李建东、程霖，将高质量照片倾囊相赠，提升了全书的品质。

此外，全书所选照片，除署名外，部分来自网络。对于网络那边每一位作者默默无私而真诚的帮助，在此一并表示感谢。

写书的日子里，无论是沮丧还是欢喜，因为有你们、有家人的支持和帮助，才使我们拥有了努力前行的力量。《珠海传》，作为我们人生的一个阶段，即将进入终点。因为你们的全力支持，我们深感人生的财富充足，并永久珍藏。

然而，金无足赤。囿于我们知识、经验和掌握资料有限，书中难免会有疏漏之处，敬请广大读者不吝批评指正。我们期待，未来会有更多、更完美的作品问世，将珠海的魅力传播到全世界，让世界爱上珠海！

斯为后记。

作者

珠海，2018年9月

图书在版编目（CIP）数据

珠海传：近代中西文化走廊 / 陈钰，千红亮著 . -- 北京：新星出版社，2018.12
（丝路百城传）

ISBN 978-7-5133-3352-8

Ⅰ . ①珠… Ⅱ . ①陈… ②千… Ⅲ . ①文化史－研究－珠海－近代 Ⅳ . ① K296.53

中国版本图书馆 CIP 数据核字（2018）第 260212 号

出版指导：陆彩荣
出版策划：彭明哲　简以宁

珠海传：近代中西文化走廊

陈钰　千红亮　著

责任编辑：简以宁
责任校对：刘　义
责任印制：李珊珊
装帧设计：冷暖儿

出版发行：新星出版社
出 版 人：马汝军
社　　址：北京市西城区车公庄大街丙3号楼　　100044
网　　址：www.newstarpress.com
电　　话：010-88310888
传　　真：010-65270449
法律顾问：北京市岳成律师事务所

读者服务：010-88310811　　service@newstarpress.com
邮购地址：北京市西城区车公庄大街丙3号楼　　100044

印　　刷：天津图文方嘉印刷有限公司
开　　本：660mm × 970mm　　1/16
印　　张：23.5
字　　数：260千字
版　　次：2018年12月第一版　　2018年12月第一次印刷
书　　号：ISBN 978-7-5133-3352-8
定　　价：89.00元